U0068173

作 者

周立民

五四之子的世紀之旅

——巴金評傳

巴金（1904.11.25-2005.10.17） 徐福生 攝

小引

在眾多的巴金傳記中是否有必要再多出這樣一本呢？這是動筆之前就擺在我面前的問題。它令我躊躇，但也決定了這本傳記的寫作起點：它不會是一本凡事必錄面面俱到的傳記，也不會是粗枝大葉蜻蜓點水的人物介紹，它有所側重也有所放棄。在這裏，我只是對巴金百年人生中的一個側面表達一點粗淺的理解。

為了更接近這個目標，面對著傳主卷帙浩繁的著譯、飽經風霜的人生和無比豐富的內心世界時，我首先要梳理出一個基本的線索，我考慮了一下，選擇了兩個方面：一是巴金是如何成為這樣的人，又怎樣有了這樣的創作，由此，勾勒出他的成長和思想變化的基本軌跡，顯示出他的創作與生活、思想發展之間的關係；二是巴金與五四新文化精神之間的關係。巴金說他是「五四」之子，一生都堅持和發揚五四新文化精神，可以說與「五四」淵源甚深。我期望在對貫穿巴金一生的這兩條線索的梳理中，能夠看到巴金的創作特色，感受到他獨特的精神氣質。

五四新文化思潮奔湧而來的時候，巴金還是成都一個大家庭中的少爺，新思想「……像火星一般地點燃了我們的熱情。那些新奇的議論和熱烈的文句帶著一種不可抗拒的力量壓倒了我們三個……」[註1]青春的熱血與激蕩的社會風雲融合到一起，不斷渴望著新鮮的、有活力的因素出現在沉悶、壓抑的生活中，五四新思潮

衝開了堤岸，打開了一個新的世界。說「五四運動」給了巴金新生，一點也不過分，是「五四」讓巴金有了信仰有了夢想，也找到了現實前進的方向，而這些在巴金一生中遠比哪個職業、職位更重要。從此以後，無論在人生，還是在寫作中，巴金都始終高揚著「五四」的啟蒙精神，從《滅亡》到《隨想錄》，這種姿態歷經艱難，但還是磕磕絆絆堅持下來了。所以到五四運動六十周年的時候，他仍然充滿深情地說：「我們是五四運動的產兒，是被五四運動的年輕英雄們所喚醒、所教育的一代人。他們的英雄事蹟撥開了我們緊閉的眼睛，讓我們看見了新的天地。可以說，他們挽救了我們。」註2儘管在生命的不同階段，巴金對「五四」所強調的側重點有所不同，但一生與「五四」的糾結卻是非常明顯，難怪2005年當他遠去的時候，許多人都在說「一個時代結束了」，這個時代是「五四」的時代，可以說巴金是那個時代精神最執著最持久的踐行者之一。

從巴金與五四新文化精神的視角來考察他的人生和創作，我把它分為四個時期：洗禮、踐行、迷失和復歸。第一個時期是巴金的人生成長期，顯示了他逐步接受新文化精神洗禮的過程，這個階段也是巴金的人生和信仰確立的起點。第二個時期是巴金的人生揚帆起航生機勃勃的創造期，是五四精神通過他的文字和行動在他身上承傳和踐行的黃金時代。而「迷失」，主要是指自我的迷失，他個人的價值判斷與周遭世界不斷發生衝突，同時也不斷在退縮，直到徹底迷失了自我，淪為一個「奴在心者」，這讓我們看到了一個個體靈魂掙扎的歷史。「復歸」不是簡單地回到「五四」的原點上，而是在痛定思痛的基礎上對自己一生的清醒反思，同時也是對五四價值更堅定的捍衛。人的一生極其複雜，尤其是處在波譎雲詭的歷史和社會中的巴金這一代知識份子，他們的人生可能無法用一個簡

單的思路來概括，所以，以上只是打量這位作家的一個角度，從這樣的視角出發，我嘗試著與這位老人漫長一生的對話⋯⋯

>>> **注釋**

註1：巴金：《信仰與活動──回憶錄之一》，《水星》第2卷第2期。

註2：巴金：《「五四」運動六十周年》，《巴金全集》（以下均簡稱《全集》）第16卷第66頁。

目次

洗 禮

（1904-1925年）

一、新與舊

讀過巴金的著名小說《家》的人，大多都知道這部作品是以作者自己的家族人物為原型寫成的。作品的巨大影響力，生活與創作的相互融合已經使生養巴金的李家[註1]與小說中的「高家」經常混同到一起，不少人認定小說裏的覺慧就是巴金，甚至二十世紀五十年代還有人問巴金他的嫂子是不是翠環、侄女是不是翠環生的[註2]。也不能完全責怪讀者，難道巴金本人就沒有把作品世界當作現實生活的時候嗎？巴金曾說寫《家》時：「最先浮現在我的腦子裏的就是那些我所熟悉的面龐，然後又接連地出現了許多我所不能夠忘記的事情，還有那些我在那裏消磨了我的童年的地方。」[註3]現實中的李家是

巴金記憶中的成都正通順街李家公館，正如小說《家》中所寫，門口有對石獅子、石缸，門牆上掛著木對聯，上書「國恩家慶，人壽年豐」。這是他離家後改建為「怡廬」的門面，「成都城裏修馬路，我們家的大門應當朝裏退進去若干，門面翻修的結果，石缸、石獅子、木對聯等等都沒有了。」（照片為1926年3月8日大哥所寄）。

油畫《巴金故居》（作者：賀德華），巴金本人看過這幅畫，但不記得有這樣的銀杏樹，認為此處可能是李家舊日的馬房。在晚年的《願化泥土》中，他説：「我多麽想回到我出生的故鄉，摸一下我念念不忘的馬房的泥土。」童年的他在這裏與「下人」接觸，學到了對生活的愛和不自私。

怎樣，又有哪些巴金不能忘記的面龐，這個「家」在巴金的成長中究竟扮演著什麼角色呢？

在小説《家》及其續篇《春》、《秋》中有幾個著名人物常常被人自然而然地與現實中的李家人物對號入座，比如高老太爺與巴金的祖父，克明、克安與巴金的二叔、三叔，覺新與巴金的大哥，瑞珏與巴金的大嫂，覺民與巴金的三哥……對有些人物這樣劃上等號似乎並無不可，但常識也告訴我們經過藝術加工後的素材畢竟不能等同於生活現實，不過在這個前提下，我們也不妨做個辨識：高老太爺與覺新比較接近現實中巴金的祖父和大哥的角色，至於巴金的大嫂雖然確曾避出家外生產卻不曾難產死去[註4]；覺慧和覺民呢？的確，巴金和三哥如同覺慧一樣離家去上海求學，但據巴金在後來解釋：覺慧的性格也許跟他自己差不多，但三哥以前也是個敢作敢為的人，並不如覺民那麼謹慎；「覺慧也做我做過的事情」：都在成都外專讀書，結交新朋友，編輯刊物，創辦閱報處等。但巴金和三哥是得到了家中允許離家到上海，而小説中覺慧則是秘密離家。[註5]巴金也曾申明，在他的感情生活中並沒有一個鳴鳳[註6]。還有，小説《春》中覺民的一些活動則是取自巴金離開老家前在成都的一些活動。比如五一節散發傳單，在週報社聚談，演出《夜未央》則是巴金的一群朋友所為[註7]。為「激流三部曲」做索隱一定是一件非常有趣的事情，但這不是本書關注的重點，我關注的是巴金的成長環境。這個問題可能並不複雜，因為對於「家庭的環境」巴金有過相當數量的

文字描述，但斟酌一下又不能不謹慎對待這些文字：目前我們所見的巴金第一批談論自己家庭狀況的文字寫於上世紀三十年代上半期，主要有兩部：1934年11月出版的《巴金自傳》，後於1936年改名《憶》，並增補篇目重新出版；還有1937年出版的《短簡》中的篇章，它們較為詳細地描述了從出生到從事創作之前的生活。但早就有學者指出：此時的巴金是個經過「五四」精神洗禮並且有了自己信仰的人，無論是在《家》中還是在這些回憶散文中，「家」都是一個帶有象徵意義的事物──它代表著黑暗而專制的王國──而非巴金當年生活的真實環境[註8]。那麼，在這種情況下，巴金對「家」的回憶更為強調的是新與舊的衝突，強調自己與「下人」之間平等交往的一面。到五六十年代，巴金寫作《談自己的創作》時候，他所要執行的只能是對這個「封建家庭」的批判，而不能過多地同情，所以談到「地主階級」家庭中的人物不能不分外小心，可即使這樣，他也毫不隱諱地表達了對覺新的同情。及至新時期，總算可以比較客觀地心平氣和地談論自己家族的事情了，巴金也的確在一些文字中表達了自己的真情實感。比如〈懷念二叔〉中作為「子」輩終於向「父」輩表示致意，遺憾的是他年事已高、精力不濟留下的文字不多。那麼，我們對於他家族的印象更多是建立在巴金早年的敘述上，不是說巴金所敘述的不是事實，而是在這樣的敘述角度中另外的事實也可能被遮蔽掉了。

比如說這個家族的最高長輩李鏞到底是怎樣一個人呢？巴金曾這樣敘述：「祖父是一個能幹的人。他繼續著曾祖造就了這一份家業，做了多年的官以後退休下來，廣置了田產，修建了房屋，蒐羅了不少的書畫古玩，結了兩次婚，討了兩個姨太太，生了這許多兒女，還見著了重孫（大哥的兒子），但結果卻把兒子們造成了彼此不相容的仇敵，在家庭裏種下了長久的鬥爭的根源，而自己卻依舊免不掉發狂地死在孤獨裏。沒有人真正愛他，沒有人真正瞭

解他。」註9這段話是需要做很多注釋的。巴金的祖父李鏞（1854-1920）的經歷頗為典型地體現了晚清到民國轉換中一批士大夫的經歷：「川西盆地的成都當時正是這種封建大家庭聚集的城市。在這一種家庭中長一輩是前清的官員，下一輩靠父親或祖父的財產過奢侈、閒懶的生活，年輕的一代卻想衝出這種『象牙的監牢』。」註10這些人身上有著非常典型的兩面性，一面是在文化和生活方式上有習慣於傳統方式的某種保守性；另外一面為了維護自己的生活地位和社會地位，他們也會在現實層面上較早地實現轉變，或者毋寧說他們比普通人更有條件獲得某種有利的現實權利和機會。

毫無疑問，他們屬於「舊時代」的人，這與他們的出身、學養、生活方式有關，他們會按照舊的倫理道德生活、看待事物，但這並非就意味著要強調或誇張他們頑固、墮落或腐朽的一面，巴金也一再強調他攻擊的是制度而不是人，那是因為在這種家族制度下，這些人所做的無非都是這個制度下所通行的一切，而我們必須要看到他們處在一個巨變的時代，雖然是在思想意識較為保守的內陸成都，可他們也並非是一成不變，相反，他們會根據現實的需要調整以維護自己處於社會上層的位置。比如李鏞將兩個兒子送到日本留學，而且學習的是法律註11，這看起來是非常「前衛」的事情，據一份資料統計，1896年清政府派出首批留日學生僅僅13人，1900年以前不滿百人。四川首批留學生是1901年派出的，僅22人，以後逐漸有增：1903年，57人；1904年，322人；1905年，393人；1906年，800人；1911年，300人。四川的留日學生所占比例算是較高的，1906年全國留日學生共8000人，對比可知川省獨佔十分之一註12。而學習法律屬於頗為新潮之舉，但深入分析又很難說他們思想前衛，這不過是士大夫家庭中走仕途的另一條路徑而已。《四川近代史稿》就曾指出：清政府實行「新政」以後，對官僚制度進行了改革，加之西學傳入，學習法律和政治風行，四川留日學生在

法政大學和早稻田等學習法政科也有相當數量。1906年清政府宣佈預備立憲之後，法學堂在四川也應運而生，並開始招生。到1910年底，省城公立的法學堂有十四五家之多，每個學堂多則六七百人，少者也不下百人。「法政學堂的大量湧現，主要是迎合了當時人們急於做官的心理。」[註13]巴金的三叔回國後就當過南充知縣，可見留日和學習法律有現實目的的。不過，李鏞也算不上封建衛道士的代表，他只是一個保守的時代順應者。對待巴金兄弟的教育同樣可以看出：「三哥已經進了中學，但父親一死，我的進中學的希望便斷絕了。祖父從來就不贊成送子弟進學校讀書。現在又沒有人出來給我幫忙。」[註14]當時士紳階層對於新式學堂和新式教育還是頗多微詞甚至激烈反對，這並不奇怪，只要看看全社會的氣氛就明白了：1913年四川都督尹昌衡致電袁世凱鼓吹：「孔子之道，如日月經天，河海行地，其大公至正固足以範圍乎萬世也」，請袁世凱命令全國學校尊孔讀經，還被袁嘉獎為「所見極為正大」[註15]。直到「五四」前後，「當時學校已經沒有讀經，但中小學有修身課，高等學校有倫理學，實際是讀經。沒有男女合校，男女學生不得交際，女子不得剪髮……許多學校更不讓學生讀新書報。」[註16]說介紹新思潮的書刊是「違背聖訓，不依正規的東西」；女師學生的「國文、修身的教本，便是講三從四德、貞操節烈最多最重的本子。」四川保守派的《國民公報》以這樣一副腔調議論男女同校：「既可同板凳而坐，安可不同床而覺，什麼是男女同校，明明是送子娘娘廟。」[註17]很顯然，雖然五四新思想的火種已經在四川燃燒，但是到它成為一種普遍的社會意識還需要一段時間，所以李鏞的保守也是一種「正常」反應，至於1918年秋天送巴金去學外語也談不上開通，「因為祖父聽見人說學了英文可以考進郵局做事，而郵局裏的位置在軍閥割據的局勢下的成都市面上算是比較優越的，薪水是現金，而且逐年增加，位置又穩固，不會因政變而動搖。我的一個舅

圖上：1907年的家庭合影，右三是巴金的母
　　　親，左三外婆懷裏抱著的是巴金，這
　　　是目前所見到的他留下的第一幅影
　　　像。
圖下：位於李家公館南面西側正通順街上的
　　　雙眼井長久留在巴金的記憶中，晚年
　　　他曾說：「只要雙眼井在，我回川還
　　　可以找到舊時的腳印。」（1983年8
　　　月4日致李致）這是1987年10月8日上
　　　午，他重返故鄉後對雙眼井的深情造
　　　訪。（此井上鑿雙眼，可同時供兩人
　　　汲水，故稱「雙眼井」。）

父就在那裏面占著一個很高的位
置，被許多人羨慕著。」[註18]這
些選擇同樣是現實的需要，而非
表明一種文化立場。所以，巴金
的大哥留學德國學習化學的夢被
斬斷，是由於需要長房長孫承擔
起復興家業的需要，也是家裏的
長輩對這樣的新學未必太有興
趣；至於巴金的姐姐生病，母親
請教會的醫生來看病，還在家中
做了西餐並從此與教會的人有了
來往的事情[註19]，同樣是現實的
需要。因為基督教自十九世紀
五十年代末六十年代初已經開始
在四川傳播，雖然與本土居民的
衝突一直不斷，但到二十世紀初
已經有了相當發展，醫院之類的
也開了不少，至少說明當地居民
對西醫不陌生，而且有相當一部
分人去就醫，那麼請他們來看看
病也不是什麼出格的舉動。

李家在一些重大的政治和社
會變動面前的表現也說明了，他
們既不是急先鋒也不是頑固派。
當四川保路運動和辛亥革命的風
潮湧到他們面前的時候，李家的
態度比較平靜，是順利接受，而

不曾頑固反對。二叔和三叔從日本回來比別人先剪了辮子，這也是
順乎留學生風氣而已，等後來大家都剪辮子時李家似乎也沒有出現
忠於前清的誓不剪髮者。清政府被推翻了，他們也做了國旗，「但
是不久中華民國成立，我們家裏又收起了它，另外做了五色旗。」
這有例行公事的味道，想一想四川在維新時候曾出過楊銳和劉光
第，在民國革命中曾出現過「革命的馬前卒」鄒容，還有無數仁人
志士，李家倒顯得安分了些。而清亡了，「祖父因了革命感到大的
悲哀。父親沒有表示過什麼意見。二叔斷送了他的四品的官。三叔
卻給自己起了個『亡國大夫』的筆名。」[註20]這更多表現的是一種心
理和感情，「大的悲哀」沒見了誰去殉前清，家裏的熟師龍先生是
一個新黨，革命前就請來了，還經常傳播一些反對清政府的資訊，
也沒有誰去干涉他。李家就是時代大潮中的一分子，它不在風頭浪
尖上，也不是阻擋風浪的礁石。

但「青山遮不住，畢竟東流去」，遭遇近代民族危機的中國，
在國門打開之後，已經無法讓古老的文化形態按照原來的方式運轉
下去了，求變的聲音和行動在對現實的焦慮中一浪高過一浪，可以
說並非天降英雄故意激進地「搞亂」，新文化的興起和傳播是現實
使然，也是古老的民族尋求新生的自然節點，它被年輕一代欣然接
受並不同程度地影響老一代人也是社會大趨勢。看看哪怕不進外邊
的學堂，私塾先生教給巴金他們讀的《新三字經》已經是這樣的內
容了：

　　　今天下　　五大洲

　　　東與西　　兩半球

　　　亞細亞　　歐羅巴

　　　澳大利　　阿非加

　　　美利堅　　分南北……[註21]

這還是巴金六七歲在四川廣元的時候，可見哪怕再緩慢的腳步也會推動著人往前移動，那麼新與舊的衝突在這個轉型的時代中是不可避免的。

>>> **注釋** --

註1：巴金本名李堯棠，字芾甘，「巴金」為1928年開始使用的筆名，本文為行文方便，
　　　敘述中統稱「巴金」。

註2：巴金：〈談《秋》〉，《全集》第20卷第447頁。

註3：巴金：〈關於《家》（十版代序）〉，《全集》第1卷第443頁。

註4：據李致在〈大媽，我的母親〉一文中所敘述，巴金的大嫂本名張蘭生，嫁到李家後
　　　改名張和卿。張氏父親曾任昭化縣知縣，該縣與廣元臨近，故與曾任廣元縣知縣的
　　　巴金父親李道河有交往，兩家後來都回到成都定居。巴金的大哥李堯枚定親時曾有
　　　張、毛兩家可選擇，均條件相當難下決心，只好採取在祖宗牌位面前抓拈的辦法選
　　　定了張家。大嫂生有二子四女，其中一子四歲夭亡，其餘均撫養成人。她於1980年
　　　4月去世，享年81歲。見李致《我的四爸巴金》第173-192頁，生活・讀書・新知三
　　　聯書店，2003年12月版。

註5：巴金在〈答譚興國問〉中談到：「離家去上海讀書，幾兄弟各有各的想法。大哥想
　　　復興家業，因此三哥一提出到上海上學，他也同意。他希望我進工科。」（《全
　　　集》第19卷第514頁）

註6：巴金：〈《家》十版代序〉，《全集》第1卷第446-447頁。巴金在此文中說，他家
　　　中有位寄飯婢女叫翠鳳，其叔父蘇升是家中老僕。有一次一個遠房親戚要討她做姨
　　　太，被她嚴辭拒絕。她後來嫁了一個貧家丈夫，大家都暗暗稱讚她有骨氣。

註7：參見巴金〈談《春》〉，收《全集》第20卷第436、437頁。

註8：參見陳思和〈人格的發展──巴金傳〉，上海人民出版社出版社1991年版。另見陳
　　　思和〈《家》的解讀〉，收〈巴老與一個世紀〉，上海社會科學院出版社2005年10
　　　月版。

註9：巴金：〈最初的回憶〉，《巴金自傳》第117頁，上海第一出版社1934年11月版。

註10：巴金：〈談《家》〉，《全集》第20卷第416頁。

註11：巴金曾說：「二叔和三叔在日本留過學，大約是在早稻田學法律吧。」見〈「我
　　　　是把文藝作為武器進行戰鬥的」〉，《全集》第19卷第620頁。

註12：隗瀛濤主編：《四川近代史稿》第408-409頁，四川人民出版社1990年4月版。

註13：隗瀛濤主編：《四川近代史稿》第407頁。

註14：巴金：〈家庭的環境〉，《巴金自傳》第112頁。

註15：隗瀛濤主編：〈四川近代史稿〉第810頁。

註16：張秀熟：〈五四運動在四川的回憶〉，《五四運動回憶錄》第877-878頁，中國社
　　　會科學出版社1979年3月版。

註17：轉引自張秀熟：〈五四運動在四川的回憶〉，《五四運動回憶錄》第878、882頁。

註18：巴金：〈家庭的環境〉，《巴金自傳》第115頁。

註19：巴金：〈家庭的環境〉，《巴金自傳》第59頁。

註20：巴金：〈家庭的環境〉，《巴金自傳》第85頁。

註21：巴金：〈最初的回憶〉，《巴金自傳》第49頁。

二、詩文傳家

在這新與舊之外，需要注意的倒是巴金成長的另一種文化環境，特別是這個家族的幾代人都有良好的文化素養和文藝氣質，從傳統的書香門第和士大夫階層來看，詩詞歌賦本來就是他們的閒餘雅事，巴金這個家族的幾代人對文墨更是有一種天然的關係，到巴金這裏即便他一個不想當作家，還是走上了寫作道路、寫了那麼多影響巨大的作品，也許真是有「家傳」吧？

李家的祖籍本在浙江嘉興，祖輩都是以功名求仕途的讀書人，自然不乏詩詞文章留存。巴金的高祖李文熙（字介庵）的哥哥李寅熙，字賓日，號秋門，著有《秋門草堂詩鈔》。郭麐的《靈芬館詩話》說他：

巴金藏《李氏詩詞四種》，校對者的中有「堯棠」（巴金）的名字，書上鈐有他本名和筆名印。

　　秋試京兆，屢困有司，侘傺以卒。……秋門享年不永，故所作未遑深密，然清疏雋上之氣，自不可磨滅。五言如「孤燈涵夜色，一雨盡春聲。」「長林驚葉響，遠雁與天低。」……七言如〈荷葉〉云：「一燈涼雨鳴秋舫，廿載煙波感故衣。」

……〈寄種梅〉云：「夢想筍肥應勝肉，愁看槐綠又如山。」……皆清麗閒雅。註1

看來是一位人生不甚得意，卻多愁善感，「一生常作客」、「詩書未白頭」的詩人。李文熙（字介庵），在乾隆年間，隨長兄寅熙赴京，得交當時名士，又應聘山西馬氏教館，當了十餘年家庭教師，期間馬氏子弟連連考取功名，其教學的認真負責感動了馬氏，得其保薦，於嘉慶二十三年（1818年）捐官入川。歷任青提渡鹽場大使、崇慶州同知等職。他的兒子李璠（1823-1878），字魯珍，號宗望，曾任職四川南溪、筠連、興文、富順等縣，後卒於定遠縣任上，有《醉墨山房僅存稿》留存。該書共分文集、詩歌、詩話和公牘四類，巴金顯然通讀過此書，曾幾次在文章中提到它，1982年在《隨想錄》的〈思路〉一篇中，引李璠一則論文徵明詞的詩話，從議論秦檜、高宗的功過聯想到「文革」的歷史責任，並以讚賞的口吻說：「我曾祖不過是一百多年前一個封建小官

巴金的高祖李璠在《醉墨山房僅存稿》詩話部分談到文徵明詞，此則詩話巴金後來曾在《隨想錄》中引用，用來反思他經歷的「文革」悲劇。

僚，可是在大家叩頭高呼『臣罪當誅』、『天王聖明』的時候，他卻理解、而且讚賞文徵明的『誅心之論』，這很不簡單！」[註2]可是，在上世紀三十年代，巴金談起曾祖卻不太恭敬：

> 我沒有見過曾祖，但我讀過他的醉墨山房僅存稿（一本詩文，一本公牘，是祖父刊印的，有一大堆木板藏在我們家裏。）公牘中有著一段曾經使祖父和父親感動而使我發笑的話：「……卑縣城中之勇只存二百餘名。欲請援兵，非但緩不濟己，且旬日以來，餉銀已竭，即有兵到，無餉給發，亦必生變卑職現在計窮力竭，惟有激勵人心，守一日盡一日之職。一朝力盡，即偕同職婦XX職女XXXX同時殉節，以仰我大人知遇之恩。所有八旬老母張氏及職子XX擬臨時派人送赴敘州，不知能否逃出，只好聽命於天。此後能否具稟，尚不可知……」從這裏面可以知道他的思想和為人。[註3]

巴金發笑的大約是殉節和愚忠吧？這是「五四」新青年所看不起的事情，但確實往日士大夫的基本操守。李璠的詩也能看出士大夫的志向和慣常的風雅：

樑上香泥燕子窩　　尋春花裏幾回過
無端留下飛鴻爪　　贏得詩人錦句多[註4]

半世功名水上船　　明知琴曲不知弦
信天久作齊心法　　且作逍遙立暮煙

無聊寒夜讀離騷　　那管牕前月影高
幾次雞鳴遲不寐　　墨花猶自染霜毫[註5]

到李鏞一輩，因何中途辭官不做而在公館中做起風雅之士現在不得而知。小說裏的高老太爺是作為封建家族制度的代表來描寫的，冷酷無情，了無趣味，在整個公館中，只要他出現就顯得肅穆沉靜，給人一種壓抑感。實際生活中的李鏞在巴金的記憶中似乎沒有高老太爺那麼可怕，尤其是在祖父去世前的半年裏，祖孫甚至還有了很多情感的溝通。巴金身體不好，祖父要他在家裏靜養，又出錢為他訂了一份牛奶。「他還時時給我一些東西，或者把我叫到他的房裏去溫和地談一些做人處世的話。」[註6]所以當祖父去世時，巴金還是很悲傷，他覺得祖父很孤獨，沒有人真正瞭解他。作為一個退職的官僚、封建家長李鏞已為人們足夠地瞭解了，可是說他是一個詩人你會不會驚訝呢？巴金在上世紀三十年代曾說：「祖父還刊印了一部李氏詩詞四種，包含著他自己的，我的兩個祖母的，和我的孃孃的詩詞，校對人名下排列了我們十幾弟兄的名字，其實那時候我們還不懂得校對是怎麼一回事情。」[註7]這本1915年刻印《李氏詩詞四種》包括巴金祖父李鏞《秋棠山館詩抄》，李鏞兩房夫人和一個女兒李道漪的詩集：李鏞原配蘭陵人湯淑清，字菊仙，她的外祖母當年曾是「蘭陵三秀」之一，湯淑清少年受其薰陶，即通詩文，嫁與李鏞，夫妻也多有唱和，有《晚霞樓詩稿》刊刻；繼室濮氏，名賢娜，字書華，也有《意眉閣集》。這真如《李氏詩詞四種》作序者胡淦所歎：「高柔夫婦合璧雙輝」。李鏞有一女兒名道漪，字蕙卿，也有《綺霞樓存稿》四種。李鏞兒子中舞文弄墨者也不乏其人，巴金的二叔李道溥是清末秀才，精通文墨，自號「箱根室主人」有詩詞若干。他還曾給巴金講解過《春秋》、《左傳》。三叔李道洋，辛亥革命後賦閒在家，取了個「亡國大夫」號，吟詩抒懷，後來大概覺得民國也沒有什麼不好的，遂改名「息影庵主」。據胡淦言：「華封觀察《箱根室集》芷卿女士《花影集》俱若干卷，子舟大令亦有集待梓。」子舟是李道河的號，這裏說他亦

有詩集待印。可見也是位能詩之人。[註8]巴金的五叔李道沛，也能詩會文，深得祖父寵愛。李氏一門不但男人能詩，連女眷也不輸文采，這麼看來算是「夙嫻詩教整頓家風」[註9]啊。難怪吳虞為此書題詞説：「潛閉琴書與俗辭」，「大隱東方憶昔時，文章經國幾人知。萬重桑海匆匆甚，黃絹長留絕妙辭。」

巴金的祖父李鏞和大哥李堯枚。李鏞，號皖雲，有《秋棠山館詩抄》印行，與吳虞等文人有交往，屬於中國末代士大夫。

李鏞《秋棠山館詩抄》中有多首憶菊、訪菊、喜菊、詠菊、枕菊、對菊這類的詩，不乏情趣。而詩集中的寄內詩則滿腔柔腸、一片多情，乍一看，絕對與嚴肅的高老太爺聯繫不到一起：

寄內用送別原韻（兩首選一）

那堪回首憶臨歧　　行篋征裝賴主持
清淚暗彈悲莫塞　　詩情不屬意傷離
休因念遠疏中饋　　漫向高堂話去思
更有一言煩記取　　勤將密緒報儂知

讀閨人見懷詩依原韻

新詩寄到讀移時　　悵觸離懷不自支
漂泊漫憐生命薄　　艱難可諒我歸遲
慈親多病煩調藥　　兒輩雖頑合下帷
都仗卿卿頻料理　　無涯感到淚如絲

巴金的父親李道河特別喜歡看戲，這個愛好為李家一大家子人所共有。巴金從小就常隨父親到外邊看戲，他們有時候也還將戲班請到家裏，演川劇、京劇。年輕人甚至還組織了一個新劇團，劇本是自己胡亂編的，角色兄弟們分派做，年幼的巴金和二叔的兒子只能擔當配角，或者在戲演完以後做點翻槓桿的表演。看客是族中的姐妹們──「用種種方法強迫她們來看，而且一定要戲演完才許她們走」；「父親也被我們拉來了。他居然坐在那裏看完我們演的戲。他又給我們編了一個叫做《知事現形記》的劇本。二哥和三哥扮著戲裏面的兩個主角表演得有聲有色的時候，父親也哈哈笑起來」[註10]。大約是在1916年左右新思潮漸行，六叔道鴻、三哥堯林、香表哥濮季雲還合辦了一份小說雜誌《十日》，三個月共出九期，裏面登的是蘇曼殊式的哀情小說，巴金是第一個訂戶。母親對巴金兄弟們的早期教育也是詩詞，她親手從《白香詞譜》中抄出它們，晚上在昏黃的燈光下領著他們讀，巴金說「這是我們幼年時代的唯一的音樂」[註11]。

巴金的父親李道河、母親陳淑芬。李道河，係李鏞長子，曾以過班知縣的資格覲見清光緒帝，1909至1911年任廣元知縣，後辭官回到成都，1917年去世。巴金在說：「在家的時候父親是很和善的，我不曾看見他罵過人……父親很喜歡我，他平時常帶著我一個人到外面去玩。」陳淑芬，品性善良，同情下人，巴金認為她「很完美地體現了一個愛字」，是自己幼年時代的第一個先生。她1914年在巴金10歲時去世。

　　在這樣的環境中，大約人的文藝天性自然而然就被激發出來了。從巴金大哥留下的幾封書信看[註12]，他也是一個多愁善感、感覺細膩並愛好文藝的人，而三哥也是一個有良好的藝術修養的翻譯家[註13]。這樣家庭出來的孩子哪怕不想當作家，寫寫畫畫對他們來說都是極其自然的事情。

圖右：巴金本名李堯棠，字芾甘，名字取自《詩經》中《召南‧甘棠》首句「蔽芾甘棠，勿剪勿伐。召伯所茇。」這是一首讚美周文王兒子召伯德政的詩。「巴金」是1928年之後他寫作和翻譯作品時使用的筆名。他曾在《談〈滅亡〉》一文中說，此名是為紀念一位中國朋友巴恩波而取「巴」字，又從「克魯泡特金」的名字中取「金」字合成。

圖下：1956年12月13日作為全國人大代表回鄉視察，巴金又回到了老家，「今天到了老家，見到了三十三年前住過的屋子，頗有一些感想。」（當日致蕭珊信）此為在故居臥室前留影。巴金說這是把「夢和真、過去和現實混淆在一起的老家」。

>>> 注釋

註1：郭麐：《靈芬館詩話》卷十，《續四庫全書》1705冊第402頁。

註2：巴金：〈思路〉，《全集》第16卷第407頁。

註3：巴金：〈家庭的環境〉注一，《巴金自傳》第120-121頁。

註4：李瑢：〈甲戌花朝後一日和朱海門太守見贈四律即步原韻和胡心田西湖原韻〉，《醉墨山房僅存稿》。

註5：李瑢：〈再疊前韻〉，《醉墨山房僅存稿》。

註6：巴金：〈家庭的環境〉，《全集》第12卷第399頁。

註7：巴金：〈家庭的環境〉注二，《巴金自傳》第121頁。

註8：胡淦：〈李氏詩詞四種〉序，見《李氏詩詞四種》。

註9：胡淦：〈李氏詩詞四種〉序。

註10：巴金：〈家庭的環境〉，《全集》第12卷第392-393頁。

註11：巴金：〈最初的回憶〉，《全集》第12卷第355頁。

註12：李堯枚給巴金的信，多在「文革」中燒毀，現保存下來的請見李致《我的四爸巴金》第158-165頁。

註13：巴金的三哥李堯林（1903-1945），筆名李林，曾譯過岡察洛夫《懸崖》、《奧布諾莫夫》、威爾斯《莫洛博士島》、庫普林《女巫》以及《無名島》等文學作品。

三、夢境中的事業

　　那時候我已經受了新文化運動的洗禮，而且參加了社會
運動，創辦了新刊物，並且在那刊物上寫了下面的兩個短句
作為我的生活的目標了：
　　奮鬥就是生活，
　　人生只有前進。[註1]

這是巴金所描述的1923年離開成都老家時他的追求目標，終其
一生，他都在強調五四新文化運動所對他的影響。「洗禮」
是從基督教而來，經歷了這一聖事，人的原罪、本罪及罪罰皆得以
赦免，從而獲得了一種新的人生。「五四」所帶給巴金這一代人的
震撼和影響正是使他們擺脫了舊世界獲得了新生，追溯這個過程，
巴金掩飾不住自己的興奮：

　　當初五四運動發生的時候，報紙上的如火如荼的記載，
就在我們的表面上平靜的家庭生活裏敲起了警鐘。大哥的被
忘卻了的青春也被喚醒了：我們開始貪婪地讀著本地報紙上
的關於學生運動的北京通訊，以及後來上海的六三運動的記
載。本地報紙上後來還轉載了《新青年》和《每週評論》的

文章，這些文章很使我們的頭腦震動，但我們卻覺得它們常說著我們想說而又不會說的話。

　　於是大哥找到了本城惟一售賣新書的那家店鋪，他在那裏買了一本《新青年》和兩三份《每週評論》。我們爭著讀它們。那裏面的每個字都像火星一般地點燃了我們的熱情。那些新奇的議論和熱烈的文句帶著一種不可抗拒的力量壓倒了我們三個……註2。

《新青年》（創刊時名《青年雜誌》），曾點燃「五四」一代知識青年的覺醒之火，也給巴金送來了精神的火種。

　　這是五四新文化運動在一個古老家庭的青年中所掀起的波濤，那些書刊中新名詞、新說法有著不可抵擋的魔力，迅速地俘虜了像巴金這樣渴求新生活的少年，在潮水般湧進的各種學說中，巴金選擇了無政府主義可能有偶然的因素，因為對於一個涉世未深的少年而言，偶然的相遇可能決定他的一生。在巴金的信仰選擇上還有一個頗為戲劇性的細節：1920年冬天，一個未曾謀面的朋友從上海給巴金寄了一本小冊子，那就是真民（李石曾）翻譯的《告少年》的節譯本，它是俄國革命家克魯泡特金所寫的一本宣傳社會革命的書，無法想像它帶給巴金的震

動：「我想不到世界上還有這樣的書！這裏面全是我想説而沒法説得清楚的話。它們是多麼明顯，多麼合理，多麼雄辯。而且那種帶煽動性的筆調簡直要把一個十五歲的孩子的心燒成灰了。我把這本小冊子放在床頭，每夜都拿出來，讀了流淚，流過淚又笑。」註3在這樣的激情鼓舞下，巴金給翻印這本書的上海新青年社的主持人陳獨秀寫信註4。他描述當時寫信的心情：「這天晚上我鄭重地攤開信紙，懷著一顆戰慄的心和求助的心情，給陳獨秀寫信。這是我一生寫的第一封信，我把我的全心靈都放在這裏面，我像一個謙卑的孩子，我懇求他給我指一條路，我等著他來吩咐我怎樣獻出我個人的一切。」註5然而，他苦苦等待的指點並沒有來，這時，他看到上海報紙上載有贈送《夜未央》的廣告，便寄郵票去，這本書來了，又給巴金打開了一個新的世界，巧的是這又是一本無政府主義者廣泛閱讀的書。兩個月後，巴金看到本地出版的《半月》上刊有〈適社的旨趣和組織大綱〉，他便寫信給刊物編輯要求加入「適社」。第三天，一個姓章的編輯便親自送回信來了，説適社是在重慶的無政府主義團體，他們在成都的一群年輕人想自己成立一個「均社」，邀請巴金參與。巴金欣然接受，很快他們就組織起來了，就這樣他走入了無政府主義的小團體當中。設若，當初陳獨秀給巴金回信了是怎樣呢？已經選擇了馬克思主義道路的陳獨秀會不會把巴金引上同樣的道路呢？歷史不能假設，不過，在巴金看似

真民譯《告少年》，對巴金的信仰選擇起到關鍵作用的讀物之一。（該圖選自唐金海等著《巴金的一個世紀》一書）

偶然的選擇中，也有必然：在當時，馬克思主義學說的影響力遠不及無政府主義。無政府主義在五四前後的傳播達到了極盛，眾多革命青年都受過它影響。

當然，對於一個少年，他最初接觸到的可能並不是學說的原理，而是更具體的人和事。不妨看一看無政府主義的宣傳中有哪些內容吸引了巴金。

還是先看看那本把少年巴金的「心燒成灰」的《告少年》吧。它是克魯泡特金的著作《一個反抗者的話》中的一章，作者以通俗的筆調、生活中的事例和極具煽動力的熱情，號召青年起來反抗不合理的社會制度，尋求萬人安樂的社會。克魯泡特金把正要走入紛繁複雜的社會中有良心的青年人作為談話對象，那麼擺在他們面前的最緊要也最令他困惑的問題是：我要做一個什麼樣的人呢？你是一個有理想的人，但是如何將理想變為現實呢？這些都是一個青年人非常關心又十分困惑的現實問題。這些問題的提出，一下子就抓住了尋求人生出路的年輕的心，但接下來，作者並沒有把眼光放在個人的得失或為個人設計具體出路上，而是把個人問題拉到了整個社會，用很多具體的事例，顯示社會上不公平的狀況，強調「到民眾中間去」的理念，並高屋建瓴地提出：「除了這種在民眾中間為真理、為正義、為平等的鬥爭而外（在這鬥爭中你們還會博得民眾的感激），難道你們一生還能夠找到更崇高的事業嗎？」註6這與巴金從家庭得到的「揚名顯親」的教育完全不同，而傳統的家庭倫理恰恰是「五四」前後最為青年質疑的內容，他們從自身感受出發要求個人自由，從青年人的天性出發又渴望融入到群體的事業中去，這時，克氏的煽動力就可想而知了。作為巴金的精神啟蒙讀物，「從《告少年》裏我得到了愛人類愛世界的理想，得到了一個小孩子的幻夢，相信萬人享樂的社會就會和明天的太陽同升起來，一切的罪惡都會馬上消滅。」註7這本小冊子中的許多觀念成為巴金人生

觀的基礎，甚至還影響了他後來的文學觀念。從此，巴金與克魯泡特金（1842-1921）產生了不解之緣，他的筆名「巴金」的「金」字便是取自克氏漢譯名的末字，而且從事無政府主義運動的時候，巴金公開宣稱，他是一個克魯泡特金主義者，克氏的平等、互助、自我犧牲的倫理觀念是巴金一生恪守的道德信條。而且，他還是中國從事克氏著作出版和傳播出力最多的人之一，他自己翻譯了克氏《自傳》、《倫理學的起源和發展》、《麵包與自由》等著作，而且還組織集印克魯泡特金的全集。

散發這種小冊子是五四時期各個團體最便捷最有效的宣傳手段，給少年巴金帶來精神震動的另外一本小冊子是波蘭人廖・抗夫所寫的一個劇本《夜未央》（又譯作《前夜》）。這本在文學史上未留下什麼影響的劇本卻打動了異國的一個未來的大作家。他說：「在《夜未央》裏，我看見了在另一個國度裏一代青年為人民爭自由謀幸福的戰爭之

俄國革命家克魯泡特金（1842-1921），巴金服膺他的理論，認為他是「一個純潔、偉大的人」。

在《前夜》（後譯名為《夜未央》）中，巴金找到了「夢景中的英雄」，巴金說該書「保留著我的一段美妙的夢景」，此為巴金譯、1930年4月啟智書局版《前夜》書影。

大悲劇，我第一次找到了我的夢景中的英雄，我找到了我的終身事業，而這事業又是與我在僕人轎夫身上發現的原始的正義的信仰相合的。」[註8]劇本中的英雄為了革命，捨棄愛情，捨棄安逸的生活，甚至捨棄自己的生命而去暗殺一個當權者，這種行為和精神正是五四前後的無政府主義者所不斷宣揚的，也是一個少年心目中的勇敢者、英雄。我們還能看出《夜未央》與巴金的第一部小說《滅亡》之間的很多聯繫。

第三個對巴金產生影響的是愛瑪·高德曼（1896-1940），她是猶太人，俄國著名社會活動家，無政府主義組織的領導人。1886年成為一名女工，後赴美國，參加工人運動，1893年以煽動暴亂的罪名被關押一年。釋放後又於1899年到巴黎參加第二次國際無政府黨大會，1907年出席在阿姆斯特丹召開的國際無政府黨大會。1906年3月至1917年，編輯發行鼓吹無政府主義思想的著名雜誌《大地母

親》。1919年12月，被逐出美國，1920年1月到達蘇聯，1921年12月，因堅持不同政見離開蘇聯，前往歐洲各國。1940年5月，在加拿大演説的途中病逝。巴金最初是從《實社自由錄》和《新青年》上讀到高德曼的論文，「我的感動，我的喜悦，我的熱情……我真正找不出話來形容。」「高德曼的文章以她那雄辯的論據，精密的論理，深透的眼光，豐富的學識，簡明的文體，帶煽動性的筆調，毫不費力地把我這一個十五歲的孩子征服了。」所以，他稱高德曼為「我的精神上的母親」，「她是第一個使我窺見了安那其主義的美麗的人。」註9 1924年經過友人秦抱樸的介紹，巴金與高德曼建立了通信聯繫，直至三十年代。

　　高德曼被譯到中國的文章都非常有鋒芒，《新青年》上曾發表她的〈結婚與戀愛〉，譯者在附言中説：「此篇『結婚與戀愛』（Marriage and Love）、亦女士之傑作。凡我男女青年不可不讀也。」而高德曼在這篇文章中，激烈地抨擊了將女子淪為奴隸的婚姻制度，「婚姻制度、使女子為寄生蟲、極端倚賴。減其生存競爭之能力、減其對於社會之感情、而斷絕其理想。詭謂為正當之保護。其實乃一陷阱耳。自人類性情言之、殆若塗改陳、文以資戲謔也。」「愛情者、人生最要之元素也。極自由之模範也。希望愉樂之所由創作。人類命運之所由鑄造。安可以局促卑鄙之國家宗教、及矯揉造作之婚姻、而代我可寶可貴之自由戀愛哉。」最後號召：「破除婚姻之陋習」，以愛情為根源「結純粹之團體、人類之和諧。」註10 這彷彿喊出了有婚姻無愛情的中國青年心聲。高德曼所闡述的一些無政府主義原理，讓巴金從朦朧的人道愛、社會不公正的感覺、家族專制的厭惡中有了一個理性的認識，由高德曼等人的導引，巴金一步步走向了他的信仰，那就是無政府主義。「後來我接受了無政府主義，但也只是從劉師復、克魯泡特金、高德曼的小冊子和《北京大學學生週刊》上的一些文章上得來的，再加上托爾斯

泰的像〈一粒麥子有雞蛋那樣大〉、〈一個人需要多少土地〉一類的短篇小說。我還讀過一些十九世紀七八十年代俄國民粹派革命家的傳記。我也喜歡過陳望道先生翻譯的《共產黨宣言》，可是多讀了幾本無政府主義的小冊子以後，就漸漸地丟開了它。我當時思想的淺薄與混亂不問可知。」[註11]

關於無政府主義（anarchism），《中國大百科全書》是這樣介紹的：「又譯安那琪主義。近現代西方小資產階級社會政治思潮之一。主張立即取消國家和政府，建立沒有權威的、絕對自由的社會。」[註12]法國蒲魯東1840年在《什麼是所有權》一書中首次使用今天被譯成「無政府」或「無政府狀態」的「安那其」（Anarchy）這個詞。從十九世紀六十年代起，俄國無政府主義者巴枯寧提出集體主義思想，提出通過暴動立即消滅國家的口號。巴枯寧以後最有影響的無政府主義思想家是俄國克魯泡特金。他從人的互助本性出發，建立一套比較完整的無政府理論體系，十九世紀末，在無政府主義的基礎上出現無政府工團主義，反對政治鬥爭，反對工人階級政黨的領導作用，認為工團是工人階級的最高組織形式。第一次世界大戰後，無政府主義運動日趨衰微。無政府主義是較早地傳入中國並在中國近代影響巨大的一種西方思潮。在十九世紀末中國出版的書刊上即有介紹，標誌著中國無政府主義運動成熟的是1907年6月劉師培等人在東京創刊的《天義報》和吳稚暉、李石曾等人在巴黎創辦《新世紀》，進而無政府主義在中國也形成了「天義派」和「新世紀派」兩個派別。在中國無政府主義發展的過程中，也誕生了師復這樣的代表人物，他根據中國的形勢提出了許多自己的主張，在社會理想上師復基本是克魯泡特金的無政府共產主義與工團主義的結合，這也是巴金在後來積極宣傳的「理想」。特別是師復在人格道德上的修養和要求恐怕對巴金的一生都有潛在的影響。對於中國的無政府主義思潮，《中國大百科全書》認定：「在本質上

是一種空想社會主義」，中國共產黨誕生後，「成為無產階級革命運動的障礙」，1923年以後，「在理論上和實踐上逐漸走向衰落。1927年『四一二』政變後，無政府主義在中國終於破產。」^{註13}

在巴金接受無政府主義時，正是它隨著五四的熱潮產生巨大影響的時候，並非巴金一人，當時許多尋求人生之路的有志青年都曾為這種思潮所吸引。毛澤東在回憶首次到北京時候曾說：「我讀了一些關於無政府主義的小冊子，很受影響。我常常和一個經常來看我的，名叫朱謙之的學生討論無政府主義和它在中國的前景。當時，我贊同無政府主義的很多主張。」^{註14}周恩來也說過：「我小時候也迷信過菩薩，後來還相信過無政府主義。」瞿秋白說他也曾「是一個近於托爾斯泰的無政府主義者。」茅盾說：「1917-1918年間，我也喜歡無政府主義的書，覺得它講的很痛快。」^{註15}除了容易產生思想上的共鳴之外，「五四」前後，無政府主義已在中國傳播近二十年，雖然沒有造成有規模的行動，但其影響卻相當廣泛，據不完全統計先後出現團體有九十多個，刊物有七十多種^{註16}。所以許傑曾說：「1921年中國共產黨已在上海成立，但我回顧起來，當時上海就我所接觸到的，安那其主義者比共產黨員還要多。」^{註17}徐懋庸甚至談到：「在1928年下半年以前，能夠得到的革命的書，只有講無政府主義的，我就讀了好些克魯泡特金的著作，如《麵包略取》等，很感興趣。」^{註18}

激起巴金內心火焰的，不光是那些理論和有煽動性的字句，還有許多英雄豪傑捨生取義的故事，它們更形象，更容易引起一個少年的幻想和崇拜。比如俄國民意黨女傑蘇菲亞·柏羅夫斯加亞的故事在中國從世紀初就已廣為流傳，中國人習慣稱她「蘇菲亞」，她出身於俄國的名門貴族，但卻不做千金小姐，從少年時代便掙脫家庭束縛，尋求知識和爭取個人的獨立，在異常艱苦的革命工作中，她以美麗的靈魂贏得了同志的尊敬。誰也想像不到，這樣一個看似

弱不禁風的女子，竟然異常鎮靜和勇敢地策劃和指揮了刺殺沙皇亞歷山大二世的行動，成功後也不逃跑，後來毅然走上了斷頭臺……他（她）們正是巴金這樣的熱血少年所傾慕的英雄。巴金說：「在十一二歲時候的我就為了一個異國女郎流了不少的眼淚了。在那時候我所知道世界中最可敬愛的人就是她一個。」[註19]巴金後來還專門為蘇菲亞寫過傳，並翻譯了屠格涅夫據說為蘇菲亞寫的散文詩〈門檻〉，那種不畏懼「寒冷，饑餓，憎恨，嘲笑，蔑視，侮辱，監獄，疾病，甚至於死亡」的精神氣概深深打動了巴金，激勵他無畏地踏上了自己的社會之路。

>>> 注釋 --

註1：巴金：〈家庭的環境〉，《巴金自傳》第120頁。

註2：巴金：〈信仰與活動〉，《全集》第12卷第402頁。

註3：巴金：〈我的幼年〉，《全集》第13卷第8頁。巴金是「十五歲」應當是1918年（虛歲）或1919年（周歲），而非1920年。現據陳思和《人格的發展——巴金傳》第38-39頁說法，將此事的發生推斷為1920年。

註4：陳思和在《人格的發展——巴金傳》第40頁中分析，巴金可能誤聽了朋友的話，該書不大可能是新青年社翻印的。這種情況可能存在，也可能是無政府主義託名新青年社翻印了這些書刊。

註5：巴金：〈我的幼年〉，1936年9月《中流》第1卷第1期；後收入《全集》第13卷第9頁，文字與初刊文略有修改。

註6：克魯泡特金：《告少年》，巴金譯，《巴金譯文全集》第10卷第494頁。

註7：巴金：〈信仰與活動〉，《全集》第12卷第407頁。

註8：巴金：〈信仰與活動〉，《全集》第12卷第407頁。

註9：巴金：〈信仰與活動〉，《全集》第12卷第405、405、404頁。

註10：高德曼：〈結婚與戀愛〉，震瀛譯，1919年2月15日出版《新青年》第6卷第2期。

註11：巴金：〈《巴金選集》後記〉，《全集》第17第34-35頁。

註12：《中國大百科全書‧政治卷》第377頁，「無政府主義」詞條，馬嘯原撰稿，中國大百科全書出版社1992年9月版。

註13：《中國大百科全書・政治卷》第562頁，「中國無政府主義思潮」詞條，馮庭芬撰稿，中國大百科全書出版社1992年9月版。

註14：巴金後來在接受採訪時，曾回憶他與毛澤東1945年在重慶談論早年信仰的事情：「他見了面對我說：『奇怪，別人說你是個無政府主義者。』我說：『是啊，聽說你從前也是』；後來話題就扯開了。」見〈巴金訪問薈萃〉，《全集》第19卷第675頁。

註15：均轉引自蔣俊、李興芝：《中國近代的無政府主義思潮》第238-239頁，山東人民出版社1991年5月版。

註16：《中國大百科全書・政治卷》第562頁，「中國無政府主義思潮」詞條。

註17：許杰：〈坎坷道路上的足跡〉，《新文學史料》1983年第3期。

註18：徐懋庸：〈回憶錄（二）〉，《新文學史料》1980年第3期。

註19：巴金：〈蘇菲亞・柏羅夫斯加亞〉，《全集》第21卷第302頁。

四、丟掉可怕的陰影

經過這樣的精神洗禮之後，巴金看待大家庭的態度和關於大家庭的記憶也相應地發生了變化。在三十年代談到「是些什麼人把你教育成了這樣」的時候，他說他有「三個先生」：母親教給他「愛」，轎夫老周教給他「忠實」（公道），而朋友吳則是「自我犧牲」。強調母親的愛，不僅是對自己的愛，而且是對他人、對「下人」、對萬物的「博愛」。像俄國的民粹派一樣，巴金在回憶中強調了他與底層人的平等關係和從他們那裏得到的教益，他曾描寫過一個老轎夫教導他「人要忠心」的經典場景，並激動地議論：

1923年出川前的合影，前排為繼母、弟弟李濟生，後排是年長一點的幾位弟兄，從左至右依次為：李采臣、李堯枚、李堯林、巴金。

我生活在僕人、轎夫的中間，我看見他們怎樣懷著原始
的正義的信仰過那種受苦的生活，我知道他們的歡樂和痛
苦，我看見他們怎樣跟貧苦掙扎而屈服、而死亡。……

　　我在污穢寒冷的馬房裏聽那些老轎夫在煙燈旁邊敘述他
們痛苦的經歷，或者在門房裏黯淡的燈光下聽到僕人發出絕
望的歎息的時候，我眼裏含著淚珠，心裏起了火一般的反抗
的思想。我宣誓要做一個站在他們這一邊、幫助他們的人。[註1]

　　這顯然是符合克魯泡特金等人理論追溯出來的一種生活，接
受了一種信仰後，巴金無形中會放大這些事件對一個孩子心靈所產
生的影響。巴金的「三個先生」實際上對應了克魯泡特金道德三要
素：互助、正義和自我奉獻。它們也構成了巴金個人的道德基礎。

　　有了這樣的眼光再看瑣碎的家庭生活，自然而然就會產生一些
不能容忍的情緒，此時，他的回憶中可能沒有多少具體事例來證明
自己與家庭之間的緊張關係，接受了新思想之後，他對這種生活方
式整體產生了厭惡，在心理上已經把自己從大家庭拉開並以審視的
眼光看待本來跟他關係密切的周圍一切了。或許可以這麼假設：如
果巴金沒有接受新思想，那麼許多事情都很正常，不會看不慣了，
因為在實際生活中他與長輩的具體衝突還沒有到小說裏描述的那麼
激烈。在晚年〈懷念二叔〉一文中，他也認為《激流》中的克明
寫得有些誇張了，二叔還為巴金和三哥講過《春秋》、《左傳》，
而且巴金所看到的商務印書館出版的含有大量的翻譯小說的《說部
叢書》正是借二叔的。巴金編輯《平民之聲》時，將家中作為編輯
部，有一次二叔看到了報紙，上面有巴金寫的文章和比較激烈的言
論，又默默地放下了。本以為二叔一定會告訴大哥訓他一頓，沒有
想到二叔叮囑要大哥勸他在外邊活動要多加小心。小說裏克明兇狠

地逼著女兒答應指定的婚事，實際生活中，女兒出嫁後，二叔還一個人在堂屋裏對著他亡妻的神主牌流過淚。二叔與巴金的關係並不很僵，離家後巴金還與他通過三四封信就是個證明[註2]。但在三十年代，他也毫不含糊地宣稱：「我當時曾經對你說，我不怕一切『親戚的非議』。現在我的話也不會是兩樣。一部分親戚以為我把這本小說當作個人洩憤的工具，這是他們不瞭解我。其實我是永遠不會被他們瞭解的。我跟他們是兩個時代的人。」[註3]「我跟他們是兩個時代的人」，這是非常明確的宣言，宣告接受新思想的他與那些親族們的差距和隔膜，巴金這是自覺地有意識地在強調這種差距。在大哥去世後，三哥去世前，巴金一直不承擔對家族的責任，除了自身的生活困難外，更主要的是他對這個家庭的決絕態度。對於傳統家族制度的看法，巴金到晚年也並沒有改變，二十世紀九十年代，巴金的女兒曾經代替他回覆過一信，其中也談到了這個問題：「『……所以巴金以後對家族的種種微詞與抨擊，不能不是一種文學上的誇張修辭手法』，爸爸對這一結論持保留意見。爸說陳根本就不瞭解那個時代，那種家庭，只是一種想當然的推論。爸說，他是生活在那樣的家庭裏，沒有切身體驗，沒有很深的感受，他不會對那樣的家庭這麼反感。他是根據他的感受來寫作的。完全是他的真情實感，而不是什麼『文學上的誇張修辭手法』。」[註4]而我們不能因為保守主義流行及對五四所謂激進主義的反思，就忽略了對家族制度不人性和對人性壓抑的一面，或者說不能輕輕地就拋棄了巴金這一輩人用生命經驗換來的思考。尤其應當注意寫《家》時，正趕上巴金最愛的大哥自殺的消息傳來，想到幾年來大哥來信中所述說的家長裏短和所受的悶氣，巴金的心怎能平靜？

更何況，五四時期對家族制度的抨擊可以說是新思想中最有社會影響力的一股力量，曾任教於巴金就讀的成都外國語專門學校的吳虞就其中的急先鋒，他認為「家族制度為專制主義之根據」[註5]，

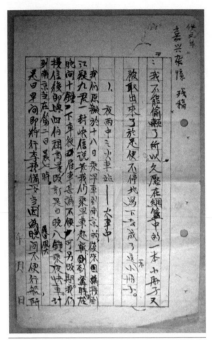

1923年，巴金曾有過兩次嘉興之行，拜謁在塘匯的李家祠堂，此為記述行程的《嘉興雜憶》殘稿，它似乎暗示了巴金與「家」割不斷的聯繫。

這個說法迅速得到當時很多人的認可。像巴金欽佩的無政府主義者師復為表示與家族沒有關係甚至主張廢姓。「家族者，進化之障礙物也。」「故家族者專制政體之胚胎也。」「吾常謂支那之家庭，非家庭也，一最黑暗之監獄耳。」[註6]在這個「監獄」裏的生活，巴金只能用「腐朽」、「墮落」和「滅亡」這樣的字眼來形容了。尤其是新人與長輩之間的生活趣味、精神追求之間的差異所造成的心理衝突更是在所難免。克安的原型人物是巴金的三叔，最初的《激流》中，巴金覺得將這個人物簡化和醜化了，在五十年代修改時還做了調整，但巴金卻從不曾為他玩小旦、搞女人、抽大煙這樣的事情辯護過。甚至離家十八年後，巴金1941年回到成都，還能想起三叔打兒女的情形：不僅是鞭子、棍子，有時連椅子、凳子都會丟過去；他的堂兄弟只要看見父親板起面孔就嚇得發抖，對這種封建家長的「權威」巴金是深惡痛絕的[註7]。

　　家族制度在人性壓抑之外，還會腐蝕人心，讓人沉浸在好逸惡勞的享樂生活中，把金錢作為自己的人生根基，結果一事無成。五叔是巴金第二個祖母唯一的一個孩子，人很聰明，深得祖父寵愛，如果誰批評他，哪怕一句，祖父都會發脾氣。後來他交了一些壞朋友，逐漸墮落了，還跟巴金的四叔幹過私下勾引老媽子的事情，而且五叔還在外面租了個小公館包養了一個娼妓禮拜六，小說中偷妻子的首飾去賣，敗露後與妻子吵鬧，又被父親斥責的事情都在他身上發生過。1927年11月，大哥給巴金的信中說，李家公館賣掉後，五叔竟然將禮拜六接到新居與五嬸同住，結果夫妻天天吵嘴，而五叔還吸大煙成癮。五叔的事情在《激流》中寫得不多，但是在《憩園》中卻成了主角，這本也是一個眉清目秀、能詩能文的人，毀在了腐爛的生活氛圍中。《憩園》中的楊夢癡比實際中的五叔有更豐富的內心世界，他對自己做過的事情還有一絲懺悔，而巴金的五叔卻不見得有，至於那個尋找爸爸的孩子寒兒，則完全是巴金的創造了。[註8]這樣的故事不僅僅發生在「舊時代」，在巴金看來，如果生活方式不改變，不能自食其力和沒有精神追求，它們還會不斷上演，他所親見的家族故事證明了這些，也證明了巴金與家庭的決絕並非是激進觀念的蠱惑，而是實實在在的改變人生的需要。琴的身上有巴金一個堂姐的影子，她讀了很多傳播新思想的書刊，有段時間三哥每天晚上都跟她在一起讀兩個鐘頭的書和談話。後來，她搬出了公館，雖住在同一條街上，他們卻很少見面，但三哥還與她通了不少信。兩兄弟離開成都去上海的那天早晨還特意到她那裏去告別，場面類似《家》裏覺慧離家前與琴的告別。巴金寫琴要表現五四時期女性解放的一面，也要給大家庭中的女性帶去一點希望的火種，尤其是《春》、《秋》中的琴完全是虛構的理想性女性。可是生活中的原型卻沒有這麼大膽和幸運，她的父母把她關在家裏，連一個陌生的男人都不讓見，後來成了一個到死都沒法走出家門性情乖戾

巴金曾經就讀過的成都外國語專門學校,從大家庭中走出來融入到集體中,巴金的天地更廣闊了。

的老處女,《家》中梅念的「往事依稀渾似夢,都隨風雨到心頭」的詩句本是她做的,誰會想到她竟然是這樣的命運呢[註9]?

與這種「腐朽」的生活正相對照的是點燃巴金生命激情的理想生活,他早已不滿足在園子裏跟兄弟們做一點遊戲,也不滿足於雪夜閉門讀禁書,而是參與到社會活動中去了。這裏有群體的溫暖,有沉浸在共同志向中的歡悅,有追求理想的行動,這個環境,與長輩如林、氣氛壓抑沉悶的家庭生活相比,哪一個更吸引熱情好動的年輕人簡直一目了然。在成都時,巴金就參加了無政府主義的小團體,隨著參與程度加深,他渴望有更廣闊的天地,而當時最活躍的無政府主義者都集中在上海、廣州等地,新生活新世界的召喚使他義無反顧地要離開這個家,更何況,此時候他父母雙亡,親人中令他牽掛的只有大哥,對家的情感依戀漸漸在淡漠。1920年8月,巴金同三哥堯林一道考入成都外國語專門學校,從補習班到預科、本科,在該校讀書兩年半。1923年三哥從外專畢業,巴金卻因沒有中學文憑被改為旁聽生,他藉此機會提出退學跟三哥一道去上海求學,繼母和大哥答應了。這從巴金後來的描述中我們不難看到此時填補他頭腦中的早已是「理想」而不是這個家庭中的一切:

民國十二年春天在槍林彈雨中逃出了性命以後,我和三哥兩個就離開了成都的家庭。大哥把我們送到木船上,他流著眼淚別了我們。那時候我的悲哀是很大的。但是一想到近幾年來我的家庭生活,我對於那個被遺留下的舊家庭就沒有一點留戀的感情。我離開舊家庭不過像摔掉一個可怕的陰

影。我的悲哀只是因為還有幾個我所愛的人在那裏呻吟憔悴地等著那麼舊的傳統觀念來宰割。在過去的十幾年中我已經用眼淚埋葬了不少的屍體，那些都是不必要的犧牲，完全是被腐舊的傳統觀念和兩三個人的一時的任性殺死的。

　　一個理想在前面迷著我的眼睛，我懷著一個大的勇氣離開了我住過十二年的成都。

　　那時侯我已經受了新文化運動的洗禮，而且參加了社會運動，創辦了新刊物，並且在那刊物上寫了下面的兩個短句作為我的生活的目標了：

　　奮鬥就是生活，

　　人生只有前進。註10

覺慧不能忘記家族制度戕殺的那些生命，這種感情與巴金本人如出一轍。此為小說《家》插圖之一，劉旦宅作。

"Forget? I'll never forget."

>>> 注釋

註1：巴金：〈家庭的環境〉，《全集》第12卷第393-394頁。

註2：關於二叔的情況，可以參見巴金〈談《春》〉，《全集》第20卷；〈懷念二叔〉，〈再思錄〉增補本，廣西師範大學出版社2004年4月版。

註3：巴金：〈《家》十版代序〉，《全集》第1卷第438頁。

註4：李小林1992年2月29日致李輝信，轉引自李輝撰稿〈一個知識份子的歷史肖像〉第189-190頁，四川人民出版社2003年10月版。

註5：吳虞：〈家族制度為專制主義之根據論〉，1917年2月〈新青年〉第2卷第6期。

註6：師復：〈廢家族主義〉，〈師復文存〉第115頁、116頁、116頁，廣州革新書局1928年3月再版本。

註7：關於三叔的情況，可以參見巴金〈談《秋》〉、〈談《憩園》〉，均收《全集》第20卷。

註8：關於五叔的情況，可以參見巴金〈談《家》〉、〈談《春》〉、〈談《秋》〉、〈談《憩園》〉，均收《全集》第20卷。

註9：關於琴的情況，可以參見巴金〈談《家》〉，收《全集》第20卷。

註10：巴金：〈家庭的環境〉，《巴金自傳》第119-120頁。

五、窺見了理想的美麗

　　巴金與無政府主義團體的實際接觸是從1921年年初，他參與到《半月》的工作開始的，這一時期，巴金以自己的字「芾甘」為筆名，用他剛剛學來的半生不熟理論開始大膽地對社會現象頻頻發表自己的看法：4月1日出版的《半月》刊第17號上，他發表了〈怎樣建設真正自由平等的社會〉，這是目前所見他公開發表的第一篇文章。文章認為：「沒有政府、法律，這才是真正的自由；沒有資產階級，這才是真正的平等。」「安那其才是真自由，公產才是真平等。要建設真自由、真平等的社會，就只有社會革命。」「什麼是安那其？安那其就是廢棄政府及附屬於政府的機關，主張把生產的機關及他所產的物品屬於人民全體」註1。同月，還發表短論〈五一紀念感言〉號召工人們：「你們唯一的手段就是總同盟罷工、你們要曉得今天是你們做人的日子、望你們趕快起來舉行大示威運動、爭回你們的人格、推翻那萬惡的政府和那萬惡的資產階級。」註2 5月又發表〈世界語（Esperanto）之特點〉：「我們主張世界大同的人應當努力學『世界語』，努力傳播『世界語』，使人人能懂『世界語』；再把『安那其主義』的思想輸入他們的腦筋，那時大同世界就會立刻現於我們的面前。」註3他後來說：「……最初在成都《半月》上發表的三篇短文都是東抄西湊寫成的。」註4他在大談世界語的時候，還完全不曾掌握這種語言，以致發生過有人

來跟他討論世界語而他談不出什麼的尷尬。在這期間，他參加紀念「五一」節活動，第一次上街散發鼓吹「社會革命」的傳單，參加組織帶有無政府主義傾向的秘密團體「均社」，他們辦刊物、通訊、散傳單、印書、開秘密會議……不過這一時期是他的成長期，他還算不上一個有獨立見解的「安那其主義者」。

他們的行動不斷遭到官方的壓制，但壓制帶給他們的反抗和冒險的力量更強了，所以青年人的熱情反倒在壓制中不斷高漲。1921年7月15日《半月》第24號上，因發表反對軍閥政府禁止女子剪髮的文章被禁止發行。當年秋天，他們又創辦了《警群》，第一期出版後，因主辦方意見不合亦停刊。在這之後，又辦了《平民之聲》，「這一次是我主持編輯事務，通信處就設在我家裏。第一期刊物編好，……我們幾個人就在印刷局裏面守著那印機轉動，還帶了絕大的注意看著每兩份連在一起的刊物一張一張的從印機上飛下來。那種激動，那種熱心使得我們每個人甚至忘了晚飯。」^{註5}——這就是巴金在成都為信仰而從事的活動。

1920年時的南洋中學，巴金和三哥1923年到達上海之後最初在這裏讀書，半年後轉赴南京就讀。

1923年4月下旬，巴金和三哥離開成都來到上海後，「因為我沒有中學文憑，只好和三哥一起投考南洋中學。三哥考入三年級，我入二年級。如果讀到畢業就要五年，太久了。因此只念了半年書，可能是因為學費高昂，才經一個朋友介紹就轉到南京東南大學附中補習班上課。半年後，我和三哥一同升入高中三年級。一年後畢業，我去投考北京大學，發現有肺病，沒考就回上海休養。這時家裏來信，說家中有困難，要我回去。我不願，留在上海一邊治病休養，一邊搞點翻譯。」註6這裏敘述的是1923年到1925年他的經歷。離家去上海，這是他人生中第一次重大抉擇。一位朋友為我們留下了初到上海的巴金的這樣一幅素描：

> 我懷著異常興奮的心情走進了巴金他們住的房間時，首先看見一張方桌的兩側，面對面地坐著兩個深灰色布長衫的青年，每人面前放著一本書……巴金比一年前寄給我的相片，似乎大多了。他圓圓的臉龐，紅潤豐滿，頂平額寬，微露頭頂，一望而知是個聰明的形象，但談起話來，口齒卻有些遲鈍，不仔細聽還聽不清楚。他的三哥堯林比他稍高一點，瘦長的臉型，又帶上略顯灰暗的臉色，似乎有些病態。但說起話來，聲音清亮、流暢，加上一腔成都口音，聽起來十分入耳了註7。

在那幾年因為家中經濟狀況不佳，他和三哥一直過著很清苦的學生生活，遠離家鄉和親人，兩位青年在南京也難免孤獨和寂寞：

> 一條小木船載走了我們，把我們從住慣了的故鄉，送入茫茫人海中去。兩隻失群的小羊跑進廣大的牧野中了。……我總會想起在南京北門橋一間空闊的屋子裏，我們用小皮箱

圖上：1925年攝於南京，此時巴金就讀於東南大學附中，這一時期巴金開始廣泛地與各地無政府主義者聯繫，「信仰」激發著年輕人獻身熱情，也安慰著他孤寂的心。

圖下：1925年巴金與三哥李堯林攝於南京，兩個青年人在南京過著遠離家鄉、親人的清苦求學生活。

做坐凳，借著一盞煤油燈的微光，埋頭在破方桌上讀書的情景。我們在那間空闊的屋子裏住了半年，後來又搬到前面另一間狹小陰暗的屋子裏住了一年。在那些日子，我們沒有娛樂，沒有交際，除了同寓的三四個同鄉外，我們沒有朋友。早晨我們一塊去上學，下課後一塊兒從學校走回家。下雨的時候，我們兩個人撐著一把傘，雨點常常打濕了我們的藍布長衫。夏天的夜晚我們睡在沒有帳子的木板床上，無抵抗地接受蚊蟲的圍攻。我們常常會做夢，夢是我們的寂寞生活中惟一的裝飾。此外就是家信。註8

沉醉在安那其的世界中未嘗不是巴金排解孤獨和寂寞的一種方式，相比於成都時期，巴金在南京、上海對於無政府主義的接觸範圍更廣了，參與

程度也更深了。1924年5月1日出版的《春雷》第三期，發表〈芾甘啟事〉：「我欲考究安那其主義者在中國運動的成績，故擬搜集歷年所出版之關於此主義的書報，同志們如有此類書報（不論新的舊的）望贈我一份，如要代價者，可先函商。來函請寄南京北門橋魚市街二十一號。」[註9]他的眼界也在擴大，不僅關心身邊的事情，中國的事情，甚至整個安那其世界的事情他都積極地參與、發言：1923年9月1日，日本東京發生大地震，日本政府以無政府主義者作亂為名，趁機大肆搜捕和屠殺日本的無政府主義者。著名無政府主義者大杉榮與妻子、侄子9月16日一起被絞死，屍體被拋入井中，用泥土掩埋。直到9月20日此事才暴露，震驚於世。為此巴金在1924年連續發表詩歌〈悼橘宗一〉、〈偉大的殉道者──呈同志大杉榮君之靈〉、〈大杉榮著作年表〉等表示悼念和抗議。

巴金接受無政府主義道路上起過關鍵作用的愛瑪・高德曼，在1925年年初更近距離地走進了巴金的生活，經友人秦抱樸介紹，巴金開始給在英國的高德曼寫信，並收到覆信，信中高德曼說：「你才十五歲就讀了我的文章，我常常夢想著我的著作會幫助了許多真摯的，熱烈的男女青年傾向著安那其主義的理想，這理想在我看來是一切理想中最美麗的一個。」同時也解答了他的困惑，鼓勵他為理想而奮鬥：

　　……你說你是從一個富裕的舊家庭裏出來的。這沒有什麼關係。在資產階級裏面也常常產生了活動的革命家來，事實上在我們的運動裏大部分的理智的領導者都是這樣的一類人：他們注意社會問題，並非由於他們自己的困苦境遇，而是因為他們不能夠坐視著大眾的困苦。而且你生在資產階級的家庭裏，並不是你自己的錯誤，我們並不能夠自己選擇出生的地方，但是以後的生活就可以由我們自己來處理了。我

看出來你是有著每個青年叛逆者所應有的真摯和熱情的。我很喜歡。這種性格如今更是不可缺少的，因為只為了一點小的好處許多人就會賣掉他們的靈魂——這樣的事情到處都有。連他們對於社會理想的興味也只是表面上的，只要遇著一點小小的困難，他們就會把它拋掉。因此我知道在你們那裏你和別的一些青年人真摯地思索著，行動著，而且深切地愛著我們的美麗的理想，我覺得十分高興……註10

巴金稱高德曼為自己「精神上的母親」，高德曼的這些充滿熱情和煽動性的詞句設身處地為他指出奮鬥的方向，這些文字對他而言，這不僅僅是言辭，而是都默默化作了他後來不斷宣揚的生命信念和行動準則。

1925年的夏天，巴金和三哥從東南大學附屬高級中學畢業，三哥報考的是東吳大學，學習英語；巴金則前往北平，準備投考北京大學，這是五四新文化的發祥地，投奔到這裏，在巴金是順理成章。但在體檢時，醫生懷疑他有肺病，這似乎使巴金有理由索性放棄考試去選擇一條更自由的道路註11。他在北平所做的另一件具有象徵意義的事情是躲在公寓裏讀魯迅的《吶喊》，新文學兩代人的血脈在此連通，後來他曾回憶：

在這苦悶寂寞的公寓生活中，正是他的小說安慰了我這個失望的孩子的心。我第一次感到了，相信了藝術的力量。幾年中間，我一直沒有離開過《吶喊》，我帶著它走過好些地方，……現在想到我曾經寫過好幾本小說的事，我就不得不感激這第一個使我明白應該怎樣駕馭文字的人。註12

圖上：巴金收藏魯迅《吶喊》，報考北京大學未果，在北京清冷的公寓中是《吶喊》伴隨著他度過那段苦悶的日子。

圖左：發表在《婦女雜誌》上的小詩，巴金認為這算不得他的文學創作，只能是練筆，不過這些文字傾訴了一個尋找生活和理想道路的年輕人的內心苦悶和寂寞。

　　8月下旬，返回上海，巴金一定很沮喪：幾年讀書等於沒有什麼結果，他不想這麼回四川接受熱諷冷嘲；那說不清道不明的肺病在當時可是絕症，死亡的陰影過早地就追逐著他，不能不對他的心理、性格產生影響。此時，巴金又走到了十字路口，又面臨著一次關鍵性的選擇，雖然，他自認為已經有了堅定的信仰，但信仰無法遮蓋所有的顯示問題和苦惱，而這些又常常是纏繞著他讓他無法輕易擺脫的。特別是對於已經二十一周歲的他來講，已經不是一個說做什麼就可以做什麼的小孩子了，如何設計自己的前途，如何安排自己的生活，他不能不考慮，但就是考慮了，嚴酷的社會現實又會接納你的夢想嗎？或許巴金這時更真切地感受到1923年在奔赴上海的船上，他的一首小詩所敘寫的那種孤獨和無助：

天暮了，

在這渺渺的河中，

我們的小舟究竟歸向何處？

遠遠的紅燈呵，

請挨近一些兒罷！註13

>>> 注釋

註1：巴金（芾甘）：〈怎樣建設真正自由平等的社會〉，《全集》第18卷第2頁。

註2：巴金（芾甘）：〈五一紀念感言〉，《全集》第18卷第5頁。

註3：巴金（芾甘）：〈世界語（Esperanto）之特點〉，《全集》第18卷第7頁、9頁。

註4：巴金：〈致樹基（代跋）〉，《全集》第18卷第711頁。

註5：巴金：〈小小經驗〉，《全集》第12卷第412頁。

註6：譚興國：〈巴金的生平與創作〉後記，四川人民出版社1983年3月出版。

註7：江疑九：〈憶巴金初到上海〉，轉引自《巴金年譜》75頁。

註8：巴金：〈紀念我的哥哥〉，《全集》第13卷第520頁。這段生活巴金終生難忘，兄弟倆的感情尤為深篤，巴金1963年6月3日的日記中曾記：「吃了晚飯，火車到了南京。八點前後和沙汀在浦口車站月臺上散步，忽然想起了一九三一年送三哥去天津，在這裏散步的情景。」（《全集》第25卷第248頁）類似動情地聯想往事，在巴金六十年代的日記中並不多見。

註9：巴金（芾甘）：〈芾甘啟事〉，《全集》第18卷第69頁。

註10：巴金：〈信仰與活動〉，《全集》第12卷第403-404頁。

註11：巴金在〈關於《火》〉中說：「出川以後，一九二五年我在南京東南大學附屬高中畢了業，帶著文憑到北京報考北京大學，檢查體格時發現我有肺病，雖然不厲害，我卻心灰意冷，不進考場。還有一個原因就是我對數理化等課無把握，害怕考不好。我就這樣放棄了學業，決定回到南方治病。」見《全集》第20卷第651頁。

註12：巴金：〈憶魯迅先生〉，《全集》第14卷第6-7頁。

註13：巴金：〈詩二首·黑夜行舟〉，《全集》第18卷第49頁。

践　行

（1925-1952年）

一、理論與實際

重返上海後，巴金在後來幾年中以全副精力投入到無政府主義的宣傳活動中，甚至有些不顧惜身體，要耗盡生命的樣子，這恐怕緣於肺病帶給他的絕望心理，在小説《霧》中，他寫到患了肺病的陳真忘我工作的絕望情形，或許也是他心靈的真實投影。這幾年，巴金一直與朋友住在一起，最初是在法租界貝勒路天祥里（今黃陂南路149弄），與衛惠林同住二樓。1926年下半年遷往康悌路康益里（今建國東路39弄），在這裏的亭子間，他翻譯了克魯泡特金的《麵包略取》。大約在年底，他又搬到法租界馬浪路的一條弄堂裏，與兩個朋友同住在三樓前後樓。在巨大的精神和物質壓力之下，幸好有一批充滿熱情、志同道合的青年朋友，讓他似乎可以全然不顧生活條件的惡劣，全身心投入到工作中去。毛一波的兩段回憶形象地展示了他們當時的生活：

> 那也是多雨的春夏之交，我和幾個親愛的同志們住在上海貝勒路底。我們那時窮得只能吃幾個麵包和喝一點清水，然而，同志們的精神卻是十分飽滿。我們還分了餘錢出來出版革命刊物呢。那一個生了肺病的同志苛甘，正在負責譯述先烈的遺著。從他難看的面色和乾咳聲中，他常是冒雨去為主義工作。我也曾和他一道在馬路上奔跑過。讓那斜風和冷

巴金在1925、1926年在上海住過的天祥里、康益里今景。

雨打在自己頭上。從貝勒路的南底跑到遠遠的印刷所去送取
書報，雨水常是迷茫了我們的近視眼鏡……註1

　　巴金是個喜歡回憶的作家，但在他的文字中，卻很難找到關於
這段生活的具體回憶，或許後來的社會環境不允許他毫無顧忌地表
達自己的內心感受，但這段日子中的人和事，我想他一定不會輕易
忘記的：

　　　　我原是住在西摩路上大附近的愛文義路一間木匠鋪樓
上，後來遷到法租界貝勒路天祥里，與劍波、天喬同屋。劍
波夫婦住樓下。有一段時間，惠林、巴金和我同住在那屋的
二樓。我們自己不開伙食，常常外出吃麵，吃燒餅、油條或
包子，又買些麵包、花生米、鹹蛋回家充饑。飲料都是白
水。偶爾午餐或晚餐，到霞飛路白俄開的西餐店吃一頓客
飯。一菜一湯，或兩菜無湯，不過兩角多錢。那便是去打牙
祭了。惠林熱情，巴金真摯。惠林北人北相，長身玉立，已
著西裝。我和巴金依然藍布長衫。巴金的上衣給洗得灰白，

有的扣子竟然脫落。他們同留西式頭，我則不喜歡頭髮向後梳，一直光頭或圓頭的。巴金有貴人相的內八字腳，說話急了會口吃。同一特色，是大家都戴眼鏡。巴金看多了外國文學作品和林譯的小說，我則為《七俠五義》、《施公案》等所迷。……巴金博覽群書，寫作甚勤。其時已有成書的著作交給啟智書局出版，諒可補助自己的一部分生活之用。我說他博覽不是沒有原因的。他曾用「C.O.D」的方法，向日本丸善書店買了馬克思的《資本論》來，那是三冊英譯本，美國芝加哥版。……巴金也許不大修飾，一切聽之自然。有一回，我們同去印刷所校對回來，一路細雨濛濛，霧迷眼鏡。雖然擦過鏡片，而兩人頭上的青絲停滿水珠，我的髮短，不竟點滴變為長流了。我們習慣不打傘，不戴帽子。如許打個不當的比喻，便是「不著一字，盡得風流」。註2

「上衣給洗得灰白」，扣子脫落，可見巴金當時生活困窘，但毛一波兩次寫到他們從印刷所冒雨而歸的事情，又可以看出他們當時不大在乎物質生活，更看重精神滿足。凡宰特曾經有句話一直激勵著巴金：「為無政府奮鬥究竟是度過生活之最美麗的方法──如果這個人是值得生活的話。」看來巴金早就這樣做了，他曾堅定地說：「無政府主義是我的生命，我的一切，假若我一生中有一點安慰，這就是我至愛的無政府主義。在我的苦痛與絕望的生活中，在這殘酷的世界裏，鼓舞著我的勇氣使我不時向前進的，也是我所至愛的、能夠體現出無政府主義之美的無政府主義的先驅們。對於我，這美麗的無政府主義理想就是我的唯一光明，為了它，我雖然受盡一切的人間的痛苦，受盡世人的侮辱我也甘願的。」註3不過，這樣的決心依然難以解決他思想和現實中的矛盾和痛苦，最令他痛苦的是無政府主義在中國越來越黯淡。無政府主義在中國的傳播可

以在三代人的不同道路上得以體現。第一代以天義派和新世紀派的主要人物張繼、劉光漢、吳稚暉、李石曾等人為主體，他們將學說和原理引入中國；第二代是活動在民國初年師復、梁冰弦、鄭佩剛、黃霜、區聲白等人，相比於第一代，他們更為直接地參與到中國的現實中來，對無政府主義理論的認識和介紹更為全面了。第三代的代表是二十年代以後活躍起來的芾甘（巴金）、盧劍波、張履謙、畢修勺、抱樸、衛惠林、吳克剛、毛一波等人[註4]。整個運動在1928年以後幾乎就消沉了。巴金這一代人生不逢時，儘管曾展開「自救」運動但頹瀾難挽，失敗的陰影無時無刻不在追逐著他們。1923年盧劍波、張履謙曾說：「回顧在川吾黨，則均奄奄氣息。有一蹶不振之勢。……而各地團體，亦幾全擁虛名。」[註5]到1925年畢修勺回國與人談無政府主義的時候，被告知：「此調不彈久矣！」[註6]吳稚暉也不得不承認：「中國的無政府黨，都好像害了肺癆病一樣。」[註7]到「安國合作」之後，這種危機更加明顯了：「我們的力量太少了！看，同志們，我們的組織仍是四分五裂，窮而少人負責，一切的組織宣傳的工作都沒有做，這樣的小小的團體，以之向敵人進攻簡直是難能，便是防禦自己的戰線更覺得不易。」[註8]現代政治是政黨政治，沒有核心的組織來執行其綱領很難造成聲勢浩大的革命運動，再加上，傳播的條件有限，經費不足，且常常遭受打壓，無政府主義運動實際上處在極其艱難的境地中。無政府主義的刊物上經常可以見到經費不足拖期出版的話，在「消息」欄中經常有各地同志被追捕的報導。到1928年連與國民黨有合作背景的《革命週報》都難逃報社被封、主編被抓的命運，其他的就更不用說了。正如這份週報〈與讀者告別〉的終刊詞中說：「……本報百餘期的歷史中無期不遭不幸的打擊。有時兩湖嚴令禁止，有時兩廣不准發賣，有時浙江不准入口，有時華北諸省實行沒收，甚至如去年五月間本埠警備司令部將本報封閉月餘，逮捕本報職員下獄，使

本報幾乎一蹶不振。」註9勞動大學、立達學園曾是無政府主義者聚集之所，但因各種原因都難以為繼了；泉州的「黎明高中」一時間也聚集了大量無政府主義者，但1934年還是以「煽動社會風潮」、「宣傳異黨思想」被解散了。巴金就是在這樣的背景下虔誠地參與到無政府主義的運動中，並力圖糾正以往運動的偏向，他認為理論不能當作教條，要顧及現實並能在實踐中修正，要積極參與社會變革，因此還被視為「實際派」。但巴金等人越是努力，理想與現實的矛盾和焦慮就越嚴重。不過，正如阿里夫‧德里克所說：「不管無政府主義者提出的解決中國問題的方法看起來是多麼幼稚，他們可能比他們的同時代人都更能意識到民主的複雜性。他們對中國革命話語的形成所作的貢獻也表明了那種話語的複雜性，這種話語成為了追求社會革命過程中的持久生命力的源泉。」「更寬泛地說，無政府主義對這種話語的貢獻是提供了一種批評中國革命路線、以革命勝利的名義鎮壓曾促動了革命並成為其存在理由的幻想所必不可少的視角。為了理解這個問題，我們需要重新思考什麼是無政府主義。」註10這也正是我們今天梳理巴金與他信仰關係的一個出發點。

到1925年，巴金已經是一位相當活躍的無政府主義者了，他積極地參與到無政府主義的理論宣傳活動和各種論爭中。比如在對蘇俄政策的批評中，他就發表了很多著譯。早期的無政府主義者甚至對無政府主義和馬克思主義不加區分，他們在世紀之初便翻譯和介紹了《共產黨宣言》註11。同樣，在中國最早介紹和歡呼十月革命勝利的也是無政府主義者，可是隨著布爾什維克黨穩固掌握政權，無政府主義者退出蘇維埃、新經濟政策實施、「契卡」成立、無政府主義者受到鎮壓一系列事件後，無政府主義者開始對列寧和布爾什維克黨展開了批評。無可否認，這些批評是帶有政見不同而形成的強烈偏見，但他們的出發點又是極其真誠的，在今天我們回顧歷史時，又會發現，他們的言論中也有很多值得深思之處。或者說

這樣的批評都是有具體的歷史緣由，比如布爾什維克黨人在與無政府主義者短暫的蜜月期後，將他們和一些叛亂者一起鎮壓和監禁；比如素有俄國革命的老祖母之稱的瑪利亞·司波利多諸華在遭受到駭人聽聞的沙皇的迫害之後，又被送進了蘇維埃的監獄，這不能不引得愛瑪·高德曼、柏克曼為首的一些無政府主義者在國際上呼籲「救援俄國在獄革命黨人」。中國的無政府主義者也積極回應這股風潮，當時無政府主義的重要刊物《民鐘》上還推出了「救援俄國在獄革命黨人」專號。巴金當然更傾向於高德曼、柏克曼等人的觀點，他們都肯定了民眾的熱情，認為十月革命的勝利是布爾什維克黨採用了安那其黨的策略和主張的結果，「其實，俄國革命之所以帶得有社會革命的色彩，成為歷史上的一次偉大的民眾革命，還是多少靠著無政府主義者的力量。『工人管理工廠』、『農民管理土地』等口號，最初還是從無政府主義者中間喊出來的，後來流行於工人與農民中間，最後布黨也不得不承認這口號。假若當時無政府主義者只袖手旁觀，那麼俄國革命也許要減色多了……」註12無政府主義者歡呼十月革命的勝利，但對勝利後布爾什維克黨人所採取的政策則指責頗多，他們不同意無產階級專政，認為這只能造成少數領袖專政，而使民眾無法享有個人權利和自由；新經濟政策被認為是向資產階級妥協的歷史倒退。素以自由為第一要義的無政府主義者對於蘇俄一些缺乏言論自由、排斥異己的政策更是表現出強烈的不滿。其實很多基本觀點在「五四」之後無政府主義者與馬克思主義者的論戰中已經反覆討論過了。

　　巴金翻譯了高德曼《俄國革命之失敗》的章節，翻譯了柏克曼《俄羅斯的悲劇》等文章，並自己連續寫了數篇評論。在〈「欠夾」──布爾什維克的利刃〉中聲稱：「布黨專政下的俄羅斯已經成了屠殺革命黨人的刑場……」而契卡（即「欠夾」，全俄非常委員會的簡稱）「便是他們的利刃」註13。又認為列寧領導下的布黨

「背叛民眾」[14]。還讚揚克龍士達暴動「顯示民眾的巨大覺醒和力量」[15]，並把它與巴黎公社聯繫起來，認為暴動「為無產階級指示了社會革命的新道路」，「是不朽的」[16]。在〈評陳啟修教授之《勞農俄國之實地考察》〉中，巴金對蘇聯當時的政治、經濟、外交等一系列政策提出了批評，在《俄羅斯的悲劇》的譯後記中，他認為中國人「要走俄國人的路」是「想把俄國的悲劇拿來中國開演」[17]。巴金的這些觀點直到1930年出版他的專著《從資本主義到安那其主義》時仍舊堅持著。今天看來，如果歷史珍重了巴金等人的聲音，或許很多悲劇可以避免，但這些言論在過去曾被目為「惡毒」地攻擊十月革命和蘇聯的罪證，其實，對於十月革命和布爾什維克黨在革命中所起到的作用，巴金沒有因為政見不同便一筆抹殺，他一直程度不同地肯定它們的歷史意義。比如，他毫不吝嗇地說過：「十月革命乃是法國大革命以後世界上的一件最重要的事實。它比法國大革命還要偉大些，因為它進入社會的根柢更深。」[18]「我說句公道話，在俄國沒有一個政黨能像共產黨那樣忠於運動用全力來謀其發展，而且以決斷的，奮勇的態度來求達其目的。」[19]當時的很多看法，在八十多年後的今天，不能再用很多狹隘的標準來解讀它。既然人們早已走出了那段歷史，就應當用更高的眼光來反思歷史。固然，從安那其主義的原理出發，巴金的理想、目標與布爾什維克黨不盡一致，巴金所掌握的材料也未必全面，議論難免有偏激之處，但是這些文章也自有另外一種價值，時間證明許多問題的嚴重後果均被巴金等人不幸言中，克龍士達脫事件最終作為冤案被平反[20]。還有蘇聯的一些政策失誤、黨內民主機制不健全等都是歷史無法迴避的問題。

在激情、悲壯地聲援蘇俄無政府主義的同時，國內的現實問題也不斷地困惑著巴金和他的青年朋友們。一方面國內連年來軍閥混戰，民不聊生，難見一個雲開霧散的局面。當國民革命軍北伐取得

初步成果時，蔣介石又發動「清黨」、「四一二」政變，國民黨內部派系鬥爭也趨於白熱化⋯⋯這不能不令熱血青年滿懷憂患。與此同時，無政府主義者在急劇變化的社會現實面前，除了發表一點不痛不癢的議論之外，似乎發揮不了任何作用。而且，無政府主義者內部的分化很厲害，又使巴金憂慮一些人的行為是否影響了信仰的純潔性，同時，他也在困惑，需要重新認識自己的信仰在社會中的作用。此時，他對信仰的認識，明顯已經不是簡單的口號、原理或幾個革命故事，而是自覺的理論探索，並要將它們與現實結合起來獨立思考問題。毛一波說巴金「譯述先烈的遺著」，他的目的不僅僅是理論的輸入，還要「為我所用」。在嚴峻的現實中，巴金希望弄清什麼是真正的無政府主義，或者說，當它不光是理論，而且要與現實磨合和碰撞的時候，再怎麼認識它？巴金希望能在先烈遺著中找到答案。在為克魯泡特金八年祭而作的〈無政府主義原理〉中，他認為：「無政府主義表明一個理想，就是：全世界生物和人類都具有團結的感情，只有這種感情才能維持人類的生存，使社會進步。這理想並不是新的，自有社會以來，它便若隱若現地存在著。它永遠在謀改善人們的互相關係，將來有一天它是會把種種使人們互相隔閡的障礙（如國家及階級的界限）打破，而實現人類之大團結的。」註21

旅法期間，巴金發表政論的刊物《平等》。巴金精心保存了全份的《平等》，晚年捐贈給中國現代文學館。

在〈從資本主義到安那其主義〉中，他說：「安那其主義是一種

理論，一種學說，它證明我們能夠生活在一個不需要任何強制的社會中。」「簡單地說安那其共產主義的意義乃是廢除政府，廢除強權及其所有；共同管理社會財富，各人可以自由地，平等地參加共同的工作以謀共同的福利。」[註22]作為一種極具烏托邦色彩的理論，這裏所描述的前景是非常動人的。

但是，美好的前景代替不了中國無政府主義運動日漸頹敗的趨勢，於是巴金這一代無政府主義者從理論上嘗試展開了「自救」的努力。自1926年到1928年，巴金寫下了一系列的文章，結合中國形勢來闡述無政府主義的原理，比如關於無政府主義與恐怖主義，如何看待階級鬥爭，如何認識人道主義，無政府主義的組織問題等等[註23]，這些文章都體現了一個無政府主義者審時度勢靈活運用原理獨立判斷現實的智慧。其中產生過較大影響的還有巴金、衛惠林、吳克剛等人共同參與的關於「無政府主義與實際問題」的討論。在這些討論中，他們充分表達了對國內形勢的看法，對於北伐戰爭等巴金主張：「一個半殖民地的國家謀脫離列強而獨立的戰爭，雖然不是無政府主義者的目的，但無政府主義者也不反對。」「同樣，在我們不能消滅資本主義以前，對於打倒帝國主義的運動也不能反對。……我們現在能給一個更好的東西與民眾自然更好，否則，袖手旁觀的空言反對，在資產階級的學者可以做到，但在一個革命家，這便是一個罪惡！」所以，他主張：「投身到中國革命的漩渦裏去，雖不能立刻使無政府的社會實現，但至少能使中國民眾與無政府主義的理想接近一點。」巴金的這些看法並非出於某種策略，而是基於他對於無政府主義原理的理解和重新闡釋，他認為「……原理不是死板的，不是可以呆板地解釋的，應該應用到實際問題上，由實際問題來證明它。假若原理不能解釋實際問題時，我們也不妨修正它，因為我們並不是迷信的宗教徒。」[註24]巴金和他的朋友們實際上想改變在轟轟烈烈的大革命面前，無政府主義者無所作為的僵局。

「別了，我不幸的鄉土」，這是1926年底赴法護照上的照片。巴金是在家庭經濟甚為困難的情況下執意出國的，可見異域世界對他吸引力之大。

無政府主義的危機實際上已經難以挽回，對它的虔誠和熱情只能加深巴金的苦惱，帶著這樣的困惑1927年1月15日，巴金從上海乘船去法國開始近兩年的留學生涯。這個時候去法國似乎不合時宜。首先，出國費用的解決就很困難，1926年秋，衛惠林欲去法國，問巴金是否同去，巴金首先找三哥商量，瞭解家庭困境的三哥立即表示反對。巴金又直接寫信給大哥，得到第一次答覆也是反對。最終還是大哥把家中的田賣了，兄弟各人分得兩千元錢，寄了八百元給巴金做路費。後來又寄了七百元，從此就未曾寄過，所以巴金在法國住了兩年就回國，經濟拮据恐怕是最重要的原因。另外，如果，他真的像文章中表現出來的那種激情澎湃的樣子，要力挽狂瀾，那麼現實恐怕不容他走開，而是需要他去面對。難道出國不是逃避嗎？有研究者就說，去法國是巴金面對國內無政府主義運動的衰落的形勢去尋求另外的思想資源，同時也反映出無政府主

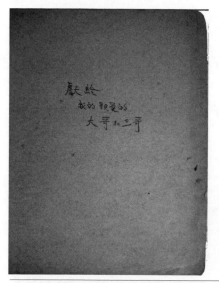

巴金將赴法途中的見聞記錄下來寄給兩個給哥哥看，左圖為題贈給大哥和三哥的手稿扉頁；該稿後來以《海行》為名刊行，1935年11月開明書店重排本改名《海行雜記》，右圖為該版書影

義者在保持思想的純粹性和贊同國民革命之間的尷尬情形，所以去法國有一種「思想亡命」的意味[註25]。巴金在當時曾説：「我因感覺得對於主義缺乏深的研究，所以跑到近代無政府主義的發源地——法國來，專門研究無政府主義。這樣我自己在中國革命的時期中像個逃兵一樣的跑了出來，看著別人在戰場裏苦鬥，哪裏還有説話的權利！而且這篇文章的性質又是鼓吹別人去做事，但自己卻置身事外，在良心上説是不應該的。」[註26]不難看出他的矛盾心理，他關注著中國現實，並希望有發言權，卻又深悔自己不在水深火熱之中，有隔岸觀火的旁觀者的歉疚。另一方面又表示來法國是要深入研究「主義」……半個世紀後，巴金也曾這樣談到去法國的原因：

　　　　首先是因為法國較其他國家容易接納中國學生——當時中國學生可真不少。其次是因為生活費用較低。但最主要的

是因為法國是很多被放逐者的庇護所，形形色色的革命者都來到法國生活。

　　當時中國很多年輕人都在尋找出路，以求救國；你知道周總理和鄧小平就都來過法國半工半讀。當時在成都辦過留法勤工儉學預備學校，開辦了兩班，招收學生考試——我考過一次，失敗了。其實我所尋找的可以說是「真理」；為了這個，我自費來到法國，起初當然也是想攻讀經濟。註27

　　說巴金去法國是逃避，還因為國內無政府主義運動中甚至出現了讓巴金等人感到恥辱的事情：巴金到法國不久，國民黨便開展了大批屠殺共產黨人的「清黨」運動，老牌的無政府主義者吳稚暉、李石曾竟公然做了國民黨的幫兇，並在後來的政府中獲取了高官。在一些無政府主義者眼裏這是對信仰的叛變，巴金的朋友畢修勺曾任李石曾出資創辦的《革命週報》主編，聞訊後，巴金憤然與畢斷絕關係註28。同時，巴金也直接批判李石曾提倡的所謂「護黨救國運動」：「擁護國民黨的政權殺了些假共產黨人便是『大同革命』，便是社會革命，這樣的社會革命真是別開生面，我做夢也不曾想到在上海已經發生了社會革命大同革命了。李先生的大文我不僅驚為罕見，而且覺得真是見所未見，聞所未聞，空前絕後的一篇妙文。」註29在一篇題為〈無的放矢〉的文章中，巴金揭發吳稚暉、李石曾等人思想、言論與行動不一致，並認為他們是國民黨黨員，已經不是無政府主義者，希望別人不要拿他們來攻擊無政府主義了……年輕一代急切地開除他們的前輩以換得主義的清白，這種矛盾和困惑在無政府主義者已經不是第一次了，在中國無政府主義運動史上有很多這樣著名的「變節者」。比如「天義派」的主帥劉師培後來就成為清政府的偵探；號稱中國傳播無政府主義的第一人在袁世凱當政時也坐在參院議長的位子上。1927年的10月21日吳克

剛（君毅）在給巴金的信中已經直接提出了這個問題：中國信仰無
政府主義的人也不算少，為什麼「大多數」都已變節，都已冷淡了
呢？巴金雖然引經據典用階級的理論來回答了這個問題，認為很多
信仰者不是出自真正的工人階級，並且檢討自己身上也沒有根除的
資產階級的習慣[註30]，但事情哪裏是這麼幾句話能夠説得清呢？遠離
故國和革命的現場，巴金所採取的只能是老辦法：在先賢的言行中
尋找精神力量和解決辦法。

　　1928年夏天，在法國小城沙多—吉里，巴金先後撰寫、整理和
修改完成三部革命家的傳記：《斷頭臺上》、《俄羅斯十女傑》、
《俄國社會運動史話》。「寫作這三本書的時間都是在《滅亡》的
前前後後，它們都是寫在練習本上的」，「三本書中《斷頭臺上》
最先完成，這是一部報告文學的集子，也寫到我當時參加的『薩
珂—凡宰底事件』和我在法國的好一段生活。第二年十月我回到
上海，生活告一段落，集子也印出來了。第二本書是《俄羅斯十女
傑》我離開沙多—吉里拉封丹中學時就脫稿了。索非沒有能推銷出
去，我就把原稿拿回來送到我們熟悉的太平洋書店編輯部，稿子馬
上給接受了，因為我不要稿費。這書問世在《滅亡》之前，太平洋
書店印過兩版，共二千冊。不過作者署名不同，不曾引起讀者的注
意。第三本書出版較遲，在三六年，也印過兩版，是作為巴金的著
作出版的，其實它是一部殘稿，我二八年動筆，當時打算寫一部五
本頭的《俄國社會革命運動史》，可是只寫了一本就擱下了……」
[註31]這是三部充滿著激情和敬仰之情所寫出的人物傳記，巴金筆下所
描寫的對象都是他接觸無政府主義以來就心嚮往之的敬佩者。他宣
稱：「我自己早已在心靈中築就了一個祭壇，供奉著一切為人民的
緣故在斷頭臺上犧牲了生命的殉道者，而且在這個祭壇前立下了一
個誓願：就是，只要我的生命存在一日，便要一面宣揚殉道者的偉
大崇高的行為，一面繼續著他們的壯志前進。」[註32]這些人的事蹟和

巴金譯克魯泡特金的《倫理學的起源及其發展》（此為平明出版社1941年6月初版本書影）、《麵包與自由》（精裝本）書影。巴金認為《倫理學》「是一部美麗的、不朽的傑作」，克氏在此書中論述了互助（社會本能）、正義與大度（自我犧牲）「道德三要素」；他認為《麵包與自由》中，作者「用詩的筆調，描寫我們擁有的財富，怎樣可以給萬人帶來安樂。」

人格時時打動著巴金，他曾經描述初次讀到妃格念爾自傳後的感動：「實在這部書像火一樣點燃了我底獻身的熱望，鼓舞了我底崇高的感情。我每讀一遍，總感到勇氣百倍。同時又感到無窮的慚愧。我覺得在這樣的女人底面前，我實在是太渺小了。」[註33]這些革命者的言行對巴金總有一種情感淨化作用，巴金在後來的小說中還經常寫到主人公為這些人的傳記所感動而投身革命的事情，而且，巴金早期作品多為直訴式，以「我控訴」的姿態來控訴社會的不公正，這也是受到了這些革命家傳記影響的結果，因為在這些傳記中有大段大段聲情並茂的控訴，語言帶著激情、帶著力量，與巴金的一些作品風格很相近。

巴金的另外一項工作是艱苦地譯述克魯泡特金的著作，從巴金參照多種譯本，認真譯述的勁頭可以看出，他是把這項工作當作為了信仰的研究志業。他曾經說過翻譯克氏的著作「是我底唯一的安慰，唯一的快樂；它

堅強了我底信仰，鼓舞了我底勇氣。實在，克魯泡特金本人與他在書本中所述的思想，便是鼓勵之泉源。」[註34]這項工作在1925年從北京回到上海以後已經開始[註35]，1926年下半年，他翻譯的第一部克氏著作《麵包略取》已經完成，巴金稱：「這本書是作者寫的政論，左拉稱讚它是一部『真的詩』。他用詩的筆調，描寫我們擁有的財富，怎樣可以給萬人帶來安樂。」[註36]接下來巴金關注的問題不在政治經濟學，而是倫理道德。1928年4月，他完成了《人生哲學：其起源及其發展》上編的翻譯，「全書本分二部，第一部專論道德的起源及其歷史的發展，第二部說明實在論的人生哲學的基礎與其目的。」[註37]「作者在本書中想解決兩個問題：人類的道德概念從何處來？道德命令與其標準的目標為何物？……根據他的理論，互助、正義、自己的犧牲，乃是道德的三要素。……他要使人相信：──幸福並不在個人的快樂，也不在利己的歡喜，真正的幸福是由在民眾中間與民眾共同為公理和正義的奮鬥中得來的。」[註38]克氏的倫理觀念影響了巴金的一生，當他無法實踐無政府主義政治理想時，卻一直恪守著這樣的道德信條，直到晚年還重複著類似的話語。當年翻譯這部書，除了自勵，巴金希望還對中國無政府主義運動起到某種警醒作用：「克魯泡特金說，俄國革命之所以失敗，不能創造出一種基礎於自由與正義底原理上面的新社會制度，大概是因為缺乏崇高的道德理想所致。中國革命之所以弄到現在這樣的地步，在我看來，也是因為沒有崇高的道德理想。因此《人生哲學》之翻譯在現今卻也是一件必要的工作了。」[註39]看來對那些背叛了「信仰」的無政府主義者，他仍然耿耿於懷。《人生哲學：其起源及其發展》上編於1928年9月在巴金回國前由上海自由書店出版，下編的出版則在巴金從法國回來的第二年（1929年）7月，為了下編儘快出版，巴金採取譯完一章便交給印局排印一章的辦法，甚至親自跑印局與工人交涉排版和校對、修改等事宜[註40]。

圖左：巴金譯克魯泡特金的《我的自傳》，1933年9月新民書店再版本
　　　書影。巴金稱：「這是我最喜歡的一部書，也是在我的知識的
　　　發展上給了絕大影響的一部書。」
圖右：把克魯泡特金的著作譯介給中國的讀者，是巴金和他的朋友多
　　　年的心願，這是在抗戰中他們擬訂出版的克氏全集的目錄，這
　　　一計劃幾經努力但終未完全實現。

　　在巴金的一生中，他的翻譯和創作、思想發展始終是密不可
分的，從譯著的選擇上也透露出他的思想線索，比如回國後的兩年
間是思想過渡期，在進行「主義」宣傳的同時，他漸漸地走向了文
學圈，所以他翻譯的作品慢慢地文學色彩加重了。比如，他接下來
翻譯的克氏《一個革命者的回憶》（即《我的自傳》），雖然與信
仰有關，但當作文學讀物也未嘗不可。巴金強調它對自己人格的影
響，直到1939年5月重譯《我的自傳》時還開門見山地說：「這是
我最喜歡的一部書，也是在我的知識的發展上給了絕大影響的一部
書。」此時的巴金已經是名滿天下的作家，可他不惜說出這樣的話
來：「我自己比任何人都更明白把我的全部著作放在一起也無法與
這書相比。這是一個偉大的人格的成長與發展的記錄。甚至我的拙
劣的譯文也不能使這書的光芒黯淡。它溫暖過我的心，它也會溫暖
無數的青年的心。」[註41]從中，也可見巴金對於「好書」的取捨標
準，這也未嘗不是他文學觀的表露。值得注意的是，巴金翻譯完這

部作品後表達了要轉到文學創作上的想法：「幾個月來的翻譯與校對的工作就此完結，心裏感到了一種説不出的安慰。以後打算休息一些時候，以便開始寫我底第三部創作《死土》。」[註42]

　　不過，這不意味著巴金放棄了對克氏著作的介紹，實際上，巴金和他的一批朋友算是中國介紹克魯泡特金出力最多、態度最為嚴謹的人，他們如同一個教徒譯述經書一樣，而且依靠眾人集資幾次發願要出版《克魯泡特金全集》，巴金經手後，還為每本書選配了大量珍貴的插圖。1933年9月上海新民書店出版《插圖本克魯泡特金全集》時，巴金以「黑浪」的筆名撰寫總序，高度評價了克氏的一生，並説明編印全集，「我們底目的就是想把整個的克魯泡特金介紹到中國來。一方面使青年認識他底學説底真面目，一方面給中國學術界供給一點可信賴的寶貴的材料。」[註43]1939年，在重慶的巴金又開始陸續集印全集，從當時擬訂的目錄看，共分兩集二十卷，可謂規模宏大。戰時的條件畢竟不利於印行這麼大規模的圖書，抗戰勝利後，於1947年在上海又續出，同時巴金繼續向海外募集資金，直到1949年上海解放了，他知道這已經是不合時宜的書才放棄出版計劃。

　　1928年10月底巴金從馬賽啟程回國，年底回到上海。轉過年，巴金的小説《滅亡》就在國內最有名望的文學雜誌《小説月報》上開始連載，他顯然還沒

中國無政府主義者師復對巴金思想信仰和人格的發展曾產生重要影響，這是位於杭州煙霞洞旁的師復墓，三十年代時，巴金和友人曾多次來掃墓，也不斷慨歎安那其主義理想在社會中的式微。

有做好成為一名小說家的心理準備。在一段時間內，還沉醉在無政府主義的宣傳上。他以「馬拉」的筆名為自由書店主編了四期《自由月刊》，這是一個半廣告半文藝的小刊物。自由書店是由幾個同情克魯泡特金學說的人創辦，印行克氏著作和其他宣傳無政府主義的書刊。巴金為這個小刊物翻譯了一些文章，也寫了不少廣告。這個時期巴金另外一項活動是參加上海世界語學會的工作。1929年1月，他以第317號會員加入該學會，並擔任了該會執行委員和世界語函授學校的教員，巴金翻譯了幾個世界語劇本：《丹東之死》、《過客之花》、《骷髏的跳舞》等，還在世界語學會的刊物《綠光》上發表過談世界語文學的文章。世界語因為含有世界大同的理想，一直被無政府主義者認為是適合主義宣傳的一個語種，巴金參與這些活動自然與他的信仰有關。

1930年7月，長達十五萬字的專著《從資本主義到安那其主義》出版，這是巴金總結中國無

A l'intention de BA JIN
(de la part de Tony Legendre)

Léon Gaussin et son épouse Hélène née Blaise
(1847-1931)   (1866-1952)
Concierges au Château Jean de La Fontaine de
CHATEAU-THIERRY de 1.1.1905 au 31.7.1931

「古然夫人給我們做飯，並且照料我們。」「她那慈母似的聲音伴著我寫完《滅亡》……」這是巴金提到的拉封丹中學的古然夫人和他的丈夫。巴黎之外安靜的小城沙多一吉里，平靜的生活氣氛可能更適合巴金發揮文學才思而不是革命熱情。

政府主義運動的經驗所寫下的一部直接、系統地闡釋無政府主義原理的書。雖然書中採用了不少柏克曼《安那其主義ABC》中的很多材料，但它也反映出多年來在理論與實踐中勞頓的巴金的體驗和觀點。巴金在其序言中聲稱：「我在安那其主義的陣營中經歷了十年以上的生活。運動的經驗常常使我感覺得理論之不統一，行動之無組織，乃是中國安那其主義運動之致命傷。在中國安那其主義的宣傳雖有了二十多年的歷史，然而至今能夠明確地懂得安那其主義的理論體系的人，可說是很少很少，……」有感於此，「在這多年的痛苦經驗之後，我曾幾次抑下了奔騰的血潮，以一個冷靜的頭腦來觀察，來構思，來研究。其結果便有了寫一部正確地解釋安那其主義的書之計劃。」同時，他強調：「我現在並不是一個戰士，所以這本書裏面缺少煽動的熱情，只有理論的解釋。我可以公平地說這不是一本宣傳的書，這是一本解釋的書，它的目的只是在用極其淺明易解的話語給人們說明安那其主義是什麼，安那其主義又不是什麼。」[註44]可惜此時無政府主義在中國幾乎掀不起任何運動了，當然沒有多少人再去關心一本闡釋它的書。對於巴金，這本書可能意味著中國無政府主義的宣傳者「李芾甘」在謝幕，而小說家「巴金」正在登場。

>>> 注釋

註1：毛一波：〈風風雨雨〉，轉引自陳思和《人格的發展——巴金傳》第73頁。
註2：毛一波：〈難忘的回憶〉，《巴金文學研究資料》1989年第2期。
註3：芾甘（巴金）：〈答誣我者書〉，《全集》第18卷第179頁。
註4：參見蔣俊、李興芝：《中國近代的無政府主義思潮》緒論。
註5：劍波、履謙：〈敬告四川同志〉，《無政府主義思想資料選》第666頁，北京大學出版社1984年5月版。
註6：畢修勺：〈我信仰無政府主義的前前後後〉，《無政府主義思想資料選》第1028頁。

註7：吳稚暉：〈紀念師復先生〉，《民鐘》第2卷第3號。

註8：〈再論實際問題及其他〉，《民鋒》第2卷第6期，轉引自蔣俊、李興芝：《中國近代的無政府主義思潮》第372頁

註9：本報同人：〈與讀者告別〉，《無政府主義思想資料選》第861-862頁

註10：阿里夫・德里克：《中國革命中的無政府主義》第277-278頁，孫宜學譯，廣西師範大學出版社2006年4月版。

註11：1908年1月《天義報》第15卷發表恩格斯1888年的《共產黨宣言》英文本序言，16-19卷合刊號發表第一章《資產者和無產者》。

註12：芾甘（巴金）：〈無政府主義與實際問題〉，《全集》第18卷第118頁。

註13：芾甘（巴金）：〈「欠夾」──布爾什維克的利刃〉，1925年1月1日《民鐘》第1卷第10期。「欠夾」又譯為「契卡」、「其卡」，「肅清反革命及怠工特赦委員會」的俄文縮寫的音譯。全俄肅反委員會的地方機關。1917年12月設立的全俄肅反委員會（由捷爾什斯基領導），在1918年設立地方機關，包括省、縣（1919年1月前）、運輸部門和軍隊的肅反委員會。1922年全俄肅反委員會改為國家政治部，屬俄羅斯聯邦內務人民委員部，後改為國家政治保衛總局。參見《辭海》1999年縮印珍藏本，第784頁。

註14：芾甘（巴金）：〈列寧──革命的叛徒〉，《國風日報・學滙》1925年2月20日。

註15：芾甘（巴金）：〈克龍士達暴動紀實〉，《國風日報・學滙》1925年2月24日。

註16：芾甘（巴金）：〈近代史上的兩次工人革命──巴黎公社與克龍士達脫暴動〉，《時事新報・學燈》1926年4月3日至4日連續發表。

註17：芾甘（巴金）：〈《俄羅斯的悲劇》譯後實〉，1925年7月1日《民鐘》第1卷第12期。

註18：芾甘（巴金）：《從資本主義到安那其主義》第154頁。

註19：芾甘（巴金）：《從資本主義到安那其主義》第173頁。

註20：請參見譚興國《走進巴金的世界》第98-99頁，四川文藝出版社2003年版。

註21：黑浪（巴金）：〈無政府主義原理〉，《全集》第18卷第203頁。

註22：芾甘（巴金）：《從資本主義到安那其主義》第190、203頁。

註23：參見巴金〈無政府主義與恐怖主義〉，《全集》第21卷；〈無政府主義的階級性〉、〈中國無政府主義與組織問題〉（收《全集》第18卷）等文章。

註24：以上巴金的引文均引自芾甘（巴金）〈無政府主義與實際問題〉，《全集》第18卷第111-121頁。

註25：坂井洋史：〈二十年代中國安那其主義運動與巴金〉，《巴金的世界》第228頁，

東方出版社1996年1月版。

註26：巴金：〈無政府主義與實際問題〉，《全集》第18卷第121頁。

註27：巴金：〈答法國《世界報》記者問〉，《全集》第19卷第492、493頁。

註28：直到1936年3月，在馬宗融和羅淑夫婦的調解下，二人才盡棄前嫌。見畢修勻〈我信仰無政府主義的前前後後〉，收葛懋春等編輯《無政府主義思想資料選》下冊。

註29：黑浪（巴金）：〈空前絕後的妙文〉，《全集》第18卷133頁。

註30：黑浪（巴金）：〈一封公開的信〉，《全集》第18卷。

註31：巴金：〈致樹基（代跋）〉，《全集》第21卷第639頁。

註32：巴金：〈斷頭臺上〉，《全集》第21卷第11頁。

註33：巴金：〈俄羅斯十女傑〉，《全集》第21卷第340頁。

註34：巴金：〈《人生哲學：其起源及其發展》上編譯者序〉，《全集》第17卷第101-102頁。

註35：巴金在《麵包與自由》的後記中曾說：「我在一九二五年翻譯本書時……」，見《巴金譯文全集》第9卷第744頁。

註36：巴金：〈《巴金譯文全集》第九卷代跋〉，《巴金譯文全集》第9卷第745頁。

註37：巴金：〈人生哲學：其起源及其發展（上篇廣告）〉，《全集》第18卷第199頁。

註38：巴金：〈倫理學的起源和發展（廣告）〉，《全集》第18卷第449頁。

註39：巴金：〈《人生哲學：其起源及其發展》上編譯者序〉，《全集》第17卷第102、102頁。

註40：巴金：〈《人生哲學：其起源及其發展》下編譯者序〉，《全集》第17卷第125-129頁。

註41：巴金：〈《我的自傳》中譯者前記〉，《巴金譯文全集》第1卷第1、1-2頁。

註42：巴金：〈《我的自傳》譯後記〉，《巴金譯文全集》第1卷第504頁。

註43：巴金：〈《克魯泡特金全集》總序〉，《全集》第17卷第152、155頁。

註44：巴金：〈《從資本主義到安那其主義》序〉，《全集》第17卷第5、5-6、7頁。

二、文學與信仰

雖然在1922年至1923年間，巴金也曾經在成都的《草堂》和上海的《時事新報‧文學旬刊》等報刊上發表了近二十首小詩，初步展露了他的文學才華，但巴金真正的文學生涯則是從1927年在巴黎創作《滅亡》開始。

在法國，巴金所過的依然是那種苦行僧式的生活。1927年2月19日他到達巴黎，住在Blanville街五號的旅館裏，一個月後又搬到Tournefort街的公寓，巴黎給他的印象是灰暗和陰冷，3月初寫給大哥的信中他傾訴了這種孤獨：

> ……我永遠是冷冷清清，永遠是孤獨，這熱鬧的繁華世界好像與我沒有絲毫的關係。……大哥！我永遠這樣地叫你。然而這聲音能渡過大的洋、高的山而達到你的耳裏麼？窗外永遠只有那一線的天，房間也永遠只是那樣的大，人生便是這樣寂寞的麼？沒有你在，縱有千萬的人，對於我也是寂寞……註1

後來又給三哥寫信報告他的日常生活：

我來巴黎不過一個多月。住在拉丁區的一家旅館裏。每天除了照例到盧森堡公園去一兩次,晚上到學校補習法文外,就把自己關閉在六層高樓上的一間充滿了煤氣和洋蔥味的小屋裏面。我所看見的只有一個四方的小小的天,連陽光也看不見。

　　黃昏時分我也常常去街上走走,附近的幾條街上,晚間向來是很寂靜的,各家店鋪往常在六七點鐘就關了門,所以街上也沒有多少行人。我一個人默默地在那寬敞的大路上散步著,我的心裏好像被什麼東西關閉了一般,在我的周圍儘是無形的牆壁。兩旁閉著的店鋪的門,都把它們的秘密關閉在裏面。那無言的牆壁似乎也現出苦痛的顏色,使人知道它心裏有無窮的隱痛,一盞煤氣的街燈,一個破敗的煙囪,都有它們苦痛的歷史。還有那像在燃燒的紅天,高聳著像兩塊墓碑般的聖母院的鐘樓,整日整夜悲鳴的聖母院的鐘聲……註2

巴黎聖母院前的盧梭像(原像毀於二戰,此為戰後重建),1927年剛到法國的巴金,常常在細雨中走到像下向這位「日內瓦公民」傾訴一個異國青年的內心孤獨。

　　在孤獨的氛圍中,為了排解內心的寂寞,巴金寫下了《滅亡》的最初幾個章節。在巴黎這段時間,他也不斷地與無政府主義者來往,他曾去巴黎郊外拜訪過柏克曼,與高德曼、奈特勞、邵克侶都有交往。他還加入到聲勢浩大的對薩珂一樊塞蒂一案的聲援活動中。他的身體還是經受不住這樣的生活,因健康惡化,1927年7月下旬,他來到了巴黎以東

圖左：1928年7月31日在沙多—吉里拉封丹中學，那段平靜的讀書寫作生活令巴金永生懷念。多年後重訪此地，他回憶道：「我手邊還有一張五十一年前的舊照；我的書桌上有成堆的書。我在房門外立了片刻，彷彿又回到那些寧靜的日子。我看見自己坐在書桌前埋著頭在練習簿上寫字，或者放下筆站起來同朋友閒談。我又走下樓，走到後院，到枝葉繁茂的苦栗樹下，過去我起得早，喜歡在這裏散步，常常看見那個在廚房勞動的胖姑娘從校長辦公室裏推開百葉窗，伸出頭來微笑。」

圖右：巴金1928年在法國翻譯的廖·抗夫的劇本《薇娜》手稿，1936年編入《門檻》出版，手稿一直保存到現在。《滅亡》也應當是寫在類似的練習簿上。

約一百公里馬倫河畔的小城沙多—吉里（又譯作蒂埃里堡）休養，住在拉封丹中學。這是一個非常安靜的小城，非常適合讀書寫作，巴金在這裏度過了一生難忘的一段時光：「第二年（1928）的夏季，是在馬倫河岸上的一個小城裏度過的。我在那時候過著比較安舒的生活。這城裏除了我外還有兩個中國青年，他們都是我底好友。我們寄宿在一個中學校裏面。那裏是安靜而和平。每天早晨和午餐後我一個人要走過一道小橋，到河邊的樹林裏去散步，傍晚我們三個聚在一起沿著樹林走到更遠一點，大家暢談著各種各類的話，因為在那裏談話是很自由的。」[註3]在這裏他翻譯克魯泡特金的《倫理學的起源和發展》，也陸續寫完了《滅亡》。

在那種友好的氣氛中，我寫完了我的第一本小說，又在正街格南書店裏先後買到十本硬紙面的練習簿，用整整五本的篇幅抄錄了它。《滅亡》的原稿早已毀掉，可是那樣的練習簿我手邊仍有兩冊，我偶爾翻出來，它們彷彿還在向我敍述法國小城生活的往事[註4]。

《滅亡》的寫作正如巴金自己所言，似乎是在拍電影而不是寫小說，因為作者首先寫下的是一個個片段，而且這些片斷有很大的跳躍性而非按著小說情節發展順序寫的[註5]。儘管巴金一再強調文學與信仰二者不能等同，但一個人的思想意識必然會影響他看待世界的感情、視角和態度，也無形中形成了作品中的傾向和底色。如果說他寫作的這些作品是為了宣傳無政府主義那是對文學創作的曲解，那麼，說他的作品完全與作者的信仰絕緣也是絕大的誤解，《滅亡》就可以看到巴金的思想信仰與文學創作的聯結點。比如「薩樊事件」就極大地推動了小說創作同時也堅定了他獻身信仰的決心。

「薩樊事件」的發生是由於1920年4月15日美國麻省一家製鞋公司的會計和警衛被殺，剛從銀行中取出來的一萬五千元的美金被搶。二十天後，製鞋工尼古拉‧薩珂和魚販子巴爾托羅美‧樊塞蒂（又譯作凡宰特）被作為嫌疑犯而逮捕，他們都是義大利

巴金在法國還參與了當時西方營救薩珂、樊塞蒂兩個義大利人的運動，並為二人言行深深打動，這種情緒也促動了《滅亡》的產生。

人，而且都信仰無政府主義，特別是樊塞蒂還是一位積極的工人活動家，在美國「掃赤」的背景下，法庭特別強調他們二人在第一次世界大戰期間曾因逃避兵役而逃亡墨西哥的舊事和信仰無政府主義的激進背景，並最終在1921年7月14日做出一級殺人罪的判決。判決一出，整個歐美的工人和知識份子群情激憤開始了長達六七年的救援運動，巴比塞、羅曼・羅蘭、愛因斯坦曾聯名表示：「法西斯主義及白色恐怖下受害者防護委員會抗議薩珂與凡宰特的死刑，要求釋放他們。」[註6]在這期間哪怕是真正的罪犯在法庭上承認了該案為他所為，即便有多人證明了薩、樊二人的無辜，仍不為法庭和陪審團所接受。直到半個多世紀後，1977年7月10日麻塞諸塞州的州長才宣佈：「審判完全錯誤。」並將8月23日定為「薩珂、樊塞蒂紀念日」。素來對國家、法律這些專制的力量有著敵視情緒的無政府主義者是這個抗議中最堅決的力量，薩樊事件也加深了巴金對壓迫勞動者的法律和虛偽民主國家的仇恨，認為這是「法律下的大謀殺」[註7]。為此，他在當時寫下了一系列文章控訴它們的罪行：「在反動的勢力下只有金錢是萬能，法律是萬能，權力是萬能。正義麼？人道麼？僅僅是夢幻罷了。」[註8]在譴責的同時，他對薩、樊兩人的殉道精神敬佩不已：「我們的兩個勇敢的同志卻昂然地在電椅上犧牲了他們的生命！他們死了，死得極勇敢極高貴，他們死得像殉道者，像偉大的英雄。」[註9]兩個人因為信仰而死，聯繫到當時中國的無政府主義者對信仰的背叛，兩個人的獻身激起巴金獻身信仰的熱情。他後來回憶道：「我坐在那間清靜的小屋子裏，把我的痛苦、我的寂寞、我的掙扎、我的希望……全寫在信紙上，好像對著一個親人訴苦一樣，我給美國死囚牢中的犯人樊塞蒂寫了一封長信。信寄到波士頓，請薩樊援救委員會轉交。」[註10]這封信是1927年5月17日寄出，6月9日樊塞蒂給他寫了回信，信中樊塞蒂用激昂的語句

鼓舞巴金堅定信仰、為信仰而奮鬥：「青年的同志呵，不要管他們，你仍然繼續前進罷！為『無政府』而奮鬥，（縱然有人說是愚蠢的舉動）到底是度過生活的最美麗的方法——要是這個人是值得生活的話。」「『無政府』的真意義就是在瞭解而且以解放生活，解放個人，廢除人對人的壓迫和掠奪等方法，來消滅這種歷史的消極結果。因此『無政府』便是我們所能處理的生活的唯一方法和道路。」註11收到這封件後（7月10日左右），巴金寫下了《滅亡》的第11章〈立誓獻身的一瞬間〉。7月11日，巴金寄出了給樊塞蒂的第二封信，7月23日樊塞蒂給他回信，信中稱無政府主義事業是件艱苦的工作，鼓勵巴金通過奮鬥改變歷史和社會的現狀。在尚未收到這封信之前，巴金得到薩、樊8月10日將被執行死刑的消息：

> 我的心好像給放在火上煎著一樣，我沒法安靜下來。我又找出練習本，在空白頁上胡亂地寫下一些句子，我不加思索地寫了許多。有些字句連我自己也認不清楚，有些我以後就用在我的小說裏面，《滅亡》第十三章中「革命什麼時候才會來」的問題，第二十章中「愛與憎」的爭論等都是後來根據這些片段重寫的。註12

8月10日，巴金收到了樊塞蒂的第二封信，同時他也得到了刑期推遲到8月22日的消息。13日，巴金給樊塞蒂回信：

> 你說你的經驗將會完善我，鼓舞我。是的，我親愛的同志，我向你保證我將永不「被黑暗的災難壓垮、撕裂」。
> 悲劇，悲劇，永遠是悲劇，我們也許會死去，也許會被屠殺，燒死，或囚禁。我們，為自由而戰者，永不會只為自

樊塞蒂墓碑（此照由山口守教授提供），巴金認為他是被金圓帝國冠冕的法律制度所謀殺。

己爭取自由；我們或將贏得最終的勝利，不是為了自己，而是為了我們的孩子們。死算什麼！苦難算什麼！假使有朝一日我們美麗的安那其實現，為我們的孩子們帶來幸福！你們將永遠不死！註13

　　但是，死刑的消息還是如期而至。8月23日凌晨1時，二人被執行死刑，巴金於次日便得到消息，他後來回憶：

　　　　我寫了一天的信，寄到各處去，提出我對那個「金圓國家」的控訴，但是我仍然沒法使我的心安靜。我又翻出那個練習本把我的心情全寫在紙上。一連幾天裏面我寫成了〈殺頭的盛典〉、〈兩個世界〉和〈決心〉三章，又寫了一些我後來沒有收進小說裏的片段。註14

　　這個過程清晰地顯示了巴金參與聲援薩樊事件的進程與《滅亡》寫作的密切關係註15。在得到樊塞蒂最初的鼓勵時，小說中出現了立誓獻身的場面，出現希望革命能快一點到來，以摧毀這個不合理的世界的呼喊。而薩、樊的死既帶給巴金絕望，又有憤恨，「殺頭的盛典」，悲壯的告別，獻身信仰、毀滅罪惡的世界

等場面都出現在小說中了。難怪，巴金在小說序言中既有稱樊塞蒂為「先生」，說「我沒有見過他，但我愛他，他也愛我。」[註16]瞭解了《滅亡》這個寫作過程，就清楚這並非是巴金的誇張之辭，而是這種情緒構成了《滅亡》中很重要的部分，《滅亡》序言中，巴金還提到了另外一個人，那就是他的大哥，而大哥的「出現」恰恰證實了小說的另外一部分：鄉愁。鄉愁與革命，排遣孤獨和獻身理想，這兩方面構成《滅亡》的內容主體。

樊塞蒂對巴金的影響是深遠而持久的，巴金後來翻譯了他的自傳《一個無產者的故事》，樊塞蒂自傳中的一段話成為他表述自己的社會理想的形象語言：「我希望每個家庭都有住房，每個口都有麵包，每個心都受著教育，每個智慧都得著光明。」直到五十年代，巴金仍然重複著它[註17]。

圖左：原本打算自費出版的小說《滅亡》，為葉聖陶先生賞識，1929年在當時最有影響的文學雜誌《小說月報》上連載，巴金由此進入文壇，成為引人注目的青年作家。

圖右：《滅亡》1929年10月初版本書影，該書的第一頁上曾有獻給作者大哥的獻詞，「他是對我底智的發展給了極大的幫助的第一個人」。

在《滅亡》的原稿上，他第一次署上「巴金」筆名[註18]寄回給國內的朋友，打算自費出版。這之後，他開始準備回國事宜。在回國前，巴金差不多讀完了左拉的《盧貢－馬加爾家族》系列小說的全部，1928年10月下旬滯留馬賽期間，他萌發了創作家族小說的想法，並擬題《春夢》：

> 我當時忽然想學左拉，擴大了我的計劃，打算在《滅亡》前後各加兩部，寫成連續的五部小說，連書名都想出來了：《春夢》、《一生》、《滅亡》、《新生》、《黎明》。《春夢》寫杜大心的父母，《一生》寫李靜淑的雙親。我在廉價練習簿上寫的片段大都是《春夢》裏的細節。我後來在馬賽的旅館裏又寫了一些，在海輪的四等艙中我還寫了好幾段。⋯⋯照我當時的想法，杜大心的父親便是覺新一類的人⋯⋯[註19]

這個計劃實際上奠定了巴金整個小說的創作格局：《春夢》演化為後來的《激流》，它寫了老一代的滅亡和新一代的反抗。那麼掙脫了家庭束縛的新人走向哪裏呢？是《滅亡》、《新生》，是《愛情的三部曲》和《火》，寫的都是熱血青年們從個人主義者走到「群」的過程。在這個過程中，他們的理想也可能遭遇挫折，如《電》；也可能被日常生活消磨掉，如《寒夜》。接下來是巴金計劃要創作但一直沒有寫出來的《黎明》，它將描繪作者理想中的社會圖景。

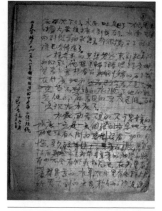

1928年秋，在歸國途中，巴金產生創作一部連續性的小說的想法，當時取名《春夢》，並創作了一些片斷，這是「激流三部曲」的前身。此為《春夢》手稿。

回國後，巴金雖然仍舊沉浸在信仰的世界中，但外部環境一步步將他推上了寫作道路。一方面，北伐結束後，國民黨通過清黨等手段鞏固了自己的統治，思想的禁錮也隨之不斷加強，無政府主義運動者在國內幾乎沒有宣傳自己信仰條件；那麼他要當作家嗎？也很難說，因為巴金本身就有書寫的習慣，為個人書寫，比如《滅亡》就是這樣創作出來的，他在赴法途中寫給大哥的信，後經整理以《海行》為名出版，所以《春夢》的寫作計劃也可以理解為他的私人寫作。但文學卻不斷地向他投來微笑，本來打算自費出版的這部小說卻在1929年中國最著名的創作雜誌《小說月報》上開始連載，使得巴金意想不到地成為當年最受矚目的文壇新人之一。《滅亡》寫了一個徘徊在「愛」與「憎」、信仰與個人感情之間的青年革命者杜大心的故事。這樣一個充滿熱情、萌動不安的青年革命者打動了在沉重的現實壓抑下的熱血青年。還在《滅亡》連載的時候，就已經有人在打聽「巴金」是誰了[註20]，而當這部作品連載完畢和出版的時候，幾乎無一例外地被看作當時文壇的重要收穫。《小說月報》編者認為《滅亡》和老舍的《二馬》，「這兩部長著在今年的文壇上很引起讀者的注意，也極博得批評者的好感。他們將來當更有受到熱烈的評贊的機會的，……」[註21]剛果倫在〈一九二九年中國文壇的回顧〉中認為：「這一年有產文壇的創作，最主要的有兩種，一是葉聖陶的

1929年4月，巴金在上海寶山路鴻興坊上海世界語協會門前攝，從法國歸來後，巴金曾短期寓居於此。該處後毀於日軍的炮火。

《倪煥之》，二是巴金的《滅亡》，要說到短篇，那我們就不能不舉出沈從文了，他在這一年的成績，是最出色的。」[註22]此後約稿不斷，創作不止，巴金在文壇上的影響不斷增加，當有人回顧1932年文壇時，認為：「在怠懶和疲憊的狀態下支援著的文壇上，近年來只有巴金可以算是盡了最大的努力的一個。」「我們甚至可以說，文學上的羅曼主義是因了巴金才可能把壽命延續到1932年以後去。」[註23]

面對文壇的這些熱情的歡呼，巴金不可能無動於衷，儘管1929年，他忙於翻譯克魯泡特金的著作沒有來得及寫小說，但1930年，巴金還是有意識地進行創作。第二部中篇小說《死去的太陽》的創作就是這樣，「……我的第二部中篇小說《死去的太陽》就是一口氣寫下去的。這部作品的初稿我曾經投給《小說月報》，但很快就被退回，說是寫得不好。……更重要的原因是：

1930年的巴金，為他第一次遊西湖時所攝，從此以後，西湖不斷地留下了巴金和親友們的足迹和笑聲。

1933年夏天與朱洗等人同遊普陀，「潮打濕的沙地是柔軟的，腳踏在上面，使人起一種舒服的感覺。」他們曾在這裏捉蟹子等海邊小動物。

硬要寫小説，這裏面多少有點為做作家而寫小説的味道。」[註24]這裏透露出一個重要的資訊：巴金有了想做作家的意願了。這是1930年6月的事情，接下去是1930年7月，在創作短篇小説《洛伯爾先生》之後，巴金小説創作逐漸多起來，真正成為職業的「多產作家」了。回國後面對著沉寂的思想局面和大量的消費文學，巴金有一種難以言説的心靈孤獨和壓抑，他不得不用文字來消解這種孤獨，孤獨和焦慮使得巴金迎來了一生最旺盛的創作時期。在三十年代初的三四年間，他一邊到各地旅行訪友，一邊創作不斷，因此也一直徘徊在文學和信仰之間，這種徘徊又因為在信仰上空懷理想無能為力，而加倍地投入到文學中，於是就有了一本又一本的小説出版：《新生》（第二稿，1932年）、《家》（1931年）、《霧》（1931年）、《雨》（1932年）、《電》（1934年）、《海的夢》（1932年）、《春天裏的秋天》（1932年）、《砂丁》（1932年）、《萌芽》（後改名《雪》，1933年）、《復仇》（1929-1931年）、《光明》（1931年）、《將軍》（1932-1933年）、《沉默》（1934年）等等。

《海底夢》（1932年8月新中國書局初版，1933年1月再版書影）、《春天裏的秋天》（開明書店，1933年10月初版）、《復仇》（1932年8月新中國書局初版，1934年2月再版）、《電椅》（新中國書局，1933年2月初版）、《光明》（1932年5月新中國書局初版）等巴金三十年代初期創作的部分中篇小說和短篇小說集書影。當時巴金精力充沛，夜以繼日地寫作，成為高產作家。

　　這就是巴金的生活，他沒有家，甚至連住所都不固定。從法國回來，他和索非一家同住在閘北寶光里14號（後索非搬出去一段時間），1932年「一二八事變」回到上海後，先是逃難到法國租界嵩山路的一個朋友開設的私人醫院中，第二天又與兩個從日本回來的朋友住到了步高里52號，後來又住到了舅父住的公寓中，並隨同舅父家一起搬到了花園別墅的一幢房子，直到1933年春天。他的這種漂泊生活表面上很瀟灑，但內心中難免有一絲孤獨和寂寞，他曾說過：「在黑夜裏我卸下了我的假面具，我看見了這個世界的真面目。我躺下來，我哭，為了我的無助而哭，為了人類的受苦而哭，也為了自己的痛苦而哭。這許多眼淚就變成了這本集子裏所收的幾篇小說。」[註25]他需要用文字來安慰自己的心靈，孤獨讓他筆耕不輟，「每天每夜熱情在我的身體內燃燒起來，好像一條鞭子抽著那心發痛，寂寞咬著我的頭腦，眼前是許多慘痛的圖畫，大多數人的受苦和我自己的受苦，它們使我

的手顫動著，拿了筆在白紙上寫黑字。我不住地寫，忘了健康，忘了疲倦地寫，日也寫，夜也寫，好像我的生命就在這些白紙上面。」註26寫作並不能完全排解這種孤獨，他只有選擇一次次不斷地旅行。如果說寫作只能曲折表達自己的信仰，更多的是遠離信仰的焦慮和傾吐渴望能夠實踐理想的熱情之外，旅行則是他關於信仰的一次次的考察，比如他三次南下的旅行，因為與他有著相同信仰的朋友們那個時候都活動在福建和廣東等地，在從事著他所嚮往的實際工作。「他們中有的辦工讀學校，有的辦鄉村師範，都想把學校辦得像一個和睦的大家庭，關上校門就彷彿生活在沒有剝削的理想社會。他們信任自己的夢想（他們經常做美麗的夢！），把四周的一切看得非常簡單。他們甚至相信獻身精神可以解決任何問題。我去看望他們，因為我像候鳥一樣需要溫暖的陽光。我用夢想裝飾他們的工作，用幻想的眼光看新奇的南方景色。把幻夢和現實混淆在一起我寫了那些誇張的、讚美的文章，鼓勵他們，也安慰我自己。」註27在朋友面前，他可能會有一種自己在說空話的感覺，很多當時學生的回憶錄中說的都是「名作家」巴金來了，顯然，他也只能是朋友們事業的一個旁觀者，他參與不進去，所以這種旅行恐怕只能加深內心的孤獨。這種孤獨循環回來，又促動他拼命寫作，而對寫作陷入得越深，離自己實際的理想就越遠，被信仰拋棄的孤獨感也就越強……就在這種寫作和信仰的雙重孤獨中，巴金度過他三十年代前半期的歲月。

巴金的這些矛盾交織在他的文字中，使得他的創作看似簡單，但在文字背後充滿了難以言明的「隱衷」，同時如果對他的思想信仰不能有充分瞭解的話，很難理解他對筆下人物的情感，甚至還會責怪他何以總是那麼激動總是不能節制情感。特別是1930年代的語境裏，無論在現實和理論上，無政府主義已經變得很渺茫了，而「五四」的聲音也正在蒼老，這個時候出現在巴金

筆下的依舊是激進的「五四」聲音，顯得與時代多麼格格不入！
在巴金的這一時期小說中，信仰的影子時不時地投射在人物和作
品中。《死去的太陽》取材於作家對於五卅運動的記憶，寫了工
人罷工的事情，頗有當時流行的革命文學的模式，但它仍舊帶有
巴金的特點：小說中所宣揚的罷工模式正是巴金所主張的：以總
同盟罷工的方式，迫使資方交出手中的權力，實現工人的利益；
小說中罷工的失敗也恰恰是克魯泡特金曾經批評的那樣：罷工的
物質準備不足，工人需要吃飯，而罷工的組織者不能很好地解決
這個問題，致使罷工無法維持到資方答應條件的那一刻。巴金早
期創作的一批短篇小說在某些地方比散文更能讓我們把握作家的
思想情感，同樣是體現巴金思想信仰的產物。短篇小說集《復
仇》的中〈房東太太〉、〈丁香花下〉、〈復仇〉等小說中體現
出的世界主義，人道主義，反對戰爭、國家等思想，這些都是民
族主義日盛的中國文學在「五四」落潮之後所逐漸缺失的，從思
想氣度上講，巴金是超越具體的羈絆指向全人類的。《愛情的三
部曲》（包括《霧》、《雨》、《電》）可以看作是南國之行的
思想結晶，它延續了巴金在《滅亡》和《新生》等小說中所表現
的革命主題，描述一群富有個性又具有獻身精神的革命青年成長
和獻身的故事，曾是巴金最喜歡的作品之一[註28]，巴金說這部作品
中到處都是他朋友的身影。「我說這三本小書是為我自己寫的，
這不是誇張的話。我會把它們長久地放在案頭，我會反覆地翻讀
它們。因為在這裏面我可以找到不少的朋友。我可以說在《愛情
的三部曲》裏面活動的人物全是我的朋友。我讀它們，就像同許
多朋友在一起生活。」[註29]可見這個作品與巴金十多年來參加社會
運動所接觸到的各種朋友有密切關係。此外，從《滅亡》到《愛
情的三部曲》，都涉及到恐怖主義的問題，這也是巴金和很多無

政府主義者所討論過的，而且巴金強調很多獻身者不是為了復仇而獻身的，而是為了人類和世界的「愛」而獻身[註30]。

在《愛情的三部曲》和《滅亡》中，還有一種力量在控制著人物的情緒，那就是死亡的陰影，它從側面反映出巴金當時的沮喪心境，巴金寫的是晚期肺病患者，杜大心決定捨棄生命尋找永遠的休息，於是加速了他暗殺的進程；陳真用過度的工作來耗費自己的生命。巴金一再強調肺病對他筆下人物的影響，它導致了他們激情大於理智，不惜輕擲生命。我不知道這種死亡是否也在影響著作者巴金，反正寫《愛情的三部曲》的日子裏，他內心中也有難以排除的孤寂：「我寫《雨》的前三章時心情十分惡劣。一九三一年年尾，我剛寫完這部小說的前三章，過了兩天，在一九三二年一月二日，我就懷著絕望的心情寫了下面的一段類似日記的文章，……」[註31]強化這種孤獨不僅有他無法擺脫寫作無法從事實際工作的煩惱，而且還有來自於體制對寫作自由的限制，文學界對他創作的誤解。巴金描寫礦工生活的小說《萌芽》1933年8月由上海現代書局初版，出版不久即被國民黨黨部查禁；1934年情況緩和後，巴金將書名改作《煤》，書中人物改名換姓，擬交給另外一家書店出版，但圖書雜誌審查委員會仍未予通過，巴金只好改名《雪》假託

《愛情的三部曲》真實地記錄下一群為了信仰而奮鬥的青年人的事蹟，曾一度是巴金最為喜歡的小說。此為良友版《愛情的三部曲》特大本書影（1936年4月30日初版，此為1937年4月20日三版本書影）。

美國三藩市平社出版部之名自費印刷、秘密發行。1934年1月，中篇小説《新生》被國民黨政府以「鼓吹階級鬥爭」之名明令查禁。而《電》發表時名字改為《龍眼花開的時候》，作者署名變成「歐陽鏡蓉」，為了這部小説能蒙混過檢查官的眼睛，使之不與「巴金」的作品聯繫起來，巴金還放了不少煙霧彈，在上篇引用了《新約·啟示錄》中的兩段話，後面注明：——「一九三二年五月於九龍寄寓」……這種事情今天敘述出來是一則有趣的文壇典故，可是在當時，作者的氣悶和承受的現實壓力卻難以想像。

從登上文壇，巴金就強烈地感覺到人們充滿著對他作品的誤解，特別是很少有人真正理解他的信仰、體察他的心境。在〈《滅亡》作者底自白〉中，他幾乎將人們對於《滅亡》和杜大心的種種評價都原封璧還，也就是説除非他刻意辯駁，否則就是認為這

圖上：良友版《霧》、《雨》、《電》廣告。
圖下：小説《霧》手稿。

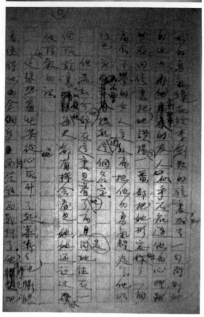

些人對作品的評價都不是恰如其分的。胡風曾在「粉飾，歪曲，鐵一般的事實」的題目下批評巴金的小說《罪與罰》和《海的夢》，而巴金認為左翼批評家喜歡用一個模子來批評一個作品，即從作者的思想傾向出發，把作者一切作品冠上某個頭銜，「就如他們先拿出一個政治綱領的模子，然後把一切被批評的作品拿來試放在這模子裏面，看是否相合。全合的自然就是全好，合一部分或不合的就該遭他們摒棄，對於構成一個作品的藝術上的諸條件，他們是一點也不會顧念到的：這是他們的一貫的態度。」註32《現代》上曾刊文評論巴金的短篇小說集《復仇》，巴金的回答是把自己對於藝術的理解與評論者及當時的許多作家分辨開來：「因為我和你不同，我不是一個藝術家，同時也不想做一個藝術家。我也愛讀你的《將軍的頭》，而且也為裏面某一些奇麗的圖畫所感動，但是我寫不出它們，同時也不想寫它們。我太熱情了，並且還有一種比藝術更有力的東西吸引著我，它隨時都會把我拉去使我完全拋棄文學製作。」註33朋友劉西渭（李健吾）寫了〈《霧》、《雨》與《電》──巴金的《愛情的三部曲》〉，引得巴金一篇長長的反駁。朋友沈從文寫信勸他要學會中和與節制，他同樣寫文章去爭辯。朋友間的誤解還可以辯論，而作為「名作家」關於他的各種流言只能增添他的煩惱和憤怒。天津的《庸報》曾經刊登〈中國長篇小說家巴今訪問〉，其中敘述在「去年晚秋的一個上午」訪問巴今（係「金」之誤），說他：「身量不高，頭髮亂亂的，面色蒼黃。嘴邊有一枝紙煙」，身上穿著安那其主義者常穿的「綠色天鵝絨的俄國農民穿的高爾基裝的外衣」，談到新的寫作計劃，巴今說：「多寫長篇，長長的，長長的，長到幾百萬字，或幾千萬字。……想使我的作品的長度打破全世界的小說長度的記錄，作一個世界長篇小說最長記錄的

保持者。……別看我身量短小，要知道我的思想，我的熱情是
長，長，長極了！」[註34]這簡直是明目張膽地捏造。

在這樣的環境中，巴金才會一次次聲言放棄寫作，不斷地發
出靈魂的呼號，不斷地發洩對於文學批評的不滿，尤其是痛恨那
些印象式的「批評家」。[註35]在文學和信仰之間，巴金要承受著
雙重的誤解：他不願意做一名吟風弄月的「文人」，「現在無論
如何我應該把過去的生活結束了。為了做一個真實勇敢的人，為
了忠於我自己的信仰，為了使我不致有親手割斷我的生命的一
天，我應該遠離開那些文人，我應該投身在實際生活裏面，在行
動中去找力量，如我在《靈魂的呼號》中所希望的。這就是我所
說的『拿生命來作孤注一擲』的意義了。」[註36]很顯然，巴金強
調藝術的功用性，而且受居友等人實踐性的道德倫理影響，他希
望寫作與生活一致，期望寫作能夠改變生活，能夠創造新生活，
所以他特別不認同那種「為寫作而寫作」，認為那種面對著稿紙
愁腸百度經營文字的作家，只能使生活現實與文字距離越來越
大，最終淪為他所討厭的文人，而「文人」則是作品沒有靈魂缺
乏信仰的寫作技工。巴金一直聲稱自己不是一位作家，沒有受過
寫作訓練，因此他並不理會藝術上那些清規戒律，他的作品也
不是為了傳諸後世而作。這可能是巴金的謙虛，但也未嘗不是一
種自負，是他有意識地將自己與那些成天在追求作品精緻完美的
「作家」區分開來，因為在他的心目中，藝術的力量不是靠技巧
建立起來的，藝術應當有超越「技巧」這個層次而為人類的精神
和心靈服務的功能；他強調自己有信仰，也是將自己與那些沒有
信仰的作家區分開來，精神的力量在作品構成中的重要性。巴金
的這種強調，與他受到的克魯泡特金的藝術觀影響不無關係，克
氏一直在強調精神和信仰在藝術創作中的重要位置。他看重有理
想的文藝，他批評：「革命的理想在現代藝術裏早已消滅；現代

藝術因為沒有別的更高的理想，便自以為在寫實主義裏面找到了一個，……」「但是如果你的心的的確確與人類全體的心諧和一致地跳動著，如果你是一個真正的詩人，你有一雙詩人的耳朵去注意人生，那麼，你親眼看見苦海，它的波濤一天天在你四周洶湧；……你一定會加入被壓迫者的隊伍裏面，因為你很知道美、崇高，和生命，都是永遠讚美那些為光明，為人道，為正義而奮鬥的人的！」註37正是這樣，在給高德曼的信中，他再次發出希望從事直接與信仰相關活動的渴望，甚至有了奔往無政府主義運動一度較為活躍的西班牙的想法：

> 今天讀著你的兩厚冊的自傳*Living My Life*。那兩本充滿著生命的書把我的靈魂猛烈地震動了。你的那響徹了四十年的春雷般的吼聲通過了全書來叩我的活葬墓的墓門了。這時候沉默也失掉了它的效力。生命之火燃起來了。我要回到那活動的生活裏去。我也要去歷盡那生活的高峰和深淵，歷盡那痛苦的悲愁和忘我的喜悅，歷盡那黑暗的絕望和熱烈的希望。我要以你所教給我的態度從容地去度那生活，一直到飲盡了杯中的最後的一滴。

> E·G，我現在開始來打破那沉默了。同著這封信我願意把我的最近的這本小說集獻給你，……我盼望著在最近的將來我和你，和她們能夠在地中海畔的巴斯羅納見面。那時候我決不會再向你絮絮地談我的苦痛的生活了。註38

>>> **注釋** --

註1：巴金：〈談《新生》及其他〉，《全集》第20卷第406頁。

註2：巴金：〈巴黎〉，《全集》第12卷第94-95頁。

註3：巴金：〈寫作生活的回顧〉，《全集》第20卷第547頁。1946年12月15日在致明興禮的信中，巴金說：「我很希望多知道法國現在的情形，我離開法國已有十八年了，對我所住過的地方和遇到的人我非常懷念。我想過兩三年後再去巴黎住些時日，我喜歡法國。」見明興禮〈巴金的生活和著作〉第89頁，王繼文譯，文風出版社，1950年5月版。

註4：巴金：〈談《新生》及其他〉，《全集》第20卷第397頁。

註5：見巴金〈寫作生活的回顧〉、〈談《滅亡》〉，均收《全集》第20卷。

註6：巴金：〈死囚牢中的六年〉，《全集》第21卷第189頁。

註7：巴金：〈法律下的大謀殺〉，《全集》第18卷第124頁。

註8：巴金：〈反動的歐美〉，《全集》第18卷第122頁。

註9：巴金：〈法律下的大謀殺——薩珂與凡宰特被害以後〉，《全集》第18卷第146頁。

註10：巴金：〈談《滅亡》〉，《全集》第20卷第381-382頁。

註11：〈凡宰特致本社黑浪同志信〉，1927年10月〈平等〉第1卷第4期。

註12：巴金：〈談《滅亡》〉，《全集》第20卷第383-384頁。

註13：巴金1927年8月13日致樊塞蒂，李存光編《佚簡新編》第41頁，原文為英文，譯者山口守。

註14：巴金：〈談《滅亡》〉，《全集》第20卷第385頁。

註15：詳見山口守〈巴金與薩珂、樊塞蒂事件〉、〈關於巴金與樊塞蒂往來書信〉等文，收〈巴金的世界〉，東方出版社1996年1月版。

註16：巴金：〈《滅亡》序〉，《全集》第4卷第3頁。

註17：1950年11月巴金在給〈西方作家公開信〉一文中說：「作為一個作家，我認為我的任務是宣傳和平，我認為我的任務是把人類團結得更緊密。我願意每張嘴都有麵包，每個家都有住宅，每個小孩都受教育，每個人的智慧都有機會發展。」見《全集》第14卷第17頁。

註18：不過，「巴金」這個筆名首次公開出現是他在1928年10月出版的〈東方雜誌〉第25卷第19期上發表的譯文〈脫洛斯基的托爾斯泰論〉。

註19：巴金：〈談《新生》及其它〉，《全集》第20卷398-399頁。

註20：記者：〈最後一頁〉，《小說月報》第20卷第4號，1929年4月10日出版。

註21：記者：〈最後一頁〉，〈小說月報〉第20卷第12號，1929年12月10日出版。

註22：剛果倫：〈一九二九年中國文壇的回顧〉，《現代小說》第3卷第3期，1929年12月15日。

註23：《中國文藝年鑒》社：〈一九三二年中國文壇鳥瞰〉，原載《一九三二年中國文藝年鑒》，上海：現代書局1933年8月出版，轉引自李存光編〈巴金研究資料〉（下卷）第6頁。

註24：巴金：〈談《滅亡》〉，《全集》第20卷388頁。

註25：巴金：〈《復仇》序〉，《全集》第9卷第3頁。

註26：巴金：〈寫作生活的回顧〉，《全集》第20卷第551頁。

註27：巴金：〈懷念非英兄〉，《全集》第16卷第703頁。

註28：巴金在〈《愛情的三部曲》總序〉中曾說：「我不曾寫過一本叫自己滿意的小說。但在我的二十幾部文學作品裏面卻也有我個人喜歡的東西，例如〈愛情的三部曲〉……」，《全集》第6卷第3-4頁。後來他說這是他1934-1936年間的看法，他後來喜歡的三部作品是《家》、〈憩園〉、〈寒夜〉（見1981年注）。

註29：巴金：〈《愛情的三部曲》總序〉，《全集》第6卷第8頁。

註30：巴金：〈無政府主義與恐怖主義〉，《全集》第21卷第257頁。

註31：巴金：〈《愛情的三部曲》總序〉，《全集》第6卷第17頁。

註32：巴金：〈我的自辯〉，《全集》第12卷第259頁。

註33：巴金：〈我的自剖──給《現代》編者的信〉，《全集》第12卷244頁。

註34：辣夫斯基：〈中國長篇小說家巴今訪問〉（二），轉引自〈巴金年譜〉上卷第296頁。

註35：巴金：〈批評家〉、〈再說批評家〉，《全集》第18卷。

註36：巴金：〈我的呼號──給我的哥哥〉，《全集》第12卷第248、248、249頁。

註37：克魯泡特金：《告青年》，巴金譯，《巴金譯文全集》第10卷第486頁。

註38：巴金：〈《將軍》序（一）〉，《全集》第10卷第5-6頁。

三、困境與突圍

巴金的孤獨很大程度來自於他所堅持的五四精神與社會環境之間的衝突，二十年代下半期以後五四新文學精英迅速分化，如周作人宣佈「閉戶讀書」，胡適在宣揚「好政府主義」，林語堂大談幽默，這使魯迅也有了「兩間餘一卒，荷戟獨彷徨」的感歎。到三十年代，五四精神傳統在各種思潮中陷入重圍，官方在積極推行消解「五四」的新生活運動、民族主義文藝運動，持保守立場的文人們中間的復古思潮嚴重，左翼文人們也在批判五四的精英化、提倡大眾化，巴金益發感到孤軍奮戰的孤獨，但他沒有放棄「五四」的精神立場，而是通過與各種思潮的抗衡承續著五四的血脈，並且不斷地開闢著新的生存空間，力圖將「五四」啟蒙精神再推進一步。

五四時期的青春激情到三十年代變得暮氣了，巴金看到許多知識份子的蛻變。1933年6月在廣州時，巴金曾經去看過當年《春雷月刊》的編輯鄭，鄭當年血氣方剛，十五六歲就投身到社會運動裏面。現在他是新亞酒店的帳房，用三十圓毫洋的月薪養活一家人，「他老了；而且他還告訴我，他已經是一個孩子的父親了。」「……生活的擔子漸漸地壓住他的肩頭了。」「物質上的享受很快地變成了生活的負擔。這個擔子重似一天，許多年輕的肩頭就被它壓得緊緊地不能動彈。我親眼看見我的許多朋友就是這樣地給毀了

的。他們從反抗現社會的路出發，結果卻走到了擁護現社會的路上。他們自己似乎並沒有疑惑，也沒有悔恨，卻使得一些人暗中為他們痛惜。」[註1]巴金曾在短篇小說〈一個女人〉裏表達了他的擔憂和失望。而對舊戲、古董、國粹、「東方文化」這些「五四」時遭到激烈批判的「舊事物」的沉渣泛起，巴金以五四激進主義的觀點予以猛烈批評：

> 《四庫全書》是寶物，故宮裏的古董是寶物，佛寺是寶物，古跡是寶物……凡是一切可以在這向新路上掙扎的民族的腦裏留下陰影的東西都是統治階級的寶物！然而事實上沒有這些東西，中國民眾倒可以生活得更好一點。為什麼現代的人就應該知道那些舊時代的鬼把戲？人類不是靠歷史生活的。歷史雖然叫人不要怎樣做，結果反而是叫人去模仿了。遊凡爾賽宮的人至少總有一半想做路易十四。遊故宮的人在那一瞬間總會有一點異樣的鬼影似的思想。
>
> 我們正需要忘掉一切，以一種新的力量向新的路上邁進。這是我們的唯一的出路。然而別人卻拿種種的古董來抓住我們的靈魂，使我們永遠陷在奴隸的深淵裏。高等紳士們提倡舊戲是無足怪的。現在連一些本來與筆墨無緣的人也在提倡讀經了。在這種環境裏想到中國民族的前途我不能不感到悲憤。[註2]

這些觀點和魯迅當年的關於「青年必讀書」的看法如出一轍，他們迫切呼喚的是擺脫精神奴役奮發有為的新人新精神。所以，巴金對那些「生在今日，玩玩古董，遊覽山水，提倡明朝人文章，甚至仿效明朝人生活」[註3]的知識份子不屑一顧，他甚至寫了一篇小說〈沉落〉來批評周作人那樣的教授，且宣稱：「對於目前的種種阻

礙社會進步的傾向、風氣和勢力，我無論如何也不能夠閉著眼睛放過它們。」巴金批評的著眼點還是在於「我們要活！」註4並嘲諷《論語》這樣的刊物：「把一個現代的人變做過去的人」，這也是「《論語》的一點小小的功勞」。註5

除了以雜文的方式直接發表議論以外，巴金一直努力用他的小說以形象的方式展示出傳統與現代兩種生活方式和思想趣味之間的差別。從1931年到1940年，巴金歷時十年，完成了包括《家》（1931）、《春》（1936-1938）、《秋》（1939-1940）三部長篇小說的《激流三部曲》。甚至抗戰爆發，巴金還一度躲在孤島完成了《秋》的寫作，當時他的考慮是：「人們說，一切為了抗戰。我想得更多，抗戰以後怎樣？抗戰中要反封建，抗戰以後也要反封建。這些年高老太爺的鬼魂就常常在我四周徘徊，我寫《秋》的時候，感覺到我在跟那個腐爛的制度作拚死的鬥爭。」註6有個非常習慣的說法，認為在三十年代民族危機日益嚴重的時候，救亡壓倒了啟蒙，巴金雖然也寫了宣傳抗戰的《火》等小說，但啟蒙仍然是他堅定不移的話語方向。

《激流三部曲》反映了在五四新文化思潮吹動下中國封建家庭走向衰落和崩潰過程。三部小說有著統一的基調，比如對扼殺人

圖左：1931年4月《時報》開始連載小說《激流》（即《家》）時的廣告。巴金一下筆彷彿打開了記憶的閘門，一發而不可收拾。《家》完成之後，他又寫下了續篇《春》、《秋》，《激流三部曲》是中國現代文學史上影響最大的長篇小說之一。

圖右：《家》被稱為「新文學第一暢銷書」，此為1933年5月開明書店初版本書影

性的制度和生活方式的痛切控訴，對於各種專制的反抗，對美好青春的禮贊，以及對於那些早逝的青春生命的悲悼。但三部作品也有著各自的特色，《家》情感激越，衝突激烈，《春》則純淨、憂傷，《秋》則沉悶、憂鬱。《激流三部曲》是中國現代文學史上最負盛名和在讀者中影響最大的三部曲之一，也是巴金貢獻給中國現代文學的宏篇巨製。《家》出版後得到了青年讀者的熱烈歡迎，此後的話劇、電影等改編又起到推波助瀾的作用，使小說影響了數代讀者，曾被人稱為「新文學第一暢銷書」，據統計，從1933年至1951年，開明書店出版的《家》，共印行三十二版次；1953年6月至2008年9月，人民文學出版社的新排本共印行四百三十七萬冊左右，在該社印行的文學名著中僅次於《紅樓夢》的印數，位居第二。《家》的巨大讀者群改變了新文學僅在精英知識份子傳播的情況，它開始走向學生、市民，乃至更廣闊的大眾。王易庵在當時與文學青年接觸，說他們「口有談，談巴金，目有視，視巴金的作品」，還有人在報上登廣告高價徵求巴金的作品，「魯迅的《吶喊》，茅盾的《子夜》，固然都是文壇上首屈一指的名著，但要說到普及這一點上，還得讓巴金的《激流三部曲》之一的《家》獨步文壇。《家》，《春》，《秋》，這三部作品，現在真是家弦戶誦，男女老幼，誰人不知，那個不曉，改編成話劇，天天賣滿座，改攝成電影，連映七八十天，甚至連專演京劇的共舞臺，現在都上演起《家》來，藉以號召觀眾了。」[註7]當年清華大學學生季羨林讀過《家》後，感同身受，在日記中寫道：「我要做文章——因看了巴金的《家》，實在有點感動，又看了看自己，自己不也同書上的人一樣地有可以痛哭的事嗎？於是想到把這些事情寫下來，……」「看《家》，很容易動感情，而且想哭，大聲地哭。其實一想，自己的身世，並沒有什麼值得大聲哭的，雖然也不算不淒涼。」[註8]

　　《家》的構思還應當追溯到1928年巴金計劃寫的《春夢》，在當時他僅寫下一些片斷，而大哥得知他的想法後，還寫信鼓勵他：

> 　　《春夢》你要寫，我很贊成；並且以我家人物為主人翁，尤其贊成。實在的，我家的歷史很可以代表一切家族的歷史。我自從得到《新青年》等書報讀過以後，我就想寫一部書。但是我實在寫不出來。現在你想寫，我簡直喜歡得了不得。我現在向（你）鞠躬致敬，希望你有餘暇把他（它）寫成罷，怕甚麼！《塊肉餘生述》若（害）怕，就寫不出來了。[註9]

　　這個願望終於在1931年因《時報》編輯的邀請而得以實現。然而，巴金剛剛寫到第六章〈做大哥的人〉時，就接到了從老家來的大哥自殺的電報。「讀完電報我懷疑是在做夢，我又像發癡一樣過了一兩個鐘頭。我不想吃飯，也不想講話。我一個人到北四川路，在行人很多、燈火輝煌的人行道上走來走去。」「我的眼前不斷出現我祖父和大哥的形象，祖父是在他身體健康、大發雷霆的時候，大哥是在他含著眼淚向我訴苦的時候。」[註10]這個意外事件激起了巴

 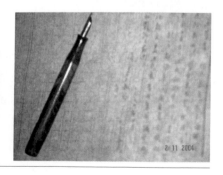

圖左：巴金寫《家》時的小桌椅
圖右：巴金寫《家》時的鋼筆，這是大哥所贈，巴金說：「這管筆，你大前年在上海時買來送給我的這管自來水筆，我用它寫了我的《滅亡》以外的那些小說。它會使我時時刻刻都記著你，而且它會使你復活起來，復活起來看我怎樣踏過那一切骸骨前進！」

巴金與大哥1929年攝於上海。1931年小說《家》剛剛在報紙上刊出的時候，巴金收到了大哥在老家自殺的電報，懷念與憂憤都化為了《家》的文字。

金對家族制度和封建禮教的義憤，他童年的許多溫暖記憶已經被抽象化，五四的「禮教吃人」觀念得到強化，書中激越的言辭和情感不斷高漲，兩代人的衝突變得更為尖銳，於是在《激流三部曲》中讓人看到是的一個個年輕的生命為一個垂死的制度而犧牲，由此作品中充滿著強烈的「我控訴」的聲音。

生活中的細節經過巴金的「五四」意識轉化後變成了非常強烈的控訴和反抗的聲音。其實生活中的大哥李堯枚並不像小說中的覺新那麼懦弱無能，而是一個非常能幹的人，父親去世後，一大家的生活全部扛在他的肩上。「在我們的印象記憶中，大哥一生是受人尊重的，不僅是長孫地位，還有他為人處世有一定威信。⋯⋯大家對大哥的評價綜合起來，是精明能幹，溫文儒雅。在那清末民初改朝換代的舊社會裏，他是一個新派人物，紳士型的作風嚴謹、行為規範。」[註11]「對人寬厚、熱情、大方、樂於助人，既無架子，又愛面子。別人有求於他，無不慨然應允，有時寧肯吃虧，也不使別人為難或過不去。事情到了他的手裏總是給安排巴巴式式，面面生光，皆大歡喜。親戚中一應紅白喜事沒有不找他幫忙、安排或主持的。真可稱為裏裏外外一把手的能幹人。」[註12]但他的善良解決不了大家族日常生活中的大小糾紛，其他各房的仇視、攻擊、陷害和暗鬥更使他焦頭爛額，他只有以處處讓步來換取暫時的平靜。比如，他們曾經開過一個啟明書店，三叔要一個兒子參加，他們從上海進書，但生意沒有做好，虧

本收攤了，本來應當風險共擔，可是親戚所虧的錢全由他負擔了。他在私人經營的銀行中貼現做生意，除了自己做之外，還幫助親戚做，結果賺錢是別人的，而虧本又由他倒貼註13。處在長輩之間，他是小輩，在大家庭中，他無法不保持對長輩的足夠尊重，加上為人比較厚道，在其中承受的怨氣恐怕不可計數，對此，他把希望寄託在兩個弟弟身上，哪怕家庭狀況不好也資助他們求學，為的是將來回來好振興家業，也在族人面前出一口氣：「四弟，你要發狠讀書，給我們爭一口氣。」註14長期在這種巨大的精神壓力下生活，形成了他的雙重人格，他患上了精神病，巴金離家後，大哥寫信給他說這病是由於大家族中流言蜚語所致，「那是神經太受刺激逼而出此。」註15大家沒有想到終有一天，這個病導致了大哥自殺。後來巴金讀到了大哥的遺書：

> 賣田以後……我即另謀出路。無如求速之心太切，以為投機事業雖險，卻很容易成功。前此我之所以失敗，全是因為本錢是借貸來的，要受時間和大利的影響。現在我們自己的錢放在外邊一樣手利，我何不借自己的錢來做，一則利息也輕些，二則不受時間影響。用自己的錢來做，一則利息也輕些，二則不受時間影響。用自己的錢來做，果然得了小利。於是通盤一算，帳上每月只有九十元的入項，平均每月不敷五十元，每年不敷六百元，不到幾年還是完了。所以陸續把存放的款子提回來，作貼現之用，每月可收百數十元。做了幾個月，很順利。於是我就放心大膽地做去了。……哪曉得年底一病就把我毀了。……等我病好出外一看，才知道我們的養命根源已經化成了水。好，好！既是這樣，有什麼話說！所以我生日那天，請大家看戲後，就想自殺。但是我實在捨不得家裏的人。多看一算一天，混一天。現在混不下

去了。我也不想向別人騙錢來用。算了罷。如果活下去，那才是騙人呢。……我只恨我為什麼不早死兩三個月，或早病兩三個月，也就沒有這場事了。總結一句，我受人累，我累家庭和家人。但是沒有人能相信我，因為我拿不出證據來。證據到哪裏去了呢？有一夜我獨自一算，來看看究竟損失若干。因為大病才好，神經受此重大刺激，忽然把我以前的痰病引發，順手將貼現的票子扯成碎紙，棄於字紙簍內，上床睡覺。到了第二天一想不對，連忙一找，哪曉得已經被人倒了。完了，完了。註16

　　大哥就這樣自殺了，因為在感情上無法接受太悲慘的結局，巴金在小說裏給覺新安排了與李堯枚不同的結局：覺新沒有自殺，而且有希望擺脫過去的陰影，走上新生的道路。

　　寫《家》的時候，巴金住在閘北寶山路寶光里一幢石庫門的二層樓房，起初和朋友索非夫婦住在一起，巴金在樓下客堂間工作，《激流》的前半部是在客堂間裏寫的。九・一八事變後不久索非一家搬到提籃橋去了，這裏就只剩下巴金，還有做飯的老娘姨。他就搬到了二樓，樓上空闊，除了床，還有一張方桌，一個凳子，加上一張破舊的小沙發。他的書和小書架都放在亭子間裏。《激流》的後半部就是在二樓方桌上寫完的。巴金寫好三四章就送到報館收發室，每次送去的原稿可以用十天到兩個星期。因此巴金是隔周寫一次，報館在山東路望平街，《時報》編者是吳靈緣，巴金與他並不很熟，只見過一面，交談的時間很短，大概在1931年年底前他因病回到了浙江的家鄉，以後就沒有聯繫。《激流》從1931年4月18日起在《時報》上連載了五個多月，但是九・一八瀋陽事變後，報紙上發表小說的地位讓給東北抗戰的消息了。《激流》停刊了一個時期，報館不曾通知。後來在報紙上出現了別人的小說，《激流》一

直沒有消息，但巴金不管這些而是繼續寫下去。這中間他還去過一趟長興煤礦，來回一個星期左右，小説越寫越長，也沒有人來催他稿子，巴金擔心報館腰斬小説，果然在寫到瑞珏死時，報館來信，抱怨小説寫得太長，超過了原先講定的字數。巴金的回信倒也乾脆：小説已經結束，手邊還有幾萬字的原稿，為了讓《時報》的讀到完整的小説，希望報館繼續刊登餘稿，對此，他寧可不取稿酬[註17]。

　　《激流》在《時報》1932年5月22日刊畢，翌年5月由開明書店出版了單行本。但巴金覺得還有許多話要説，可以把小説續寫下去。因此便在《後記》中預告：已經發表的部分是《激流》的第一部《家》，還有第二部《群》要寫主人公覺慧到上海以後的活動。但這個《群》一直拖到1935年八九月才開始寫了三四張稿紙，以後又讓別的事情打岔，沒有能往下寫。1936年《文季月刊》創刊，巴金為它寫了連載小説《春》，1939-1940年又寫了《春》的續篇《秋》。它們連在一起構成了波瀾壯闊的「激流三部曲」。解釋自己的創作初衷時，巴金説：「《家》並沒有把我所寫的東西完全包括在內，我後來才有寫《春》的可能。《春》固然寫完了蕙和淑英的故事，但是還漏掉了高家的許多事情，我還並沒有寫到『樹倒猢猻散』的場面。覺新的故事也需要一個小段落。因此我在結束《春》的時候，就想到再寫一部《秋》。」[註18]「至於《群》，在新中國成立後，我還幾次填表報告自己的創作計劃，要寫《群三部曲》。但是一則過不了知識份子的改造關，二則應付不了一個接一個的各式各樣的任務，三則不能不膽戰心驚地參加沒完沒了的運動，我哪裏有較多的時間從事寫作。到了所謂文化大革命期間，我倒真正慶幸自己不曾寫成這部作品，否則張（春橋）姚（文元）的爪牙不會輕易地放過我。」[註19]

　　《激流》的寫作因為有充沛的情感驅動、有熟悉的人影在頭腦中閃動，所以，巴金的寫作非常順利。「寫的時候我沒有遇到任何

的困難。我的確感覺到生活的激流向前奔騰，它推著人物行動。高老太爺、覺新、覺慧，這三個主要角色我太熟悉了，他們要照自己的想法生活、鬥爭，或者作威作福，或者忍氣吞聲，或者享樂，或者受苦，或者勝利，或者失敗，或者死亡……他們要走自己的路，我卻堅持進行我的鬥爭。我的最大的敵人就是封建制度和它的代表人物。我寫作時始終牢牢記住我的敵人。我在十年中間（1931到1940）寫完《激流三部曲》。下筆的時候我常常動感情，有時丟下筆在屋子裏走來走去，有時大聲念出自己剛寫完的文句，有時歎息呻吟、流眼淚，有時憤怒，有時痛苦。《春》是在狄思威路（溧陽路）一個弄堂的亭子間裏開了頭，後來在拉都路（襄陽路）敦和里二十一號三樓續寫了一部分，最後在霞飛路霞飛坊五十九號三樓完成，那是一九三六到一九三七年的事。」註20其實在1935年10月寫《愛情的三部曲‧總序》的時候，巴金就預告了《春》的寫作，當時巴金曾經聽過一個四川姑娘為求學自殺未遂的故事，她逃出後又被找回家中，後來終於得到父親的同意，在哥哥幫助下離開家鄉。巴金是在日本聽到這個故事，當時表示想就此寫小說，《春》中他以「淑英」的故事來改寫四川姑娘的事情，並創造了蕙這個人物，與《家》組成一個序列。連載小說的《文季月刊》出版了七期就被禁了，此時巴金才完成前十章。淞滬會戰爆發後，巴金忙於抗日救亡的宣傳活動，小說又被放到了一邊。但中國軍隊撤退後，人們紛紛離開上海，巴金打算將小說告一段落也走開，就用了十多個日夜完成了小說第一部，仍然交給開明書店。但他沒有走出「孤島」中的上海，書店決定在上海排印和出版這部書，巴金於是又拿起筆記將《春》的故事繼續下去。「那些日子的確不是容易度過的。」「那個時候我除了寫作外常常在霞飛路上散步，我喜歡看那些充滿朝氣的年輕面孔。每次看見青年學生抱著書從新開辦的學校和從別處遷來的學校裏走出來，我就想到為他們寫點東西。回到自己的房

間拿起筆寫小說，我就看見平日在人行道上見到的那些天真、純潔的臉龐。我覺得能夠帶給他們一點點溫暖和希望是我最大的幸福。」[註21]《春》完成於1938年2月，看完了全書的校樣，巴金從上海經過香港來到了廣州。《秋》的完成同樣是在孤島中的上海，1939年下半年到第二年上半年，巴金和從天津逃難到上海的三哥堯林度過了一段難忘的的書齋生活。「當時我在上海的隱居生活很有規律，白天讀書或者從事翻譯工作，晚上九點後開始寫《秋》，寫到深夜兩點，有時甚至到三、四點，然後上床睡覺。我的三哥李堯林也在這幢房子裏，住在三樓亭子間，他是一九三九年九月從天津來的。第二年七月我再去西南局，他仍然留在上海霞飛鹿一直到一九四五年十一月我回上海送他進醫院，在醫院裏他沒有活到兩個星期。他是《秋》的第一個讀者。我一共寫了八百多頁稿紙，每次寫完一百多頁，結束了若干章，就送到開明書店，由那裏發給印刷所

圖上：1933年巴金在北平圓明園。巴金的這次北上與京派文人圈有著廣泛地接觸，建立了真摯的友誼，他的這些朋友都是以後辦刊、辦出版社的基本作者，也是中國文學最有生氣的力量。

圖下：1934年春天與沈從文夫婦攝於北平府右街達子營沈寓。巴金與沈從文是一對儘管文學觀不同但卻保持了終生友誼的好友。

排印。原稿送前我總讓三哥先看一遍，他有時也提出一兩條意見。我五月初寫完全書，七月中就帶著《秋》的精裝本坐海船去海防轉赴昆明了。」「在《家》裏我的矛頭針對著高老太爺和馮樂山；在《春》裏我的矛頭針對著馮樂山和周伯濤；在《秋》裏我的矛頭針對著周伯濤和高克明。對周伯濤，我懷著強烈的憎恨。他不是真實的人，但是我看見不少像他那樣的父親，他的手裏緊緊捏著下一代人的命運，他憑個人的好惡把自己的兒女隨意送到房場。」[註22]

　　《激流三部曲》以新舊兩代人的衝突象徵性地概括了「五四」前後古老的中國在現代轉型過程中的衝突、痛苦和各種艱難的歷程。書中充滿了新與舊、傳統與現代、古老與青春、過去的時代與新的生活種種衝突，而支撐在這種衝突背後的，則是五四時代樂觀的進化論信念：新的一定會戰勝舊的，舊的必然要滅亡。但是在新與舊的衝突中，不是簡單的無往而不勝的，有很多可愛的年輕生命還做了無聲的犧牲品，《激流三部曲》中用很多年輕生命慘烈的死亡和無情地被摧殘來控訴制度的不合理。覺新和梅的美好姻緣，就因抓鬮兒的辦法而付之東流，這種不幸的境遇又直接導致了梅的死亡。鳴鳳和覺慧剛剛萌發的愛情還沒有來得及生長，便被要給馮樂山做妾的事情打得落花流水，最終以鳴鳳的投湖而收場。作為鳴鳳的替代，婉兒給馮樂山做妾遭受到的是生不如死的折磨。剛剛能給覺新一點安慰的是他與瑞珏的幸福生活，卻為血光之災的古訓，讓瑞珏到城外去生產而終喪命……這一個個生命的消失，讓人感到慘痛卻又毫無辦法，父母之命，媒妁之言，似乎天經地義，三綱五常也是一輩輩人尊崇和奉行的古訓，所以當鳴鳳因自己的事情去向太太求助的時候，好心的太太眼中已經沒有了主與奴的差別，而像對待女兒一樣推心置腹，但有什麼辦法，這是老太爺的命令，老太爺的命令是不能違抗的。而老太爺也並非成心將哪個人非往火炕裏推不可，他不過遵循著一個古老的規則而已……所以，巴金說他控訴

的是制度，而不是人。中國封建文化的怪圈恰恰是造就了一批無辜的殺人者，而且還渾然不覺地以清白的道義維護者而自居。只有從另外一種價值標準上才能打破這個密不透風的怪圈，那就五四的啟蒙思想，它喚醒了新一代人反抗的意識，也成為他們反抗的依據。而《家》抓住了那個時代中最為引起青年人關注的話題，從批判家族制度和封建禮教入手，從呼喚個人的自由和幸福入手，主張年輕人要自己把握自己的人生和命運。在《家》中充滿了許多這樣五四時期啟蒙思想特徵的意象，《新青年》雜誌，易卜生的劇本《娜拉》，胡適的《終身大事》，屠格涅夫的《前夜》，甚至是吳虞〈吃人與禮教〉……這些作為啟蒙讀物都深深啟發和鼓舞了主人公的覺醒和獨立：個人的價值和幸福不能建立在他人身上，也不是家族的身上，而要用自己的行動來爭取來。那些新的風氣下成長的青年覺慧、覺民、琴都在不斷地強化自己的這種意識，當琴的母親有不同意她上學堂的想法時，琴在無助中讀的是《新青年》，是上面所刊載的易卜生的劇本《娜拉》中的話在鼓舞著她：「……我想最要緊的，我是一個人，同你一樣的人──或者至少我要努力做一個人。……我不能相信大多數人所說的。……一切的事情都應該由我自己去想，由我自己努力去解決。……」[註23]而當祖父要把覺慧關起來的時候，覺慧以這樣的話語來刺激大哥覺新：「我現在才覺得我是自己底主人了。」[註24]覺慧在第十二章，念《前夜》的時候，有一段非常著名的話也啟示著他：「我們是青年，不是畸人，不是愚人，應當給自己把幸福爭過來！」這是這個家庭中振聾發聵的聲音，他們激動地接受這種思想的衝擊：「一股熱氣在他底身體內直往上衝，他不覺得激動得連手也顫抖起來，他不能夠再念下去。他便把書合上，端起茶碗大大喝了幾口。」到後來在打算盤的覺新也停了下來。「一個莫名的恐怖開始在這小小的房間裏飛翔，漸漸地壓下來。一個共同的感覺苦惱著這四個環境不同的人。」「這樣的

社會，才有這樣的人生！」「這種生活簡直是在浪費青春，是在浪費生命了。」琴在後來的覺醒是掙脫了母親的手，彷彿掙脫了一個沉重傳統的束縛，她堅定地宣稱：「我不走那條路，我不做人家底玩物。我要做一個人，一個和男子一樣的人。⋯⋯我不走那條路，我要走新的路，我要走新的路。」（第二十五章〈新的路〉）

　　古老的公館不知藏著多少秘密，也醞釀著極大的變化，《家》在揭露禮教和家族制度罪惡等方面沿襲了典型的五四話語。同時，也有著巴金獨特的理解，我們應當注意到巴金一再強調他要描寫的是「正在崩壞的資產階級的家庭底全部悲歡離合的歷史了」。這與反封建的封建家庭是有著一定的區別，實際上在寫作中，巴金寫了長輩們虛偽的生活的同時，也寫到了他們的荒淫和無恥，比如在外邊另租公館、包養妓女等事情，而在表現這些內容的時候，巴金的側重點是「資產階級的家庭」的核心，那就是財產制度。《家》中各族各房之間的傾軋，其核心是財產、金錢──這一點在《家》的續篇《春》和《秋》中表現得更充分，巴金要表現的是金錢的罪惡，正是金錢的這種罪惡，使父親不像父親，兒子不像兒子，使親情變了質，使人異化了。如果說封建禮教精神上給人異化，那麼還應當加上另外一條，那就是金錢對人的異化，這條線索在他後來的作品《憩園》中也得到了進一步發展。尤其明顯的是象徵著封建專制的高老太爺的死亡，隨同也預示著這個家的崩潰，這個崩潰不是封建思想權威的崩潰，它們可能一點也沒有改變，而是家庭財產的不保，一個大的家庭崩潰是分家──財產的分割開始的。所以祖父在臨死前的幻滅感中，一直在想他辛苦創下的家業，兒孫為什麼不能興盛發達下去？這實質上已經在對金錢罪惡的一種反思，從這一點《家》的主題超越「五四」話語，有著更為豐富的內涵。另外，巴金寫了覺慧的出走和舊家庭的決裂，這自然是「五四」時期的典型的表現手法，「家」是囚禁個人思想意志的「狹的籠」，出

走是爭自由的路，但與「五四」所不同的是，「五四」的流行方式是從「家」中走向一個獨立的個人，而巴金筆下則是從「家」走向「群」，走向一個更廣闊的社會和集體，在眾人的事業中找到個人的價值和自由。《家》第二十九章〈青年底心〉，寫到覺慧參加小團體活動所獲得的激動：「他從來沒有像這樣感動過的。談笑，友誼，熱誠，信賴，……從來沒有表現得這麼美麗。這一次的十幾個青年底茶會，簡直是一個友愛的家庭底會集。但這家庭底分子並不是因血統關係，家產關係而聯繫在一起的；結合他們的，是同一的好心，同一的理想。在這環境裏他只感到心與心底接觸，是赤誠的心，完全脫離了利害底束縛。」覺慧嚮往的是這樣的「家」和這樣的群體，巴金強調的個人自由也是與這樣人類共同的自由聯繫在一起的，這既是無政府主義信仰的結果，也是對「五四」後的個人獨立和自由觀念的有益補充。由此，延伸出來的話題是，雖然《春》和《秋》都沒有明確寫到覺慧出走後做了什麼，但從巴金的最初設計看，他出走後，所做的正是《滅亡》、《新生》乃至《愛情的三部曲》中杜大心等人的事業，乃至到抗戰時候《火》等人的事業，《家》再拓展開來，是《憩園》中楊老三的進一步的沒落和「家」的徹底崩潰；是《寒夜》中汪文宣、曾樹生新型家庭所面臨的危機，由此，巴金的整個創作可以在一個軌跡上連貫起來。

　　在壓迫與反抗的衝突和這個模式之外，還有一個中間地帶，這是巴金寫得最為精彩的地帶，它所呈現的就是這種觀念衝突和對立之外的痛苦，它的體現者是覺新。這個奉行作揖哲學和不抵抗主義的年輕人，處在親情、家族制度和新舊道德倫理之間莫知所為，這並非一個「性格懦弱」所能概括。他的悲劇也不在於他愚昧、頑固或保守，他不屬於父輩那個陣營的人，儘管他們挑選他作為繼承人。他是接受過新文化新思想的洗禮也曾有遠大抱負的青年，他清醒地知道自己的地位和命運，也清楚自己的生命正在一步步走向

深淵，但他卻無能為力或不想作為。有研究者認為：「中國現代文學作品中，只有為數不多的人物形象，為讀書界所熟知，其中又只有為數更少的文學性格（如阿Q），由於其異乎尋常的概括力而獲得了某種抽象意義。在『為數不多』的『為讀書界所熟知』的人物中，就有高覺新。」「作為一個文學形象，高覺新無疑是獨特的，他只是他自己。但這個人物某一方面的精神特徵，即使對於當代人，也還沒有變得陌生。」註25《激流三部曲》通過覺新的形象實際在給「五四」以後的知識份子提出了一個非常重大的問題。看來，新與舊的交替，傳統到現代的轉型，絕非有一個堅定的信念和一點熱情的行動能夠解決。有很多事情，即使幼稚而大膽的英雄覺慧也很茫然，甚至很無力，即如鳴鳳的死。從這個意義上講，《激流三部曲》承襲了「五四」的話語，同時也暴露了這種話語中的很多矛盾和問題，巴金也在思考這個問題。

　　五四精神的踐行，除了創作，巴金和他的朋友們還以自身的文化實踐，擴大自己的生活和思想的空間，承傳和發揚五四新文學精神，創辦期刊和經營出版社都是他們最切實的舉措。三十年代的文化出版環境對於五四新文學來講極為不利，其時，休閒、消費主義文學大行其道，通俗小說、遊戲文字等等充斥書刊市場，許多新文學作家也在為了適應這種休閒、趣味的氣氛轉向消費文學的創作，小品文的盛行就有既滿足文人的高級趣味，又適應市場需要的特點。茅盾曾撰文說：「一九三〇年，中國的『武俠小說』盛極一時。自《江湖奇俠傳》以下，模仿因襲的武俠小說，少說也有百來種罷。同時國產電影方面，也是『武俠片』的全盛時代；《火燒紅蓮寺》出足了風頭以後，一時以『火燒……』號召的影片，恐怕也有十來種。」「小市民文藝另有一種半封建的形式，那就是《啼笑因緣》。」註26這個時候，新文學的血脈如何延續下來就變得無比重要。五四激進主義在三十年代也發生轉化，比如左翼將這種激進

變成政治的現實力量，而巴金只能是做著「靈魂的呼號」，難能可貴的是他們這批獨立的知識份子沒有過多地抱怨什麼，而是奮力突圍，並且也結成了自己的文學圈。1933年巴金北上，在北京與朋友靳以和前輩鄭振鐸等創辦、編輯大型期刊《文學季刊》，以後又參與編輯《水星》、《文季月刊》、《文叢》等期刊，從此巴金介入到實際的文學活動中去，開始了將五四文學精神轉化為一種文學實踐的努力。在十九世紀末、二十世紀初，文化成為一種產業之後，文藝由傳統的「詩言志」式的士大夫個人表達的行為變為一個產業鏈中的一部分，以前的業餘愛好可能成為賴以維生的手段，寫作者、編輯人已經形成一個獨立的社會職業。新的傳播機制要求一種文化形態必須在社會上能夠流通才會產生它期望的影響，商業流通本身的逐利目的一方面可能擴大文化的影響力，使之不斷衍生，另

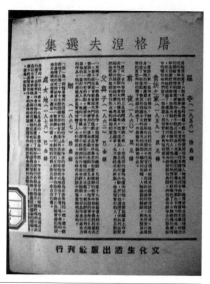

圖左：文化生活出版社「文學叢刊」廣告，這套叢刊幾乎網羅了三十年代後期至四十年代的最優秀的新文學作家的最新作品，如今它們早已是現代文學史上的輝煌名字。

圖右：文化生活出版社《屠格涅夫選集》廣告，介紹外國優秀文學作品，傳播火種，這是巴金從魯迅那裏接過來並不斷發揚光大的火炬。巴金、陸蠡、麗尼三位好友曾在杭州相約共同譯出屠格涅夫六大長篇，後來他們實踐約定，為中國貢獻了一批最優秀的屠氏中譯本。

一方面也可能扼殺某種它認為不具有商業利益的形態，使之形態單一，文化與商業兩者就處在這樣複雜的糾葛之中。巴金等新文人主辦雜誌、編輯叢書、創辦出版社，在三十年代已經超越了五四之後那種同人雜誌和出版社的運作方式，而是主動地深入到市場中接受市場的檢驗，這是主動出擊，他們不是隨波逐流投合市場所好，而是想以自己的文化趣味去影響讀者改變市場，儘管他們的力量很微弱，做起來也很艱難，但卻不是毫無效果，至少它讓新文學的精神命脈得以延續，是他們以這樣的方式開闢了空間才使得新文學有了充足的生長環境。同時，市場也並非鐵板一塊，它也是在變化的，雖說舊的趣味嚴重地阻礙了新文學的發展，但也不是它能夠壟斷一切，還應當看到商業喜新厭舊、追逐新奇的本性，尤其是在城市中，追逐時髦也是一種潮流，而新文學因其先鋒性一時也曾作為一種潮流為人追逐。巴金就是在這樣的環境中，憑著和朋友們的共同努力，開闢了屬於他們的文學事業。

期刊的創辦使得巴金積聚了大量的作者資源，所以當1935年5月吳朗西等人邀請他創辦文化生活出版社的時候，巴金能夠迅速地將這個出版社辦出聲色來。文化生活出版社的創辦人吳朗西（1909-1992）是與巴金有著共同信仰的朋友，吳朗西、伍禪和麗尼等人有一攬子編譯計劃卻苦於找不到出版的地方，他們決定自己辦一個小出版社來印自己想印的書。於是仿照日本的「岩波文庫」準備出一套「文化生活叢刊」，他們把許天虹翻譯的《第二次世界大戰》作為第一本書於1935年5月20日印出[註27]。同時請時在日本的巴金擔任出版社的總編輯，吳朗西主要是考慮：「巴金是成名作家，他的創作、翻譯，書店是搶著要的。然而他願來幹這吃力不討好的工作，他的這種精神也激勵了我們。為了使千萬讀者能夠讀好書，為了給更多的作者、譯者提供一個『肯出版的書坊』，他把我們這個小小的園地擴大了。」[註28]吳朗西夫婦善於經營，而巴金則以他的眼光和

在文壇的影響為文生社的出版選題做出規劃，使得這個規模不大的
出版社很快就獲得了發展。

> 到了1936年，文生每月要出幾種新書，1935年出版的也
> 在陸續再版，業務發展了，我們就決定自己搞發行了。文生
> 在7月便由昆明路遷移到山西路（福州路口），自立門戶，不
> 久又遷到福州路436號。文生在一年之內，一躍而在書店街設
> 立發行所。而我們照樣踏踏實實、勤勤懇懇地幹下去。
>
> 巴金住在滬西，文生在昆明路時，他來往很不方便，現
> 在他天天可以到社裏來了。我每天上午處理了《美術生活》
> 的編輯工作後，下午就去福州路。
>
> 文生有事就大家商量，但我們很少用開會的形式，有時
> 幾個人出去小吃，有時在咖啡店喝咖啡的時候，一些方針思
> 想便出來了。註29

抗戰前兩年文生社業務發展非常迅速，幾乎三天兩頭都有新書
出版，重版書更是日日不斷。但「八一三」抗戰打響之後，文化生
活出版社的業務卻屢受重創。在巴金的努力下，抗戰期間又相繼在
廣州、桂林、重慶、成都等地設立辦事處，業務有所恢復。1945年
抗戰勝利後，在市場形勢極為不好的情況下，巴金又通過兩三年艱
苦努力，在重印舊書的基礎上又陸續推出眾多新書，使得文生社成
為戰後較有口碑的文學出版社註30。

文生社的創建者大多信仰無政府主義，奉獻精神在行動中得
到了切實的體現。這樣一個有同人性的機構沒有那麼多商業味、市
儈氣，巴金和他的朋友們能夠按照自己的理想來出書。「文生社的
流動資金，一部分是出售書籍的收入，一部分是向私人和銀行的借
款。」「文生社的同人中，巴金、朱洗、伍禪、麗尼、柳靜和我各

有其他方面的工作收入，我們在文生社是盡義務不拿報酬的，這也給文生社積累了資金。」註31不唯利是圖，卻盡量考慮到作者的利益，文生社與許多作者都建立了良好的合作關係，「對作者則是不買稿，實行版稅制，保護作者著作權和長遠利益。書稿印出按書的定價百分之十五付給作者版稅。一年分兩次結帳，照銷售清單售出多少，結付多少。決不拖欠。……如生活上遇到困難，可以預支版稅，或按月領取一定的生活費，俟書稿印出銷售後再逐步扣還。最早這麼辦的有胡風，抗戰後期在重慶的曹禺、沙汀也享受過這樣的待遇。」註32

當然，更能體現出文生社特點的是它的出版物，尤其是巴金主編的文化生活叢刊、文學叢刊、譯文叢書（最初曾由黃源主編，1949年以後由吳朗西主編）三套富有影響的叢刊。其中對五四新文學產生最直接推動作用的是文學叢刊，文學史家司馬長風認為：「基本上集存了三十年代後半期新文學的精華，誠屬功德無量。」並列出如下四大特點：

一、脫出捧老作家的濫習，多選拔新作家的新秀作品；

二、精選出版的作品，很少水準以下的書；

三、價格廉宜，為一九三五到抗戰初期，擁有全國最多讀者的叢書；

四、破除門戶之見，選輯的作品包括各派的作家；其中包括批判巴金小說的劉西渭的作品，尤見出巴金的器量和風度。註33

這是比較符合事實的評價，該叢刊共推出十集，每集十六種，計一百六十種，囊括了自魯迅到汪曾祺新文學四代作家八十六人的不同體裁作品，是三十年代後半期至中華人民共和國成立前最重要的一套文學叢書，其推出新文學作品的氣魄和規模是現代出版史上首屈一指的。這套叢書的陣容從兩集叢刊書目中便可見一斑：

第一集 1935年11月至1936年1月出版

路（中篇） 茅盾

神鬼人（短篇） 巴金

團圓（短篇） 張天翼

珠落集（短篇） 靳以

羊（短篇） 蕭軍

分（短篇） 何谷天

黃昏之獻（詩） 麗尼

以身作則（劇本） 李健吾

故事新編（短篇） 魯迅

八駿圖（短篇） 沈從文

雀鼠集（短篇） 魯彥

南行記（短篇） 艾蕪

飯餘集（短篇） 吳組緗

短劍集（文論） 鄭振鐸

雷雨（劇本） 曹禺

魚目集（詩） 卞之琳

第九集 1947年5月至1949年4月出版

夜鶯曲（中篇） 盧靜

伊魯瓦河畔（短篇） 白朗

大姊（短篇） 鄭定文

堪察加小景（短篇） 沙汀

人世百圖（短篇） 靳以

錦帆集外（散文） 黃裳

靜夜的悲劇（散文） 巴金

行吟的歌（詩） 方敬

風雪（中篇）　王西彥

災魂（短篇）　田濤

株守（短篇）　吳岩

山水（散文）　馮至

日邊隨筆（散文）　李廣田

曙前（散文）　劉北汜

青春（劇本）　李健吾

旗（詩）　穆旦

　　文生社除了「文學叢刊」聲勢浩大地推出新文學作品之外，還有其他不同的叢刊，他們一起構成了新文學作品出版的壯觀圖景。其中有巴金主編的「新時代小說叢刊」、「現代長篇小說叢書」、

巴金的名片。

「文季叢書」、「文學小叢刊」等多種。對於中國現代的戲劇創作，文生社以「劇作家選集叢書」來予以關注，共推出丁西林、曹禺、袁俊、林柯（陳西禾）、李健吾等五人戲劇作品十九種，幾乎囊括作者這一時期所有重要劇本。

　　五四新文學的發展與外國文學譯介有著密切關係，在推出創作的同時，文生社在讀者中建立信譽和影響的還在於翻譯作品的精良和廣博，這當然首推譯文叢書了。它共推出六十三種，「本叢書為一規模宏大的世界文學名著叢書，選取世界文學的精粹，以忠實可

靠的譯筆，移植於吾國讀書界。選擇既極精審，譯筆尤其謹嚴。果
戈理選集（魯迅、孟十還、耿濟之等譯）、屠格涅夫選集（陸蠡、
麗尼、巴金等譯）、岡察洛夫選集（李林、黃裳等譯）、托爾斯泰
選集（高植譯）、狄更斯選集（許天虹譯）、勃朗特選集（李霽野
譯）、福樓拜選集（李健吾譯）……名著多種，不及備藏。」[註34]在
這些選集之外，還有左拉的系列作品、狄更斯及庫普林的代表作。
而出版譯文叢刊也是魯迅多年的心願，他曾感歎：「近十來年中，
設譯社，編叢書的事情，做過四五回，先前比現在還要『年富力
強』，真是拚命的做，然而結果不但不好，還弄得焦頭爛額。」[註35]
這個心願終於在巴金這代人的身上實現了，這套書樸素大方，實實
在在，許多譯著曾多次重印。另外還有一種綜合性叢刊，即文化生
活叢刊，共出版四十九種，除少數幾種外，都是譯作，「為真正的
『萬人文庫』；以內容精選，售價低廉為第一義；無論著譯編校，
均極精密；所有各個學藝部門，如文學、藝術、科學、哲學、宗
教、歷史、政治……無不包羅。」[註36]編者推出這套叢刊的目的「是
想以長期的努力，建立一個規模宏大的民眾的文庫。把學問從特權
階級那裏拿過來送到萬人的面前，使每個人只出最低廉的代價，便
可以享受到它的利益。」[註37]，這兩套叢書外，尚有《西窗小書》推
出卞之琳翻譯紀德的《窄門》等四種、《契訶夫戲劇集》六種。

　　文生社出版的著譯總體特色十分明顯：一是秉承「五四」的
啟蒙精神，是樸素大方的精神讀物；二是透著一股文學新生代朝氣
蓬勃的生氣，為新文學的發展培植了新生力量；三是有著開闊的
視野，不分派別和信仰，只要是嚴肅創作，古今中外人類優秀的文
化成果都納入進來；四是強調編選精良、謹嚴的立場，印製大方樸
素卻絕不粗製濫造。他們的這些努力為五四新文學傳統的延續開創
了一個非常重要的空間。1937年5月公佈的《大公報》文藝獎金，
由楊振聲、朱自清、朱光潛、葉聖陶、巴金、沈從文、林徽因等人

擔任評委，評出三部獲獎作品是：小說：《谷》（蘆焚）；戲劇：《日出》（曹禺）；散文：《畫夢錄》（何其芳）。這個評獎在當時影響很大，而三個獲獎作品全部出自文生社出版的「文學叢刊」，可見它的出版物在文壇的影響力和出版社的實力。在出版社的經營上，文生社也有很多值得珍視的經驗，比如對於作者的充分愛護和尊重，正因為如此，它們才會有穩定高質量的稿源，才會獲得作者的信任，並且在同行競爭中搶佔先機。其次，三大叢刊定位也不同，各自有不同的讀者群和針對方向，讀者群相互補充和拉動，既有新文學最新作品推出，保證出版社的活力，又有西方古典文學名著保證穩定的市場需求，顯示了出版社的實力，保證了出版社穩定、持續的經營。

從《文學季刊》到文生社，巴金的編輯活動中凝聚了一大批新文學作家和翻譯家，特別是三十年代成長起來的一大批文學新生代，他們聚集在巴金和文生社周圍，形成了一道特殊的文學風景。隨著魯迅等老一輩作家退出文壇，巴金、靳以、馮至、沈從文、李健吾這樣的作家成為文壇中堅，而三十年代剛剛登上文壇的曹禺、李廣田、何其芳、師陀、蕭乾正煥發著創作的活力，接下來是在抗戰中和戰後嶄露頭角的年輕一代作家，如陳敬容、杜運燮、黃裳、穆旦、方敬、鄭敏、汪曾祺等，幾代作家以不同的創作風格體現了新文學的發展和蛻變，而文生社和巴金對於完成和推動這種蛻變功不可沒。許多新作家是經巴金之手登上文壇大放異彩：曹禺在《文學季刊》發表《雷雨》之前，不過是清華大學一名學生，而《雷雨》一下子讓他走入了中國話劇史的中心。文生社成立後又經巴金之手幾乎出版了他所有的劇作，所以他寫信給巴金說：「我懷念北平的三道門，你住的簡陋的房子。那時，我僅僅是一個不知天高地厚的無名大學生，是你在那裏讀了《雷雨》的稿件，放在抽屜裏近一年的稿子，是你看見這個青年還有可為，促使發表這個劇本。你

把我介紹進了文藝界，以後每部稿子，都由你看稿、發表，這件事我說了多少遍，然而我說不完，還要說。因為識馬不容易，識人更難。現在我八十了，提起這初出茅廬的事，我感動不已。」[註38]「入院前，在哪個長篇小說發獎大會上，我與沙汀同座。他提起你寬厚，提起你在編輯刊物、在出版事業，扶植起多少人。如今許多老一輩的人也是在你日夜讀稿、校稿時發現出的作家。那時大家都年輕，也不覺得這有什麼了不起。回顧一下，一個孜孜不息的稱職的編輯，可以推動文學事業，可以使金子不會埋沒在沙裏。」[註39]而另外一位年輕詩人鄭敏則是巴金主動為她出版作品集：「巴金的夫人是我的同學，但我只是遠遠看見過巴金。上世紀四十年代，我在南京的中央通訊社作翻譯時，經常會寫一些詩發表在《大公報》的副刊上，1947年，巴金託人找我整理自己的詩歌，我把稿子郵寄給他，後來這些詩歌被收入巴金所編的文學叢刊第十輯，書名為《詩集1942-1947》。」「1948年我就出國了，在國外的七年間一直沒有寫詩的心境，有一天卻突然收到他們從國內郵寄來的《詩集1942-1947》，感到特別驚訝，但是我知道巴金一直都是特別扶持年輕人的。」[註40]

　　從文學史上看，在文生社出書較多、與其關係比較密切的作家甚至可以稱為「文生社作家群」，他們包括靳以、巴金、沈從文、李健吾、馮至、卞之琳、李廣田、何其芳、蕭乾、蘆焚、麗尼、繆崇群、陸蠡、羅淑、蕭紅、蕭軍等人。按著習慣的文學史眼光來看，這些人應當分屬不同的文學「陣營」，但他們也有著共同的傾向，那就是都在五四精神的燭照下對文學創造性的追求，這批作家是抗戰後中國新文學最有生氣的力量之一。文生社作家群是從五四「為人生」的文學中來，強調為人生的人間情懷，強調文學是創造而非遊戲的探索精神，「我們相信文學是一種工作，而且又是於人生很切要的一種工作；治文學的人也當以這事為他終身的事業，正同勞農一樣。」[註41]這種精神到三十年代又熔鑄了魯迅的現實戰鬥精

神，睜開眼睛看世界，不粉飾人生，也不欺騙自己，在一種進取中揭開了世界的面紗。文生社的書裏找不到消閒讀物，他們以新文學的骨血向商業化的文化環境挑戰，同時以求同存異、各放異彩的多元文學追求豐富五四新文學創作。毫無疑問，巴金是這個作家群中深得眾人信任的組織者，為此，他也付出了巨大心血。到1949年下半年巴金基本不過問社務，1950年8月正式辭去總編輯職務，巴金將一生經歷最旺盛的十四年貢獻給這個出版社，正如蕭乾所言：「看到巴金的文集長達十四卷，有人稱他為『多產』，可是倘若他沒從1935年的夏天就辦起文化生活出版社（以及五十年代初期的平明出版社），倘若他沒有把一生精力最充沛的二十年獻給進步文學出版事業，他的文集也許應該是四十卷。」[註42]黃裳曾感激地說：「就是我這樣一個一直沒有見過面的年輕人，兩年中間不斷地把幼稚的習作寄給他，他都給我找地方發表。……他還細心地為行蹤無定的作者保存文稿，彙集成冊，隨時留意尋找結集出版的機會……對於一個青年作者來說，這該是怎樣的鼓舞、激勵，帶來的又是怎樣的欣喜呵！」[註43]黃裳最初發表的一批文章就是在巴金推薦下由中華書局結集出版，這是他的第一個作品集《錦帆集》；而餘稿和後來的稿子，又編成《錦帆集外》，收入巴金主編的「文學叢刊」中。幾十年後，黃裳感慨道：「現在手頭還保留部分《集外》原稿，是付排以後還給我的。每篇都是他親手批的版樣，還把文章中每一個『里』字都細心地改為『裏』字，重描了許多印刷模糊的字跡。原稿並不值得保留，但編者留下的批改手跡則是珍貴的見證，說明他在編定這一百多部『文學叢刊』時付出了多少精力。」[註44]焦菊隱的一封信可見巴金與文生社及各種書稿之間的關係：

　　　　我聽見曹靖華先生說，你已擺脫了文生，不知是否？……吾兄示我。因為弟的稿子雖然不好，但當初是選擇又選

擇出版家的，最後決定將一切出版的東西，都陸續集中在文生，主要的或者唯一的原因，就是因為吾兄在文生主持。吾兄不但修養高出其他朋友，對作品的估價很苛，決不濫出商品式的著作，而且也永遠具有作家的性情在辦書店，因而對於作家永遠是照顧周至的。這一點，是事實可以證明的，不是弟在恭維。假如，吾兄萬一脫離文生，……原則上弟的書，不論是譯的或寫的，願意永遠跟著吾兄走，你到哪一個出版社，或你自己另辦出版社，弟自動願意將書稿送過去。註45

　　一個出版社能夠存在下去書稿是關鍵，作為總編輯的巴金對出版社的成敗有著舉足輕重的作用。在譯稿的組織、選擇和編校上，巴金都發揮了別人不可替代的作用，曾為同人的麗尼在1950年5月10日給李濟生的信中說：

　　「文生」走古典名著介紹的路，是應該的，主觀上有這種能力，客觀上也符合廣大讀者和政府方面的希望。但是，要好好組織稿件，非老巴不可。這情形朗西還沒有認識清楚，以為拉幾本譯稿不成問題，那是大錯。第一，真好的譯稿必須老巴才可以拉來，老巴自己譯些尤為要緊，有真正好的譯稿，不十分好的也帶著好了，「文生」的譯稿並不本本都理想，但因好的較多，所以給讀者的印象不同。別的書店何嘗沒有出古典名著？只因多數平庸，所以不能建立信譽。「文生」如果當初也是隨便拉譯稿，決無今日的地位。第二，除了老巴，誰能隨便改動別人的稿子？誰敢？即使譯錯了也不敢隨便改動的，譯者首先就不伏（服）。而譯稿即屬名家所譯，也難保絕無缺點，要改動，必須是老巴，或用老巴的名義，用另外的人的名義是不行的。註46

需要特別指出：巴金文學實踐的一個強大精神動力來自「五四」第一代作家的言傳身教，尤其是魯迅先生，巴金自覺地站在魯迅那種現實批判精神的旗幟下，以魯迅為榜樣來從事編輯出版和文學工作的，對於巴金來說，與魯迅的交往使得他與五四新文學的精神傳統有了象徵意義的連通，他也成為一個承續五四精神並將之發揚下去的一個關鍵性人物註47。巴金對魯迅也有著特殊的尊敬，蕭乾曾回憶：

　　　　巴金平素態度安詳，很少激動。但是遇到重大問題，他也會頭上青筋凸起，滿臉通紅，疾言厲色地拍案大叫。這就發生在魯迅先生逝世的次晨，當時《大公報》在第三版上以「短評」方式向魯迅先生遺體戳了一刀。巴金氣得幾乎跳了起來，聲音大得把房東太太都嚇壞了。也就是那天，當他一聽說我已經找報館老闆抗議並且提出辭職時候，他立刻給了我有力而具體的支持，要我為文化生活出版社翻譯屠格涅夫。註48

　　魯迅總是用無言的行動支持著青年一代，他把自己晚年的幾本重要的書稿都交給了文生社，更令巴金感動的是魯迅答應巴金將《故事新編》編入「文學叢刊」：「過兩天他託一個熟人來通知我集子的名字和內容，說是還有三四篇文章沒有動筆寫，等寫好就給我送來。這就是他的最後一個小說集子：歷史短篇集《故事新編》。那時〈出關〉剛寫成，他的身體又不大好，我預計他短期內不可能編好這個集子。哪曉得不久書店刊登廣告說是《文學叢刊》第一集十六冊在舊曆年前出齊，魯迅先生看見廣告就著急起來，他對人說，他不願意耽誤書店的出版計劃，他得趕寫，所以在一個月內就把幾個短篇全寫好，編好集子送來了。」註49魯迅還為剛剛創辦不久的出版社拉過稿，並且表現出對巴金他們的充分信任，1935年

9月10日魯迅致信蕭軍談的就是這件事情，文生社出了蕭軍、蕭紅很多書，與魯迅最初的牽線不無關係吧：

　　劉兄：

　　　　有一個書店，名文化生活社，是幾個寫文章的人經營的，他們要出創作集一串，計十二本。願意其中有你的一本，約五萬字，可否編好給他們出版，自然是已經發表過的短篇。倘可，希於十五日以前，先將書名定好，通知我。他們可以去登廣告。

　　　　這十二本中，聞係何谷天，沈從文，巴金等之作，編輯大約就是巴金。我是譯文社的黃先生來託我的。我以為這出版社並不壞。此布，並請

　　儷安

　　　　　　　　　　　　　　豫　上　九月十夜

巴金（左一）與其他青年作家為魯迅抬棺，抬棺者的身份後來成為一種傳承魯迅精神的象徵。

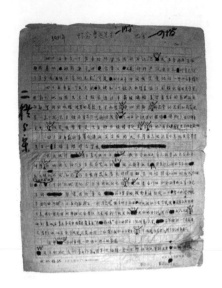

1981年所寫的〈懷念魯迅先生〉手稿第一
頁，歷經磨難，巴金再次表示要繼承魯迅
「講真話」的精神。

　　巴金終生難忘的還有在「兩個口號」的論爭中，有人借他的信仰
說事兒，魯迅仗義執言替他辯護，高度評價了他：「巴金是一個有熱
情的有進步思想的作家，在屈指可數的好作家之列的作家，……」[註50]
對巴金來說更重要的是從魯迅這裏學到了「為了真理，敢愛，敢恨，
敢說，敢做，敢追求……」[註51]的精神並終生受益。

　　1936年10月19日巨星隕落，巴金悲傷地寫道：

> 　　我站在靈前，望著他那慈祥的臉，我想著我個人從他那
> 裏得過的恩惠，我想著他那充滿困苦和鬥爭的一生，我想著
> 他對青年們的真誠的愛，我想著他對中國人民的關切和對
> 未來中國的期望，……我控制不住自己的眼淚，……在困苦
> 中，在絕望中，我每一想到那靈前的情景，我又找到了新的
> 力量和勇氣。對我他的一生便是一個鼓舞的泉源，猶如他的
> 書是我的一個指路者。沒有他的《吶喊》和《彷徨》，我也
> 許不會寫出小說。[註52]

>>> 注釋

註1：巴金：〈鬼棚尾〉，《全集》第12卷第176、176、177頁。

註2：巴金：〈薛覺先〉，《全集》第12卷第174頁。

註3：巴金：〈知識階級〉，《全集》第12卷第473頁。

註4：巴金：〈沉落〉，《全集》第12卷第465、465-466頁。

註5：巴金：〈《論語》的功勞〉，《全集》第12卷第483頁。

註6：巴金：〈關於《激流》〉，《全集》第20卷第682頁。

註7：王易庵：〈巴金的《家·春·秋》及其它〉，李存光編〈巴金研究資料〉下卷第585頁，福州：海峽文藝出版社1985年版。

註8：季羨林1933年8月20日日記，《紅》第263頁，華藝出版社2008年5月版。

註9：轉引自巴金：〈關於《激流》〉，《全集》第20卷第674頁。

註10：巴金：〈關於《激流》〉，《全集》第20卷第681頁。

註11：李堯東：〈大哥其人其事〉，汪致正主編《巴金的兩個哥哥》第76頁，人民文學出版社2005年版。

註12：紀申：〈我記憶中的大哥〉，汪致正主編《巴金的兩個哥哥》第48頁。

註13：參見李采臣〈懷念大哥〉，汪致正主編《巴金的兩個哥哥》第58頁。

註14：巴金：〈談《春》〉，《全集》第20卷第434頁。

註15：參見巴金：〈談《秋》〉，《全集》第20卷第444頁。

註16：轉引自巴金：〈談《秋》〉，《全集》第20卷442-443頁。

註17：參見巴金：〈關於《激流》〉，收《全集》第20卷。

註18：巴金：〈談《春》〉，收《全集》第20卷第427-428頁。

註19：巴金：〈關於《激流》〉，《全集》第20卷678頁。

註20：巴金：〈關於《激流》〉，《全集》第20卷681-682頁。

註21：巴金：〈談《春》〉，收《全集》第20卷第424、425頁。

註22：巴金：〈關於《激流》〉，《全集》第20卷682-683、682頁。

註23：見巴金《家》第五章〈母與女〉，《中國新文學大系1927-1937》第九集，上海文藝出版社1984年5月版，40頁。此大系所收《家》依據的是1933年5月上海開明書店初版本。本文所引用的《家》的文字，均據此本。

註24：巴金《家》之第九章〈祖孫兩代〉，79頁。

註25：趙園：《艱難的選擇》第284、299頁，《艱難的選擇》，上海文藝出版社1986年9月版。

註26：茅盾：〈封建的小市民文藝〉，《茅盾全集》第19卷第368、371頁。

註27：吳朗西的情況參見喬麗華《吳朗西畫傳》，中國福利會出版社2004年10月版。

註28：轉引自喬麗華《吳朗西畫傳》第73頁。

註29：吳朗西：〈文生瑣憶〉，轉引自喬麗華《吳朗西畫傳》第81-82頁。

註30：參見李濟生編著《巴金與文化生活出版社》一書，上海文藝出版社2003年版。

註31：吳朗西：〈文化生活出版社的資金來源〉，《吳朗西先生紀念集》第302、302、304頁。

註32：李濟生：〈文化生活出版社始末〉，收李濟生編著《巴金與文化生活出版社》第42頁。

註33：司馬長風：《中國新文學史》中冊第12頁，香港昭明出版社1978年11月再版。

註34：譯文叢書廣告，轉引自李濟生編著《巴金與文化生活出版社》第51頁。

註35：魯迅1934年12月6日致孟十還信，《魯迅全集》第12卷第582頁。

註36：文化生活叢刊廣告，轉引自李濟生編著《巴金與文化生活出版社》第51頁。

註37：巴金：〈刊行「文化生活叢刊」緣起〉，原載1935年9月20日《申報》，現收《全集》第18卷第363-364頁。

註38：曹禺1990年10月3日致巴金，《曹禺全集》第6卷492頁，花山文藝出版社1996年7月版。

註39：曹禺1983年1月5日致巴金，收《沒有說完的話》381頁，山東友誼出版社1998年12月版。

註40：周文翰等採寫：〈後輩文人追憶巴老出版《隨想錄》、倡立現代文學館等事蹟〉，上海巴金文學研究會編《巴金紀念集》第31頁，上海文藝出版社2006年10月版。

註41：周作人：〈文學研究會宣言〉，《周作人文類編・本色》第50-51頁，湖南文藝出版社1998年9月版。

註42：蕭乾：〈摯友、益友和畏友巴金〉，《蕭乾文集》第4卷第261頁，浙江文藝出版社1999年版。

註43：黃裳：《錦帆集・後記》，《黃裳文集》錦帆卷第82頁，上海書店出版社1998年4月版。

註44：黃裳：《錦帆集・後記》，《黃裳文集》錦帆卷第83頁。

註45：焦菊隱1950年1月2日致巴金，上海巴金文學研究會整理《寫給巴金》第105頁，大象出版社2008年4月版。

註46：麗尼1950年5月10日給李濟生的信，收李濟生編著《巴金與文化生活出版社》第8-9頁。

註47：對此，可參見陳思和《人格的發展──巴金傳》第五章「文學新生代」一節。

註48：蕭乾：〈摯友、益友和畏友巴金〉，《蕭乾文集》第4卷第254頁。

註49：巴金：〈魯迅先生就是這樣的一個人〉，《全集》第15卷第245頁。

註50：魯迅：〈答徐懋庸並關於抗日統一戰線問題〉，《魯迅全集》第6卷第536頁，人民文學出版社1981年版。

註51：巴金：〈懷念魯迅先生〉，《全集》第16卷第343頁。

註52：巴金：〈憶魯迅先生〉，《全集》第14卷第6頁。

四、抗戰與改革

1921 年在〈愛國主義與中國人到幸福的路〉一文中，巴金寫道：「我承認『愛國主義』是人類今後的障礙，我既為人類中之一分子，便不能昧著良心不去反對它……」[註1]但他三十年代的小說，特別是抗戰後的小說則是旗幟鮮明地表達出一種愛國的立場，到1941年更明確地說：「我雖然信仰從外國輸入的『安那其』，但我仍然是一個中國人，我的血管裏有的也是中國人的血。有時候我不免要站在中國人的立場上看事情，發議論。」[註2]這段話被認為是巴金放棄無政府主義的立場走向愛國主義的表白，我認為不能這麼簡單地看這個問題，尤其不能把一個人的生活與他的信仰關係如此簡單論斷。一個人倘若不是生活在真空中，他的思想信仰就不可能凝固不動，而變化了也不能認為是背叛了以前的信仰，關鍵要看他的思想是沿著以往的軌道在運行，還是完全改變了方向，如果是前者，只能說他信仰做了調整而不是改變。另外，如果你把研究對象看作一個有血有肉的人而不是印刷出來就不能修改的圖書，那麼還應當看到在信仰的世界之外，他還有更為廣泛的生活世界，比如日常生活、親友交際、工作職業等等，這些構成了人行為的不同層面，當然也會相互交織、矛盾統一，哪怕是一個虔誠的教士也會有信仰世界以外的生活，這個生活完全有可能與信仰平行前進，也可能產生衝突但又統一在這個人的行為中，對此都不能

簡單地就認為他放棄了信仰。巴金與信仰的關係也處在這樣複雜的糾結中，尤其是抗戰以後，無政府主義幾乎沒有任何公開活動的機會，到建國後這個詞甚至與「反動」聯繫著，更不能簡單地依據巴金宣稱什麼來斷定他的信仰變化。

對於民族和國家的危機，巴金和他同時代的知識份子不論信仰如何，他們的切身感受是不可能不影響人生選擇的。他們出生時便處在深重的民族危機和國家危亡之中，巴金說他一直記得五月七日和九日這兩個國恥日：

> 我還記得我十二三歲的時候在成都買過一種「良心印花」，貼在自己用的書上。這種印花比普通的郵票稍微大一點，當中一顆紅心，兩邊各四個字：「萬眾一心」和「勿忘國恥」。據說外國人譏笑我們是「一盤散沙」，而且只有「五分鐘的熱度」，所以我們發售這種印花以激勵自己。我那個時候是一個狂熱的愛國主義者。後來我相信了無政府主義，但愛國主義始終丟不掉，因為我是一個中國人，一直受到各種的歧視和欺凌，我感到不平，我的命運始終跟我的祖國分不開。註3

在巴黎的時候，作為中國人所遭受到歧視也是巴金的切身之痛。1931年的「九·一八」更讓巴金震驚，他甚至提筆寫下了好久不曾寫過的詩：

> 給武士們當槍靶子的生活也過得很夠了！
> 我們的血管裏還流著人的血，
> 我們的胸膛裏還跳著人的心：
> 我們要站起來，像一個人。註4

　　巴金不能容忍的是人的尊嚴和自由受到了侵犯，他在〈我們〉一文中藉一對失去父母的少年之口發出了絕望的控訴：「哥哥，我們和他們不是一樣的人嗎？在這個世界上不全是一樣的人嗎？……為什麼別人的孩子就有光，有熱，有花，有愛，我卻應當做槍靶子呢？為什麼我們的親人要被他們殺死，我們的房屋要被他們燒光呢？」註5不足半年，文字所描述的一切來到了巴金的眼前。1932年1月28日，日本海軍陸戰隊進攻上海，巴金還在南京看朋友。炮火造成閘北大火、商務印書館被炸。2月5日下午，巴金從南京乘船回滬，當船駛進吳淞口，要靠近浦東碼頭時，他看見：

> 　　北面的天空被黑煙遮住了。這黑煙不住地向南擴張，一層蓋上一層，快要遮蔽了整個的天空。炮聲隆隆地怒吼，中間夾雜著機關槍密放的聲音。許多人發出了驚恐的叫喊。一個女人的尖銳的聲音說：「天呀，怎麼得了？」註6

　　日軍的轟炸，把巴金所住的寶光里14號那條街變成了一片火海，巴金的住處也遭到炮彈襲擊，他曾為之付出心血的鴻興坊的世界語學會也成了一片焦土註7。準備在《小說月報》上刊載的小說《新生》的原稿也隨商務印書館的被炸變成灰燼。戰火稍熄，巴金回到舊居取東西的經歷也刻骨銘心：「在一堵殘缺的牆壁下，瓦礫中躺著好幾具焦黑的屍體。身子那樣小，而且蜷曲著，完全沒有人的樣子。然而活著的時候，他們分明是人，跟我一樣的、並且生活在我周圍的人呀！」註8巴金曾經說過：「有一次只要我捏緊拳頭就會送掉我的性命，但這一切我終於忍受下去了。」註9縱有萬般屈辱和憤怒也不能自由表達，巴金此時創作的《海的夢》雖然以「高國佔領」來控訴日軍的侵略，但他不得不為小說加上「給一個女孩的童話」這樣一個自我保護的標題才能發表，這哪裏是童話啊！

巴金與日本友人一家，1935年1月攝於日本橫濱，這次旅居日本的短暫時光，給他留下很多不好的印象。

　　1934年11月到1935年8月旅居日本期間，巴金的民族主義情緒在屈辱中再一次加重。「一九三五年我在日本東京非常想念祖國，感情激動、坐臥不安的時候，我翻譯了屠格涅夫的散文詩《俄羅斯語言》。他講『俄羅斯語言』，我想的是『中國話』，散文詩的最後一句：『這樣的語言不是產生在一個偉大的民族中間，這絕不能叫人相信。』我寫《火》的時候，常常背誦這首詩，它是我當時『唯一的依靠和支援』。我一直想著我們偉大而善良的人民。」[註10]故國之思，在日本不愉快的生活經歷使他在尋找精神依靠。巴金在日本經常不意遭到警察盤問，在橫濱時，每天大清早警察就來找他，問他的哥哥叫什麼名字諸如此類的問題，每次問一兩句，都是突然襲擊，審問一般，帶給巴金的壓抑和屈辱可想而知。1935年2月下旬他去了東京，卻並沒有擺脫掉這種屈辱感。武田懇切地表示挽留，也有人警告他遷到東京，不出兩個月就會給「捉將官裏去」，但血氣方剛的巴金哪裏怕這些。在東京是另外一種遭遇和另外一種氣氛。「在東京我住在中華青年會的宿舍裏面，一個人一間屋，房間不大不小，陳設簡單，房裏有個兩層的大壁櫥，此外還有一張鐵床，一張小小的寫字桌和兩三把椅子。樓上房間不多，另一面還有一間課堂，白天有一位教員講授日語，晚上偶爾有人借地方開會。樓下有一間大禮堂，每個月總要在這裏舉行兩次演講會。我初來的時期杜宣、吳

天他們正在大禮堂內排曹禺的《雷雨》，他們通常在晚上排練，我在房裏聽得見響動。 樓下還有食堂，我總是在那裏吃客飯。每天三頓飯後我照例出去散步。」「中華青年會會所在東京神田區，附近有很多西文舊書店，可以説我每天要去三次，哪一家店有什麼書，我都記熟了，而且我也買了不少的舊書，全放在兩層的大壁櫥裏面。」註11除了舊書外，還有幾位朋友也可以慰藉在橫濱的寂寞，「在東京我有幾個中國朋友，除了在早稻田大學念書的廣東人外，還有兩個福建人，他們租了一幢日本房子，樓上讓給兩位中國女學生住。這些人非親非戚，這樣住著，引起了日本人的注意。還有，我曾經坐省線電車到逗子，轉赴葉山去看梁宗岱、沈櫻夫婦，在他們家住過一晚。還有，卞之琳從北平到日本京都，住在一位姓吳的朋友那裏，他也曾到東京來看我。」註12於是，「刑事」又來了，是便衣偵探。在來東京之前，他就寫了幾篇雜感，一洩心中的怒火：

收在《點滴》中的文章絕大多數都是一九三五年在日本寫的，那個時候中國人在日本經常受歧視，我感到不痛快，拿起筆就有氣，〈幾段不恭敬的話〉便是為「洩氣」而寫的。而且早在一九二六年我就想寫這樣一篇文章了。當時我讀了日本小説家芥川龍之介的《長江遊記》，他寫得太厲害了，引起了我的反感，特別是他那樣公開的指責：

現代的中國有什麼東西？政治，學問，經濟，藝術，不是全都墮落了嗎？尤其是藝術，嘉慶、道光以來果真有一件可以自豪的作品嗎？

八年以後我的氣還未消，終於在一九三四年年底寫了這樣一篇洩氣的雜文，署名「余一」，在陳望道先生主編的

《太白》月刊上發表了。這文章寫得早一些，刊出時未遇到一點阻力，幾個月後我在東京為上海的《漫畫生活》寫的一篇雜感〈日本的報紙〉就無法與讀者見面，連手稿也找不回來了。註13

　　日本的知識份子也對中國持有偏見、不屑的態度，乃至屈服於軍國主義的權威之下，充當其馬前卒的姿態也讓巴金忍無可忍。一位朋友請他教中國話，但是號稱支那語界權威所編出的課本充滿著的殖民主義思想：

　　　　「支那語界」的權威在中國話的課本裏夾用了不少滿洲的口音，土話，材料。而同樣教科書的《時文篇》（宮越，清水兩氏合編）裏竟堂皇地選入了法令，外交部宣言，聲明書，時評等等，若不看內容誰也想不到這些全是偽滿洲國政府組織法，偽滿洲國外交部宣言，偽滿洲國報紙的時評，以及溥儀的即位詔書。這又是一種障眼法罷。更奇怪的是杉氏編的教科書的《作文篇》裏會有「我愛滿洲國好像愛我的身體一般」的話。這是從日本人的嘴說出來的。杉氏在他的《最新

前記

我的雪在美國出版這是第三部了，不過第一部並不是小說。

這本小說為什麼要在美國出版呢？只是為了紀念一個舊金山的友人他給我出版這一本別的出版家不肯承印的作品我務着感激和戚顏把這本書獻給他。

作　者

中篇小說《萌芽》被禁後，改名《雪》託名在美國舊金山出版，這是圖書檢查制度下作家被迫採取的方法，無意中卻造就了一個今天看來非常有珍藏價值的小說版本。

支那語講座》開講辭裏又說過：「……這樣以共存共榮的對華政策卻白白地招來排日打倒帝國主義的喊聲作報酬。」這意義不是很明顯的嗎？註14

　　東京的另外一種氣氛也讓巴金厭煩，隨著偽「滿洲國」的「皇帝」溥儀四月初將到東京訪問，「日本報紙開始為這場傀儡戲的上演大肆宣傳，製造輿論，首先大罵中國人。」註15不久，實際的麻煩也跟來了，它徹底破壞了巴金對日本殘留的一點美好印象。在溥儀到東京的前兩天，一大早兩個福建朋友半夜裏被帶走了。「刑事」們還在他們那裏搜查了一通。得到消息後，巴金清理了自己的一些信件和藏書，「這樣忙碌了之後，我感到疲乏，便躺倒在床上。腦子哪裏肯休息，我就利用這一段空閒時間清理思想，把我在日本編造的自己的經歷和社會關係也好好理一下，什麼事該怎麼說，要記清楚，不能露出破綻。我也回憶了梁宗岱夫婦的事和卞之琳到東京看我的事。我想，要是他們問起，我全可以老實地講出來，用不著害怕。」註16然後照舊逛西文舊書店。事情出在半夜裏：

　　　　忽然我從夢中驚醒了。我朝房門看，門開了，接著電燈亮了，進來了五個人，二宮就在其中。「他們」果然來了。我馬上跳下床來。於是「他們」開始了搜查：信抽出來看了；壁櫥裏的書也搬出來翻了。他們在我這個小房間裏搞了一個多小時，然後叫我鎖上門跟他們一起到警察署去。
　　　　在警察署裏開始了「審訊」，審訊倒也簡單，「問官」要問話，我早就猜到了，梁宗岱、卞之琳、葉山、京都……「他們」在我的答話裏抓不到辮子，不久就結束了「審訊」，向我表示歉意，要我在他們那裏睡一晚，就把我帶到下面拘留所去，從凌晨兩點到下午四點，整整關了十四個小時。

從我半夜裏睜開眼睛看見「他們」推門進來，到我昂頭走出神田區警察署，「看見落日的餘光」，這其間的經過清形，我詳細地寫在短篇〈人〉裏面了，沒有必要在這裏重述。註17

後來巴金才知道他給帶到警察署去的時候，在葉山，梁宗岱家裏也有人進去搜查，在京都卞之琳也遇到一點麻煩。人權沒有了保障，巴金在東京住下去的興趣也不大了。而且巴金也在懷疑他來日本的目的了，有一次他和梁宗岱一邊往車站走，一邊在談論著貝多芬、尼采，悲劇與音樂、夢與醉，巴金看到漫天繁星，不禁讚歎道：好一天的星啊！梁也在仰望，兩個人默默無語，大概是思鄉之情油然而生。巴金接著感慨道：「這時候彷彿就在中國。」但是在國內遭受了創傷，為了戀愛與自由被放逐到日本的梁宗岱卻說：「中國哪裏會有這樣安靜的地方？」他這話引起了巴金深深地思索：「梁為了要呼吸比較自由的空氣，到這個櫻花的島國來了。在他的觀點上說，他的確得到了那樣的東西，在松林中的安靜生活裏他們夫婦在幸福中沉醉了。」「但是我呢？我為什麼要來到這個地方？我所要求的自由這裏不是也沒有嗎？離開了崎嶇的道路到一個陌生的地方來求暫時的安靜，在一些無用的書本裏消磨光陰：我這樣的生活不就是放逐的生活嗎？」註18不久，吳朗西、伍禪在上海創辦文化生活出版社要巴金回去參加編輯工作，他就離開日本了。更為重要的是這樣的親身經歷作為一種黑暗的記憶使得他在以後對於侵略者的壓迫和殘酷又多了一層切身的感受。

在離開日本之前，巴金還去看望了有影響的無政府主義者石川三四郎，對日本社會的政治高壓的情況有了更深一層的感受：

我站在千歲村農家茅屋門前的時候，法西斯的魔影已經像黑雲一般地把天空玷污了。甚至在這田園中我們也呼吸不

到自由的空氣。你帶著憤慨地告訴我你所遭受到的一切迫害。以前歡迎過你的文章的各雜誌現在也不敢再發表你的片紙隻字了。連你所翻譯的一部敘述人類起源和社會演進的名著，也不能夠續出第二冊。你從前曾在好幾萬工人的面前作過熱烈的講演。但是如今連那個以團結的力量震驚了全日本的、代表數十萬工人的工會也被打擊到只能夠秘密存在了。在去千歲村的途中百合子姑娘告訴我許多事情。她有一句憤慨的話至今還深印在我的腦際。「我現在只能夠跳舞了，」……註19

　　巴金對革命者的沉默和忍耐另有看法，他認為這個時候不去發動人民來反抗是放棄了革命者的責任，是姑息養奸縱容了法西斯，這個觀念正是巴金這一代無政府主義者在現實形勢面前的反應，1927年在〈無政府主義與實際問題〉一文中，巴金表示：「說無政府主義者反對戰爭吧，但無政府主義者所反對的只是軍閥政客為爭利奪權而起的戰爭，假若被壓迫者反抗壓迫者的戰爭，我們是主張的。為自衛而戰，為自由而戰，馬拉鐵斯達且認為這『戰爭是必要而神聖的』。甚而至於殖民地脫離『母國』的戰爭，弱小民族反抗強國的戰爭，雖然其目的與我們的理想不同，但我們也並不反對。」註20所以對待抗擊法西斯的奴役，他的態度很明確：「人民在一個決定的時期的懦弱，雖然常常招來慘禍，甚至延長了殘暴的統治，可是這慘禍也不能將人民對於自由的渴望和爭自由的力量完全粉碎。人民是要永久存在下去的，而且在任何時代都要為爭自己的獨立而鬥爭。我們的全歷史就是一部人民爭自由的歷史。」註21這是巴金對於抗戰的基本態度，它超越了國家和民族的具體界限，從人民爭取自由、反抗奴役的角度來思考問題，可以說仍然是一個無政府主義的戰爭觀。對於巴金來說，他不做這場戰爭的旁觀者和反對者，而是參與者，甚至像當年他們設計國民革命的藍圖一樣，通過

民眾運動把戰爭引到無政府主義革命上來。有人說抗戰改變中國現代思想的進程，使整個社會意識從個人主義到集體主義，使啟蒙壓倒了救亡，這可能是社會發展的大趨向，但仔細分析巴金的思想軌跡可以看到：首先，他早就確信個人應當在眾人中找到自己的工作和實現自己的理想。其次，他認為抗戰只是一道「門」，跨過它還要往前走，還要掀起社會革命才行，也就是說，他仍舊牢牢地堅持著「五四」的啟蒙立場：

> 我從沒有懷疑過「抗X」的路。我早就相信這是我們目前的出路。我所看見的大眾的路裏就包含著爭取民族自由的鬥爭。……但是大眾的路也並非簡單的「抗X」二字所能包括。單提出「抗X」而不去想以後怎樣，還是不能解決問題。我們且把「抗X」比作一道門，我們要尋到自由和生存，我們要走向光明，第一就得跨進這道門。但跨進門以後我們還得走路。關於那個時候的步驟，目前也該有所準備了。因為我們誰都不是狹義的愛國主義者，而且近年來歐洲大陸已經給了我們不少有益的例子。註22

那麼「歐洲大陸」的「有益例子」是什麼呢？巴金指的是西班牙的反法西斯鬥爭，這是令所有無政府主義者感到振奮的消息。在抗戰初期，巴金譯出了一套「西班牙問題小叢書」，它們分別是《西班牙的鬥爭》（若克爾著）、《戰士杜魯底》（高德曼等著）、《一個國際志願兵的日記》（阿柏爾·米寧著）、《西班牙》（A·蘇席著）、《西班牙的日記》（加羅爾·羅塞利著）、《巴塞洛那的五月事變》（A·蘇席作），這套書反映了西班牙乃至歐洲的安那其主義者在西班牙反法西斯戰爭中的所作所為。在抗戰進行的同時醞釀一場革命，由抗戰造就一個新的民族和新的中

圖一：抗戰時期關注西班牙的事情也是有意而為。此為《西班牙的血》書影（1938年4月平明出版社初版本）。

圖二：巴金長篇小說《火》是一部宣傳的書，為抗日宣傳是當時作家無法躲避的社會責任。

圖三：《感想》記錄了抗戰初期一個中國知識份子的決心和意志，此為烽火社1939年7月初版本書影。

圖四：中篇小說《還魂草》（文生社1942年4月重慶初版，1945年12月上海再版本書影），此書記錄下抗戰中國人的生活和精神的側影。

國，這是無政府主義一再強調的社會革命的思路。巴金說：「我們都知道西班牙的戰爭不是普通的內戰，而是一個革命。我以為中國這次的抗戰也含有革命的意義。」[註23]他以西班牙革命為例子說：「我們過去的政治的機構是不行的。我們在這方面需要著大的改革……」因此，他認為應該提出的口號是「抗戰與改革」，「這兩者是應該同時進行的。」[註24]

戰爭不是口號，而是「身經百炸」的生死考驗，是顛沛流離的苦難生活，抗戰期間，巴金輾轉廣州、桂林、昆明、重慶、貴陽等地，雖然生活困難，條件簡陋，可在炮火下面仍然沒有放棄一個文化人的職責：寫文章，編刊物，出版圖書，在那個環境中以韌性的

1940年4月開明版《秋》，此為作者製作的少量的饋贈親友的特裝本。

精神艱難地將文化的火種傳播開來。在這樣顛沛流離的生活中，支援巴金的是「祖國永不會滅亡」的堅強信念，還有巴金說的「溫暖的友情」[註25]。閱讀巴金這段時間的作品，不難發現，在幾部作品中，他都不約而同地提到「一個朋友」。如《火》第一部後記中，他說：「另外一個朋友給我供給了傷兵醫院的材料。……那個朋友的敘述倒給我那一章小說添了不少的真實性，我應該感謝她。」[註26]在《火》第二部後記中，他接著感謝：「為這事情我應當感謝兩個朋友：一是L.P.，她給過我很多的鼓勵……」[註27]在《秋》的序言中，他也說：「我不敢比擬偉大的心靈，不過我也有過友情的鼓舞，而且在我的鬱悶和痛苦中，正是友情洗去了這本小說的陰鬱的顏色。是那些朋友的面影使我隱約地聽見快樂的笑聲。我應該特別提出四個人：遠在成都的WL，在石屏的CT，在昆明的LP，和我的哥哥。沒有他們，我的《秋》不會有這樣的結尾……」[註28]這個屢屢出現在巴金作品中的LP是誰現在已經不是什麼秘密了，他就是巴金當時的未婚妻蕭珊。在那段艱苦歲月中蕭珊的出現給巴金帶來了生活的亮色和溫暖的精神支持。後來，當有朋友批評巴金的《旅途通訊》寫得不好時，巴金卻對這兩冊小書有著特殊的感情，在那些文字中他閱讀著自己的內心秘密：

　　　　她陪著我經歷了各種艱苦生活。在抗日戰爭緊張的時期，我們一起在日軍進城以前十多個小時逃離廣州，我們從廣東到廣西，從昆明到桂林，從金華到溫州，我們分散了，又重見，相見後又別離。在我那兩冊《旅途通訊》中就有一

部分這種生活的記錄。……我決定不讓《文集》重版。但是
為我自己，我要經常翻看那兩小冊《通訊》。在那些年代每
當我落在困苦的境地裏、朋友們各奔前程的時候，她總是親
切地在我的耳邊說：「不要難過，我不會離開你，我在你的
身邊。」的確，只有在她最後一次進手術室之前她才說過這
樣一句：「我們要分別了。」註29

他們兩個人相識在抗戰前：

　　她是我的一個讀者。一九三六年我在上海第一次同她見
面，一九三八年和一九四一年我們兩次在桂林像朋友似地住
在一起。一九四四年我們
在貴陽結婚。我認識她的
時候，她還不到二十，對
她的成長我應當負很大的
責任。她讀了我的小說，
後來見到了我，對我發生
了感情。她在中學念書。
看見我之前，因為參加
學生運動被學校開除，回
到家鄉住了一個短時期，
又出來進另一所學校。倘
使不是為了我，她三七、
三八年可能去了延安。她
同我談了八年的戀愛，後
來到貴陽旅行結婚，只印
發了一個通知，沒有擺過

1936年8月蕭珊給巴金的照片，背面寫道：
「給我敬愛的先生留個紀念。」當時蕭珊是
一位思想進步的高中生，巴金說：「她讀了
我的小說，給我寫信，後來見到了我，對我
發生了感情。」

一桌酒席。從貴陽我們先後到重慶，住在民國路文化生活出版社門市部樓梯下七八個平方米的小屋裏。她托人買了四隻玻璃杯開始組織我們的小家庭。註30

蕭珊的身影出現在巴金的生活中，也很快出現在他的作品裏，「長篇小說《火》中有一位性格活潑的少女，她叫馮文淑。馮文淑也就是蕭珊。第一部裏的馮文淑是八·一三戰爭爆發後的蕭珊。參加青年救亡團和到傷兵醫院當護士都是蕭珊的事情，她當時寫過一篇〈在傷兵醫院中〉用慧珠的筆名發表在茅盾同志編輯的《烽火》週刊上，我根據她的文章寫了小說的第二章。這是她的親身經歷，那時不過是一個高中學生，參加了一些抗戰救國的活動。倘使不是因為我留在上海，她可能像馮文淑那樣在中國軍隊撤出以後參加戰地服務團去了前方。」

蕭珊伴著巴金在戰火中流轉，從廣州到桂林，到1939年年初，在經歷了桂林大轟炸之後，「⋯⋯我和蕭珊又坐火車到金華轉溫州，搭輪船回上海。在溫州我們參觀了江心寺，對文天祥的事蹟印象很深，我有很多感慨。」註31戰火中的片刻寧靜時光，巴金是和蕭珊在一起度過的。1939年暑假過後，蕭珊到昆明入西南聯大外文系就讀，巴金躲在成為「孤島」的上海寫作《秋》，完成後1940年7月他到昆明去看蕭珊，他住在開明書店昆明分店經理盧芷芬安排的「靜寂的園子」中，在將近三個月的時間裏，靜心寫完了《火》的第一部，巴金回憶當時生活：

頗見蕭珊性格的一張照片，1939年8月29日攝於昆明金殿樹上。

　　住下來的頭兩個月我的生活相當安適，除了蕭珊，很少有人來找我。蕭珊在西南聯合大學念書，暑假期間，她每天來，我們一起出去「遊山玩水」還約一兩位朋友同行。武成路上有一間出名的牛肉鋪，我們是那裏的常客。傍晚或者更遲一些，我送蕭珊回到宿舍。早晚我就在屋子裏寫《火》。我寫得快，原先發表過六章，我在上海寫了一章帶出來，在昆明補寫了十一章，不到兩個月就把小說寫成了。雖然不是成功之作，但也可以說是一個意外的收穫。對這本書的完成，盧先生給我幫了不少的忙，他不但替我找來在《文叢》上發表過的那幾章，小說脫稿以後他還抄錄一份寄往上海。我住在武成路的時候，他早晚常來看望。後來敵機到昆明騷擾、以至於狂炸，他們夫婦還約我（有時還有蕭珊）一起到郊外躲警報。我們住處離城門近，經過一陣擁擠出了城就不那麼緊張了。我記得有一次我們在郊外躲了兩個鐘頭，在草地上吃了他們帶出去的午餐。註32

圖左：巴金（上排右一）、蕭珊（左二）、沈從文（右二）、張兆和（左一）等人在昆明西山，當時蕭珊在西南聯大讀書，沈從文在那裏教書。

圖右：1938年攝於桂林，在這裏巴金目睹了日本轟炸引起的大火，感受了生命的脆弱，卻也堅定了做事的決心。

1941年7月，第二次到昆明，巴金完成了《龍・虎・狗》中的大多數散文，這是巴金散文中的精品，也是體現他生命探索、人生感悟的傑作，在他的寫作中，身邊不時有蕭珊和她的同學們的歡笑聲：

　　　　我第二次到昆明在第二年（一九四一）七月，也是為了看望蕭珊。她已經搬出聯大宿舍，和幾個同學在先生坡租了房子，記得是樓上的三間屋子，還有平臺。我一九四三年在桂林寫《火》第三部時，常常想起這個住處，就把它寫進小說，作為那個老基督徒田惠世的住家。「這是一排三間的樓房，中間是客廳，兩旁是住房，樓房外有一道走廊，兩間住房的窗外各有一個長方形的平臺，由廊上左右的小門出入。」樓下住著抽鴉片煙的房東。蕭珊她們三個女同學住裏面的一間，三個男同學住外面的一間。我來的時候，蕭珊的一個女同學和兩個男同學剛去路南縣石林參觀，她留下來等我，打算邀我同去。誰知我一到昆明，就發燒、頭昏、無力，不得不躺下來一連睡了幾天。
　　　　那些日子裏我的生活很平靜，每天至少出去兩次到附近小鋪吃兩碗「米線」，那種可口的味道我今天還十分懷念。當然我們也常常去小館吃飯，或者到繁華的金碧路一帶看電影。後來蕭珊的同學們遊罷石林歸來，我們的生活就熱鬧起來了。雖然雨給我們的生活帶來一些不便（我們不是自己燒飯，每天得去外面餵飽肚子；雨下大了，巷子裏就淹水；水退了，路又滑，走路不小心會摔倒在泥水地上，因此早晚我不外出），可是在先生坡那座房子的樓上我感到非常安適，特別是在早晨，我對窗外的平臺，讓我的思想在過去和未來中海闊天空地往來飛騰。當時並沒有人號召我解放思想，但我的思想已經習慣了東奔

西跑、橫衝直撞。它時而進入回憶、重溫舊夢，時而向幻想
叩門，闖了進去。註33

　　經過八年相戀，在那個戰火紛飛的歲月裏，巴金終於組建了自
己的家庭，「我們沒有舉行任何儀式，也不曾辦過一桌酒席，只是
在離開桂林前委託我的兄弟印發一份『旅行結婚』的通知。」1944
年5月8日，他和蕭珊兩個人在貴陽郊外的「花溪小憩」舉行了特別
的「婚禮」：

　　　　我們結婚那天的晚上，在鎮上小飯館裏要了一份清燉雞
　　和兩樣小菜，我們兩個在暗淡的燈光下從容地吃完晚飯，散
　　著步回到賓館。賓館裏，我們在一盞清油燈的微光下談著
　　過去的事情和未來的日子。我們當時的打算是蕭珊去四川旅
　　行，我回桂林繼續寫作，並安排我們婚後的生活。我們談
　　著，談著，感到寧靜的幸福。四周沒有一聲人語，但是溪水
　　流得很急，整夜都是水聲，聲音大而且單調、那個時候我對
　　生活並沒有什麼要求。我只是感覺到自己有不少的精力和感
　　情，需要把它們消耗。我準備寫幾部長篇或中篇小說。
　　　　我們在花溪住了兩三天，又在貴陽住了兩三天。然後我
　　拿著親戚的介紹信買到郵車的票子。我送蕭珊上了郵車，看
　　著車子開出車場，上了公路，一個人慢慢走回旅館。註34

巴金與蕭珊結婚的花溪小憩今景，相戀八
年，身經戰火，沒有儀式，沒有祝賀的親
朋，兩個人平靜地走到了一起。

巴金致蕭珊信（殘簡），這是目前所見巴金給蕭珊最早的一封信。

一個流浪的人終於有了一個安定的家，不知道巴金是否還記得1937年的春天，他寫給蕭珊的信：

> 你關心我，勸告我，你說要我好好保養身體，你說要把家佈置得安舒一點……其實這些話我都知道。但我不能做。我的環境是很複雜的，性格也是很矛盾的。……對於我，一個凌亂的房間，一大堆外國文破書，也許更可以使我滿意；再不然，一次遠地的旅行，或者和許多朋友在一起做事，也是好的。或者關在房裏整天整夜地寫文章，或者在外面奔走，或者整天地玩個痛快，這些我都受得住，我不慣的就是一個有秩序的安定的家。這家在別人是需要的，我也常常拿這事情勸別人。但我自己卻想做個例外的人。我寧願一個人孤獨地去經歷人世的風波，去嘗一切生活的苦味，我不要安慰和同情，我卻想把安慰和同情給別的人。我已經這樣地過了幾年，這種生活不一定是愉快的，但我過得還好。 註35

當時巴金已經開始了《憩園》的寫作，1944年5月下旬，他進貴陽中央醫院做了矯正鼻中隔的手術，次年，他又將這次住院的經歷寫成了《第四病室》。婚後，巴金迎來了又一個小說創作的高峰。

>>> 注釋 --

註1：巴金：〈愛國主義與中國人到幸福的路〉，《全集》第18卷第14頁。

註2：巴金：〈《火》第二部後記〉，《全集》第7卷374頁。

註3：巴金：〈絕不會忘記〉，《全集》第16卷第128頁。

註4：巴金：〈我說，這是最後一次的眼淚了〉，《全集》第12卷第583頁。

註5：巴金：〈我們〉，《全集》第12卷第558頁。

註6：巴金：〈從南京回上海〉，《全集》第12卷第541頁。

註7：巴金：〈一個回憶〉，《全集》第12卷第109頁。

註8：巴金：〈一個回憶〉，《全集》第12卷第107、108頁。

註9：巴金：〈《海的夢》序〉，《全集》第5卷第4頁。

註10：巴金：〈關於《火》〉，《全集》第20卷第643頁。

註11：巴金：〈關於《神・鬼・人》〉，《全集》第20卷616-617、617頁。

註12：巴金：〈關於《神・鬼・人》〉，《全集》第20卷617-618頁。

註13：巴金：〈代跋〉，《全集》第12卷588頁。

註14：巴金：〈「支那語」〉，《全集》第12卷471頁。

註15：巴金：〈關於《神・鬼・人》〉，《全集》第20卷618頁。

註16：巴金：〈關於《神・鬼・人》〉，《全集》第20卷618頁。

註17：巴金：〈關於《神・鬼・人》〉，《全集》第20卷619頁。

註18：巴金：〈繁星〉，《全集》第12卷476-478頁。

註19：巴金：〈給一個敬愛的友人〉，《全集》第13卷第265-266頁。

註20：巴金：〈給一個敬愛的友人〉，《全集》第18卷113頁。

註21：巴金：〈給一個敬愛的友人〉，《全集》第13卷265-274頁。

註22：巴金：〈路〉，《全集》第13卷第102-103頁。

註23：巴金：〈國家主義者〉，《全集》第13卷第240頁。

註24：巴金：〈公式主義者〉，《全集》第13卷250頁。

註25：巴金：〈《秋》序〉，《全集》第3卷第4頁。

註26：巴金：〈《火》第一部後記〉，《全集》第7卷第174頁。

註27：巴金：〈《火》第二部後記〉，《全集》第7卷第373頁。

註28：巴金：〈《秋》序〉，《全集》第3卷第5頁。

註29：巴金：〈懷念蕭珊〉，《全集》第16卷第26-27頁。

註30：巴金：〈懷念蕭珊〉，《全集》第16卷第26頁。

註31：巴金：〈關於《火》〉，《全集》第20卷第642頁。

註32：巴金：〈關於《龍‧虎‧狗》〉，《全集》第20卷第629-630頁。

註33：巴金：〈關於《龍‧虎‧狗》〉，《全集》第20卷第632、633頁。

註34：巴金：〈關於《第四病室》〉，《全集》第20卷588-589頁。

註35：巴金1937年春致蕭珊信，《佚簡新編》第197頁，大象出版社2003年11月版。

五、理想與庸常

抗戰是中國文學的一個重要轉捩點，戰爭改變了作家和讀者日常生活狀態，使得文學出現了新的動力和發展方向，那種書齋式的平靜生活早就被戰火打亂了，作家們都被推到了最混亂最沉痛的現實中了，夢想粉碎了，生活凌亂了，甚至連生命都沒有了保障。此時作家所感受到的現實，土地和人，乃至對於個體生命的沈思與北京的「太太客廳」、上海的亭子間中高談和寫作時迥然不同。特別是告別了最初那種宣傳和抗議式的文字，中國新文學以更切近現實和人生的形式來刻畫著時代的變動。

蘆溝橋事變後，戰火迅速燃遍全中國。8月13日，日軍進攻上海，巴金等人立即擔負起文化人的使命，他與茅盾、靳以、黎烈文、黃源、馮雪峰等於當日下午就協商，並決定《文學》、《中流》、《譯文》、《作家》等四家刊物同人自辦宣傳抗戰的新刊《吶喊》，8月25日，這份小小的週刊出版了，主編人為茅盾，發行人是巴金，兩期後改名《烽火》，在上海一直出到10月21日被租界當局阻撓停刊。次年，巴金到廣州後於1938年5月1日又繼續出版，直到當年10月11日廣州淪陷前停刊。上海成為「孤島」之後，一時離不開的巴金，只好揀起抗戰前就開始寫的《春》，直到寫完它才離開。孤島的生活有一種憤怒淤積於胸不得抒發的憤懣，巴金說：「在這裏空氣太沉悶了。有人把這裏稱作『孤島』，但我說，它更

像一個狹的囚籠，有時我覺得連氣也緩不過來，在這裏真可以説是有一隻魔手扼住我的咽喉。」[註1]1938年的春天，他終於離開孤島，與靳以經香港奔赴廣州，並在這裏設立了文化生活出版社廣州分社，在日軍的炮火轟炸、戰亂物資匱乏以及人心惶惶中艱難地開展著文化工作。從此，他也開始了抗戰八年的顛沛流離的生活。1938年6月23日，他離開廣州回到上海，修改了《愛情的三部曲》，7月16日又離開上海，22日返回廣州，同行的有高中畢業的蕭珊，還有他們的朋友靳以、陶肅瓊。9月初，巴金還到漢口一次，月底返回廣州。10月20日在廣州淪陷的前夕，他與蕭珊、弟弟李采臣、林憾廬等人離開廣州，26日達梧州，月末到柳州，11月中旬抵達桂林。1939年2月下旬，巴金偕蕭珊從桂林繞道金華、溫州回到上海。當年7月蕭珊赴昆明西南聯大讀書，巴金仍舊留在上海修訂和出版克魯泡特金的舊譯，翻譯赫爾岑的回憶錄《一個家庭的戲劇》，寫作長篇小説《秋》。直到《秋》出版，他才與七月初經香港到海防，搭滇越鐵路車於月底抵達昆明。在昆明的一段安靜的日子裏，完成了長篇小説《火》的第一部（後記作於1940年9月22日）。10月下旬，由昆明飛赴重慶，11月中旬又到江安曹禺處小住六日後返回重慶。1941年1月初，回成都住五十天，為十八年後第一次回鄉。這段期間，一直在重慶經營著文化生活出版社。5月23日《火》第二部完稿。1941年7月第二次去昆明看望蕭珊，在金雞巷四號三樓住，並完成了《龍·虎·狗》中大部分篇章，8月5日作序，編成此集。9月8日偕蕭珊離開昆明到桂林，蕭珊於月末返回昆明，巴金一直到1942年3月中旬才從桂林經過河池到貴陽，當月末再回到重慶。當年4月底，再次返回成都，7月回到重慶。10月14日又離開重慶去桂林。1943年9月《火》第三部完稿。1944年5月初，偕蕭珊離開桂林到貴陽，5月下旬，在貴陽中央醫院做矯正鼻中隔手術，6月上旬出院，7月《憩園》完稿。7月上旬到達重慶，與蕭珊在民國路文化生

位於重慶民國路上的文化生活出版社，巴金夫婦的家就安在這裏，這裏也是作家朋友們常常聚首的地方，艱難的生活環境並沒有減少兩個人同心同德的幸福以及親朋們歡快的笑聲。

活出版社內有了自己的小家庭，一直到1945年抗戰勝利。這就是巴金在抗戰中奔波之大體。

在這些日子裏，他目睹了手無寸鐵的百姓被轟炸致死的慘劇，看到了一座城市變成廢墟的景象，也經受了生命隨時都被炮火奪去的驚恐，還有逃難路上的艱辛。這些都化成了文字寫進了他的《旅途通訊》、《旅途雜記》[註2]等書中。「這些全是平凡的信函。但是每一封信都是在死的黑影的威脅下寫成的。這些天來，早晨我見到陽光就疑惑晚上我會睡到什麼地方。也許把眼睛一閉，我便會進入『永恆』。」[註3]在他經歷了一場場轟炸面前，他強烈地感受到人的生命在這種隨時可以到來的鋼鐵怪物面前顯得無比渺小，人們的正常生活和心理為隨時而至的防空警報而完全打亂。巴金曾這樣描述他1938年8月8日在廣州所經歷的大轟炸：

　　一個朋友在窗前驚訝地叫道；「飛機！」我們並不注意，因為先前沒有聽到警報（其實是發過緊急警報的）。我們仍舊在談話．但是高射炮響了。街上有人在跑。門口一個年輕人指著天空低聲叫著「飛機」！我和那位新朋友走在門口去看。三架飛機在對面屋頂上飛，飛得很高，看起來比我們屋子裏掛的玩具飛機還小。飛機向著我們這面飛來，三架之後又是三架。於是軋軋聲大響，高射炮也連珠似地放起來。高

射炮似乎沒有效力，軋軋聲越來越近了。我想大概要落彈了罷。並不要我們等待。一陣恐怖的「颯颯」聲就壓倒了摩托的響聲。這聲音自上而下，由遠而近，像一簇簇樹葉從天空落下來。我彷彿看見一顆炸彈在空中旋轉而下，我知道它會在不遠處爆炸，甚至會落在我們的頭上。我在這裏度過不少轟炸的日子。可是這種聲音我只聽見過一次。今年六月六日三顆炸彈在我們住的巷口附近爆炸時，我在事前聽見了那奇怪的聲音。

颯颯聲一起，一些陌生的人（還有鄰舍那位太太帶了小孩；）瘋狂地湧進我們的屋子裏來。他們帶著輕微的驚呼，一齊往地上蹲伏。炸彈爆炸了，聲音不大，似乎落在很遠的地方。我覺得奇怪。但是第二次「颯颯」聲又起了。仍舊只聽見小的爆炸聲。大家略為安心。可是飛機還在上空盤旋。在第三次的「颯颯」聲響起之後，一個巨大的爆炸聲震撼了這間屋子。我在這裏用「震撼」二字自然不恰當，因為房間不過微微搖動一下，我還覺得一股風吹到我的腿上，別的就沒有什麼了。然而在那巨聲剛起的時候，我和別的人都以為這顆炸彈一定在我們的頭上爆炸。我們的辦事處是在樓下，頭上還有三層洋房，倘使是一顆小炸彈，我們在下面還有活命的希望。我坐在藤椅上沒有動一下，頭埋著，眼光固定在一堆校樣上面。我微微張開口，我想要是這裏被炸，我還能活的話，為了不使耳膜震破，我應當將口張開。我們定了神，靜悄悄地看看四處，眼前還是一個和平的世界。軋軋聲消失了。房裏沒有一點改變。桌上多了一層灰。蹲下的人站起來，慢慢地走出房去。緊張的空氣鬆弛了。我看朋友們的臉。那些臉上好像蒙了一張白紙。可惜我看不見自己的臉色。註4

在另外一篇文章中，巴金描述如何「在轟炸中過的日子」。他說：「隨著信念的指示做事情，事無論大小，在我都會感到喜悅。在這裏我特別想多做事，只是因為我害怕第二天這種喜悅就完全消失。這種害怕並不是『擔憂』，……慘死並不是意外的不幸，我們看見斷頭斷肢的屍首太多了。前幾天還和我談過幾句話的某人在一個清早竟然倒插在地上，頭埋入土中地完結了他的生命。有一次警報來時我看見十幾個壯丁立在樹下，十分鐘以後在那裏只剩下幾堆血肉。……」在那些日子裏，「飛機在頭頂上盤旋，下降，投彈，上升，或者用機關槍掃射。房屋震動了，土地震動了。有人在門口叫。有人蹲在地上。我們書店的樓下辦事處也成了臨時避難室。……我在咖啡店裏看不見什麼，玻璃窗給木板通了大半，外面是防空壕，機關槍彈一排一排地在附近飛過，許多人連忙伏在地上。我不能夠忍受這種緊張的空氣，便翻開手裏的書，為的是不要想任何的事情，卻以一顆安靜的心來接受死。這時我的確沒有想什麼。我不願意死，但是如果槍彈飛進來，炸彈在前面爆炸。我也只好死去。」這批可敬的文化人在生命尚且不保的情況下，居然還在辦刊物，《烽火》和《文叢》兩個刊物的編輯之責都落在了巴金身上，「稿子編好留在印刷局，有的校樣送來就得趕快校好送回印局；有的久未排好就應當打電話或者派人去催索校樣。刊物印出送到便是八九千冊。我們應該把它們的大半數寄到各地去。於是大家忙著做打包的工作，連一個朋友的九歲孩子也要來幫一點小忙。此外我們還答應漢口一個書店的要求，把大批的書寄到那邊，希望在武漢大會戰之前從那裏再散佈到內地去。這類事情都得在夜間空閒的時候做。大家揮著汗忙碌工作，一直到十一點鐘，才從辦事處出來。我們多做好一件事情覺得心情暢快，於是興高采烈地往咖啡店或茶室去坐一個鐘點，然後回家睡覺，等待第二天的炸彈來粉碎我們的肉體。」「但是刊物終於由旬刊，變成了無定期刊。印刷局不

肯繼續排印以加價要脅，連已經打好紙型的一期也印了十多天才出版；至於五月中旬交割一家印局的小書，則因為那個印局的關門一直到八月一日才找回原稿。」註5

1938年底在桂林過著的也是差不多的日子，當時他住在灕江的東岸，是林憾廬的寄寓，木板的小房間，有鏤花的糊紙窗戶，生滿青苔的天井，還有後面那個可以做馬廄的院子。打開後門走出去，是一片菜園，能看見一片綠色，七星岩屏障似地立在前面，這也是他們躲警報的地方。初到桂林時，這個城市還是沒有遭受到太大的破壞，傍晚巴金常常在那幾條整齊的馬路上散步，可是幾次大的轟炸後，大火甚至將桂林市區的一半房屋燒成了廢墟，幾條整齊馬路的兩旁大都剩下斷壁頹垣。「十二月二十九日的大火從下午一直燃燒到深夜。連城門都落下來木柴似地在燃燒。城牆邊不可計數的布匹燒透了，紅亮亮地映在我的眼裏像一束一束的草紙。那裏也許是什麼布廠的貨棧罷。」他也曾看到過這樣情景：「在某一處我看見幾輛燒毀了的汽車：紅色的車皮大部分變成了黑黃色，而且凹下去，失掉了本來的形態。這些可憐的殘廢者在受夠了侮辱以後，也不會發出一聲訴冤的哀號。忽然在一輛汽車的旁邊，我遠遠地看見一個人躺在地上。我走近了那個地方，才看清楚那不是人，也不是影子。那是衣服，是皮，是血肉，還有頭髮黏在地上和衣服上。我聽見人講起那個可憐人的故事。他是一個修理汽車的工人，警報來了，他沒有走開，仍舊做他的工作。炸彈落下來，房屋焚毀，他也給燒死在地上。後來救護隊搬開他的屍體，但是衣服和血肉粘在地上，一層皮和屍體分離，揭不走了。」註6

逃難的一路上所經受的顛簸之苦也是平常住慣了大都市的人所難以想像的。從廣州逃出來，先是要雇小船將他們轉運到貨船上，船都漲價了，雇個小船都要費一番口舌。終於弄好了，行船的一路上，走走停停，為的是躲避敵機的轟炸。這樣要等的船也可能來不

了，焦急地等待，深夜十二點半被叫醒，慌忙收拾行李，還沒有弄好，説是拖渡船已經走了，折騰得疲乏不堪又睡下了，到凌晨四點，又被叫醒，在黑暗與寒冷中上了小艇上……這樣的情況很常見。巴金在《旅途通訊》中不避煩瑣地報告著這個路上的每一個細節，這些文字寫出了離亂年代中普通人的窘迫和無力，在逃荒、轉移中，在炮火的追趕下，人是多麼渺小啊，生命是多麼脆弱啊，但恰恰是這樣，哪怕一點點相互扶助卻有莫大的溫暖；恰恰是這樣，他們才深切地理解了自由和生命的真正價值。

從巴金抗戰後期的創作中能夠看出他思想的某種調整，其中很重要的一個主題就是對「生命的開花」的渴求、對理想的尋找。這個理想不再是在血與火中謀求實現了，而是在平凡的人生中、日常生活裏怎樣讓它發出光輝，這也是他對五四時期「英雄理想」反思的結果。巴金筆下的人物也如同他的創造者從熱血青年步入了灰色的

《第四病室》是巴金根據抗戰期間住院的感受而寫的，小小的病室是當時社會的縮影，但同時巴金也沒有忘記呼喚理想和人性的光芒。

中年，接連幾部小說都在探索「豐富的、充實的生命」問題，並把它具體為理想在現實生活中的位置。《憩園》中那個誇誇其談的姚國光，其實根本沒有什麼理想，只不過以高調來裝飾自己的人生罷了；他的妻子萬昭華也是一個安於家庭生活的人，巴金同情她，但顯然不欣賞她，他寫到她的善良，也寫到了她的寂寞，這也將是一個枯萎的生命。而有理想又會怎麼樣呢？《寒夜》呈現出來的是另外一種形態：汪文宣和曾樹生當年是抱著教育救國理想的大學生，可是小職員的職位，灰暗的生活，沉重的壓力，將他們的理想變成了為家庭瑣事的爭吵和肺病的聲聲痛苦的咳嗽，生活榨盡人的血性，也使理想蒼白起來了。巴金是以極大的同情筆調來寫他們的，他一再聲言他控訴的是制度，而不是其中的人。《寒夜》中他只好讓理想在現實面前低下了高貴的頭。可他並不認為除此之外別無選擇，他還是嚮往一種理想的狀態，於是在黑暗的「第四病室」生造出了一位好心的充滿朝氣的女醫生，「希望變得善良些、純潔些、對人有用些」。「她並不是『高、大、全』的英雄人物」，她不過是一位年輕的醫生[註7]。在自己的崗位上散發著光和熱，給周圍的人送來幸福和溫暖，這可能就是另外一種「生命的開花」吧？更有意味的是《憩園》中，那個寫「小人小事」，而且自己不斷懷疑寫作價值的作家，卻沒有想到在女讀者萬昭華那裏獲得了意外的鼓勵。萬昭華說：「你們就像是在寒天送炭、在痛苦中送安慰的人。」作家的創作打開讀者的眼界，種植了希望，用自己的理想去消除別人的寂寞和痛苦，「這其實是在擴大我自己」……這不是「生命的開花」的別一種轉述嗎？萬昭華以此來肯定這位作家的價值，這也是巴金的自我說服，是借人而來說服自己，不是，「說服」不夠，而是認同，他認同了一個寫作者的價值，並且認為在寫作中也可以實踐理想，也能夠做到「生命的開花」。這與三十年代初對寫作的激烈的否定，可以說是一百八十度的大轉彎。在對「小人小事」的關

1941年與妹妹、大哥的子女攝於成都。

注中，巴金説：「我始終認為正是這樣的普通人構成我們中華民族
的基本力量。任何困難都壓不倒中華民族，任何災難都搞不垮中華
民族，主要的力量在於我們的人民，並不在於少數戴大紅花的人。
四十年代開始我就在探索我們民族力量的源泉，我寫了一系列的
『小人小事』，我也有了一點理解。」[註8]這是在殘酷的戰爭和嚴峻
的現實面前，作家對生活和人生更深入的思考。

　　抗戰中接觸到的社會現實也使巴金把五四的精神價值放到了現
實中重新估量，估量的結果依然是不輕言放棄，卻也要看到堅持它
並使之產生作用的艱難。抗戰期間，巴金曾回過成都兩次，第一次
是1941年1月初到2月中旬，住了五十多天；第二次是1942年4月底
到7月。兩次回鄉，特別是頭一次，巴金感慨頗多，畢竟十九年了：

　　　　十九年，似乎一切全變了，又似乎都沒有改變。死了許
　　多人，毀了許多家。許多可愛的生命葬入黃土。接著又有許
　　多新的人繼續扮演不必要的悲劇。浪費，浪費，還是那許多
　　不必要的浪費──生命，精力，感情，財富，甚至歡笑和眼
　　淚。我去的時候是這樣，回來時看見的還是一樣的情形。關
　　在這個小圈子裏，我禁不住幾次問我自己：難道這十八年全
　　是白費？難道在這許多年中間所改變的就只是裝束和名詞？
　　……

這個疑問一方面繼續著對家族制度的抨擊，另外一方面也對「五四」的實際效用產生懷疑，巴金強烈感覺到「五四」所提倡的精神原則沒有徹底推行開來，反封建也不徹底，老家人的生活方式更堅定了他的這些看法：

> 財富並不「長宜子孫」，倘使不給他們一個生活技能，不向他們指示一條生活道路！「家」這個小圈子只能摧毀年輕心靈的發育成長，倘使不同時讓他們睜起眼睛去看廣大世界；財富只能毀滅崇高的理想和善良的氣質，要是它只消耗在個人的利益上面。「長宜子孫」，我恨不能削去這四個字！許多可愛的年輕生命被摧殘了，許多有為的年輕心靈被囚禁了。許多人在這個小圈子裏面憔悴地捱著日子。這就是「家」！「甜蜜的家」！註9

這些想法在他的小說《憩園》中通過楊夢癡的故事完整地體現出來了，回鄉遭遇的五叔之死直接給了他觸動：五叔用光了祖父的遺產，也用光了自己妻子的嫁妝，淪為慣偷，曾被子女趕出家門，後來被捉進獄中，在獄中他煙癮發作，不久即死去。《憩園》可以看作是《激流三部曲》的續篇，它寫了在大家庭崩潰之後，那些依靠著祖產生活的紈絝子弟的生活狀況。同時，作者又不露聲色地寫出了「憩園」的新主人——一個新時代的新富貴的人生困境，實際上作品導向了對理想失落的思考、金錢對人性腐蝕的思考以及對家族制度的反思。作品在節制的文字敘述中傳達出的強烈憂鬱的抒情氣息，使《憩園》別具魅力，這也標誌著巴金小說創作風格的成熟。有的研究者曾盛讚巴金的小說《憩園》的語言風格：「論謹嚴可與魯迅爭衡，論優美則可與沈從文競耀，論生動不讓老舍，論纏綿不下郁達夫，但是論藝術的節制和純粹，情節與角色，趣旨和技

巧的均衡和諧，以及整個作品的
晶瑩渾圓，從各個角度看都恰到
好處，則遠超過諸人，可以説，
卓然獨立，出類拔萃。」註10《憩
園》為舊家庭唱了一曲輓歌，楊
夢癡的故事證明了舊式家庭所提
供的是人的毀滅之途；同時，巴
金也對新家庭提出了警告，這也
是巴金所慨歎的社會並沒有實質
轉變的地方。萬昭華的寂寞和歎
息，是一個善良的女性生命枯萎
的前兆，家不再是幸福的屏障，
而成為囚禁人的地方，哪怕這樣
的「幸福之家」也不由自主地走
回老路上。這是為什麼？看來僅
僅考慮反抗家族制度還是遠遠不
夠的，巴金對「五四」的許多觀
念開始重新檢討。

　　《寒夜》也是重新思考的結
果之一，它被認為是巴金最有藝
術魅力的作品：「在《寒夜》裏
我們幾乎看到了陀思妥益夫斯基
的人物，那種病態的，反常的，
殘忍的，個別的講卻又是善良的
靈魂，我説『幾乎』，是意味著
兩者之間還有許多不同的東西
在。陀思妥益夫斯基的人物叫你

《憩園》可以看作是「激流三部曲」的續
篇，他的寫作也緣於在抗戰中巴金重返故鄉
的見聞，複雜的內心感受使得小説充滿了憂
鬱的抒情氣息。

絕望；《寒夜》的人物在被壓迫、奚落、摧殘的時候，內心充滿了憤怒和不平！甚至見諸行動，例如曾樹生（文宣的妻）毅然離開這個家庭就是。作者通過了他的小說告訴了我們：在寒夜——黑暗，寂寞，冷靜——裏掙扎反抗的人們，退卻妥協的就會自己毀滅，勇敢堅定的可以生活到明天去。」註11小説講述了戰爭背景下一個家庭的辛酸故事，這個家庭中的每個人都在生活的壓榨下失去了自己昔日的歡樂和夢想，也失去了面對著紛繁現實的勇氣，焦躁的心態使得他們相互間失去了必要的耐心和寬容，而代之以抱怨和不理解。在《寒夜》中，有溫暖，更多的則是辛酸，這個家庭最後以汪文宣的死亡、婆婆帶著孫子不知去向、曾樹生不知自己的將來該如何把握而解體。同樣是「家」的解體，在《激流三部曲》中有一種如釋重負的感覺，它宣告了舊的滅亡和新的誕生。但是在十多年之後，《寒夜》中卻有著非常耐人尋味的轉變註12，汪文宣和曾樹生是在五四新文化影響和鼓舞下走到一起的「新青年」，他們完全打破了封建婚姻的俗套，甚至連個儀式都沒有舉行，是共同的理想和精神追求將他們結合到一起的，可這種結合卻並沒有得到人們期望的幸福和美滿的家庭，當然有很多社會原因，比如戰時環境改變了人們的心態和理想，但他們當初的理想設計中除了那種英雄式的崇高感

 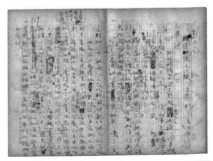

圖左：電影《寒夜》的劇照。
圖右：《寒夜》手稿。巴金説：「我寫汪文宣，寫《寒夜》，是替知識份子講話，替知識份子叫屈訴苦。」

《寒夜》是巴金最後一部長篇小說，標誌著巴金小說藝術的高峰。儘管書中有著壓抑的氣氛，但巴金說：「它是一本充滿希望的書，因為舊的滅亡，新的誕生；黑暗過去，黎明到來。」

之外，是否還有要接受庸常生活磨蝕的心理準備？理想在現實的壓榨下如何堅持和調整？巴金的這些疑問顯然是經歷了人世滄桑後對五四時期的一些價值觀念的無形反思。

　　巴金的這些轉變常常被看作他遠離了無政府主義的表現，誠然，從生活語境而言，他早已遠離了二十年代的語境，但一種信仰對人的影響可能是多方面的。我們所談到無政府主義常常指它的政治革命和社會運動方面，而無政府主義更重要的目標是社會革命，社會革命應當喚起的是每個人的覺醒和個人行為與信仰的一致，特別是在日常生活、行為中信念與行動的統一，從這個意義上講，轉向道德倫理和內心的修煉同樣是與信仰相關，同樣具有革命性的行為。美國學者阿里夫·德里克在談到無政府主義就一再強調這一點：「在所有提倡社會革命的人中，無政府主義者的獨特之處在於他們毫不妥協（也是獨一無二）地主張：『真正』的革命只能是社會革命，非社會革命不能稱為革命；同時，出於政治動機而危及社會的革命也不能稱為革命。」[註13]吳稚暉也說過：「革命者，不過教育普及以後，人人拋棄其舊習慣，而改易一新生活，乃為必生之效果。故自其效果言之，欲指革命前所實施預備革命之教育，即謂為提倡革命，亦無不可。」[註14]師復認為：人人生而有良心，傾向於互助、愛和勞動，但權力機構磨鈍了人們的這種內在的傾向，財產制度使人自私，結果使人為逐私利而忘公利，這是社會一切罪惡的根

中年巴金的漫畫像

源，只有推翻現存的制度才能恢復人的天然道德，才能擺脫野蠻的傳統進入人道王國，從而使理想和道德合而為一，消除自我和社會之間的一切差別，個體將在與他人自發的聯盟中找到自由。[註15]這麼來看，巴金的「轉變」仍然沒有偏離原來的軌道。

>>> 注釋 --

註1：巴金：〈感想（一）〉，《巴金全集》第13卷228頁。

註2：《旅途通訊》，初版為上下冊，分別於1939年3月、4月文化生活出版社初版。〈旅途雜記〉，1946年4月由萬葉書店出版。

註3：巴金：〈《旅途通訊》前記〉，《巴金全集》第13卷113頁。

註4：巴金：〈在廣州〉，《巴金全集》第13卷117-119頁。

註5：以上均引自巴金：〈在轟炸中過的日子〉，《巴金全集》第13卷126-129頁。

註6：巴金：〈桂林的受難〉，《巴金全集》第13卷214、214-215頁。

註7：巴金：〈關於《第四病室》〉，《巴金全集》20卷595頁。

註8：巴金：〈關於《還魂草》〉，《巴金全集》20卷659頁。

註9：巴金：〈愛爾克的燈光〉，《全集》第13卷第345-349頁。

註10：司馬長風：〈中國新文學史〉下卷第75頁。

註11：康永年：《寒夜》，1948年5月20日出版《文藝工作》第1號。

註12：法國神甫明興禮從他特有的宗教觀出發，認為：「『家』在巴金的作品裏，不盡是相同的：在《激流》中是一個被威脅的『家』，在《憩園》裏是一個分裂的『家』，在《寒夜》裏是一個動搖的『家』，最後在《火》裏，我們找到一個團圓的『家』。」見明興禮《巴金的生活和著作》第65頁。

註13：阿里夫・德里克：《中國革命中的無政府主義》第32頁。

註14：燃（吳稚暉）：《無政府主義以教育為革命說》，1908年9月19日《新世紀》第65期。

註15：參見〈無政府淺說〉，《師復文存》第1-12頁。

六、希望與等待

小説《寒夜》中寫到抗戰勝利消息傳來的情景，街頭鑼鼓喧天，人們正在慶祝勝利，用花炮燒龍燈，主人公汪文宣卻在絕望和痛苦中死去。「勝利了，就不應該再有人死了！」這似乎只是一個美好的願望，像小説悲劇性的結尾一樣，抗戰的勝利似乎帶給巴金的並不是太多的喜悦，他感到的並不是勝利的喜悦，而是隨之而來的混亂：

> 八年抗戰，勝利結束。在重慶起初是萬眾歡騰，然後是一片混亂。國民黨政府似乎毫無準備，人民也沒有準備。從外省來的人多數都想奔回家鄉，卻找不到交通工具，在各處尋找門路。土紙書沒有人要了，文化生活出版社顯得更冷清，家璧的圖書公司當然也是這樣。……我續寫《寒夜》是在蕭珊第二次去成都的時候，那些日子書印不出來、書沒有人要，出版社裏無事可做，有時我也為交通工具奔走，空下來便關在小房間裏寫文章，或者翻譯王爾德的童話。[註1]

1945年11月1日，巴金終於回到了他久違的上海，可是迎接他的卻是三哥的重病。12月8日：「早晨我剛起床就得到醫院裏來的電話。『三哥完了，』一個朋友這樣告訴我。我沒有流淚，站在電

1947年與吳克剛一家在臺灣，
這次臺灣之行給巴金留下了美
好的印象。

話機前我不知道應該做什麼好。」「我趕到醫院。病房的門大開著，你靜靜地睡在床上，白色被單蓋著你的身子，我揭開面紗，看你的臉，一夜的功夫，你變得這麼瘦，這麼黃，這麼衰老！」[註2]當年一起從舊家庭中衝出來的兄弟就這樣訣別了。

在這種混亂和黯然的情緒中，1946年最後一天，巴金完成了《寒夜》的寫作，從此他的創作進入了沉默期，此後的兩三年中，除了一點序跋、幾篇散文和雜感之外，巴金幾乎沒有寫下什麼。這是一個時代的轉換時刻，有很多知識份子不斷地表達自己對時局的想法和規劃，而巴金卻沉默著。有人曾經描寫過回到上海以後的巴金：

巴金平常很少參加這種閒談，他總是一個人在樓上工作。到了吃飯或來了客人時才叫他下來。到今天我還保留著一個清晰的印象，披著一件夾大衣，手裏拿著一本小書，咿咿哦哦地讀著，踏著有韻律的步子從樓上慢慢地踱下來，從他那浮著微笑的面顏，微醺似的神色中，可以看出他從閱讀中獲得的愉樂。但在當時的我看來，這情景是有點可笑的，因此就記住了。我的一個總的印象是，巴金在我們身邊，可是又不在我們身邊，我們就像一群孩子那樣圍著他喧鬧……

巴金寫完了《寒夜》以後，一直在譯書。工作勤苦，休息的時候很少。有時候向他提議，「去喝杯咖啡吧」，他說「好嘛」。這樣就和蕭珊帶著小林一起到老大昌去坐一會。我記得大概還有一兩次一起到「蘭心」（現在的「上海藝術劇場」）去聽工部局樂隊的演奏。這是堯林先生多年的習慣愛

好，過去我常陪他聽這個樂隊的演出，每次他都是選了八九排靠邊的位子來坐的。註3

巴金在霞飛坊的鄰居魯迅的兒子周海嬰多年後曾回憶巴金此時的生活：

抗戰勝利後，巴金夫婦回到霞飛坊，仍住在五十九號三樓。那時他倆已有女兒李小林。我記得她每天從後門出來，喜歡在弄堂里拉著一把小竹椅，又當車又當馬，愉快地奔跑著。不多日子，椅腳磨歪幾乎坐不得了。她母親在旁監護著，不時驚呼，要她當心摔跤。……蕭珊總是很有耐心，一邊看著小林吃飯，一邊在旁唱兒歌。……

巴金和我父親的寫作習慣相仿。晚上九十點開始動筆，直寫到清晨。吃住很簡單。踏進他房間，裏面並沒有各種厚重書籍和大小字典滿著堆放著。僅僅是臨窗一張桌子，邊上幾把椅子和床，餘下的空間，是一排排書架和書櫃。室內光照不強，黑洞洞地令人有神秘感。有時聽到客人的談話聲和爽朗的笑聲，隨著談話聲抑揚傳來，門口飄逸出一種香氣，那是陳西禾、黃佐臨來訪時專門燒煮的一種飲料，黑而且苦，我不明白大人為什麼會喜歡喝它。註4

躲進斗室，埋頭翻譯，窗外日漸逼近的戰火好像與他無關似的。但別忘了巴金說過翻譯是他「揀來的別人的武器」註5，在抗戰後期，巴金奮力譯出了屠格涅夫的《父與子》、《處女地》、《散文詩》，還有斯托姆的《遲開的薔薇》、王爾德的《快樂王子集》等作品。國共內戰時期，巴金的許多譯文也未必沒有個人內心的隱微表達。1948年，巴金開始在報刊上陸續發表他翻譯的薇娜·妃格

圖上：淮海坊（舊稱霞飛坊）59號，巴金從
　　　抗戰前一直住到五十年代（抗戰期間
　　　曾離開上海，在外地生活）。
圖下：蕭珊與小林，年輕的母親與一周歲的
　　　女兒。

念爾的回憶錄《獄中二十年》，
翻譯這本回憶錄是巴金多年的心
願，想不到要在中國最驚惶的
一年中完成它。妃格念爾出身
貴族，卻自動放棄富裕生活，
到民間從事革命工作，在參與
刺殺沙皇的活動中被捕。在少
年時期，巴金就敬佩這位女革
命家的獻身精神，然而奮鬥了這
麼多年，他依舊只能在書齋中舞
文弄墨孤獨地彷徨，翻譯這樣一
部書，除了證明無政府主義的聖
火在巴金心中仍然沒有熄滅之
外，也流露出巴金在當時的苦悶
情緒。中國當時如同俄羅斯暗無
天日的寒夜一樣，不知何時能見
到黎明的曙光。雖然自己烏托邦
式的理想在一日日遠去，但是回
憶錄中所體現的堅強和無畏的精
神還在吸引著巴金，他說：「我
每讀一遍，總感到勇氣百倍，同
時又感到十分的慚愧。」[註6]「慚
愧」什麼呢？是自己缺乏為信仰
獻身的行動嗎？那麼自己的路又
在哪裏呢？無政府主義革命家
的書依舊給他生命帶來啟示，
他翻譯了洛克爾的《六人》，

作者用世界文學名著中的六位主人公為例子，「在《六人》中洛克爾使這六個人復活了，他一點也沒有改變它們的性格和生活習慣，可是他卻利用它們來說明他的改造世界的理想。」[註7]巴金在過去也譯過洛克爾的文章，如《近代勞工運動中的議會活動觀》、《克魯泡特金學說概要》、《西班牙的鬥爭》等，但這篇不是政論，而是探討「人生的目的和意義究竟是什麼？」在一個歷史轉折關頭，巴金不能不思考自己的人生座標究竟在哪裏。他還翻譯過克魯泡特金的《社會變革與經濟改造》。這篇文章討論革命之後的問題，克氏認為如果不能保證充足的物質財富和使人民生活富足，革命是不能最終成功的。考慮到這篇文章1947年發表的背景，可見他還是有感而譯的。另外，筆者還在泉州自由社出版的「自由叢刊」第七冊（1949年2月25日出版）上看到署名「黑浪」寫的《巴枯寧二三事（巴枯寧傳的第一個片斷）》，這應當是巴金的舊文新印了，但他表示看到舊稿「又起了重寫巴枯寧傳的雄心。」可見他仍然熱情地關注昔日感興趣的人和事。這一時期，他始終與國外無政府主義者保持著密切聯繫，依舊關注著以往關注的內容。1948年12月28日致Rudolf rocker信還計劃戰後形勢好了翻譯他的中文全集[註8]。1949年

1948年底攝於淮海坊。

圖左：1948年巴金、蕭珊夫婦與小林攝於江灣。
圖右：1948年巴金一家在虹橋公墓

2月6日致Agnes Inglis信，仍舊關心「尼娜‧司柏司和芝加哥受難者和他們最後時刻生活的材料。」[註9]「非常感謝你寄來的司柏斯的自傳，如果可能我希望你能寄給我更多關於乾草市場事件的材料，特別是關於殉難者妻子和女友的。我想知道在審判和死刑執行後，她們是如何生活和表現的。」[註10]「我身體健康，並且沉浸在你寄給我的你收藏的關於阿‧司柏司和他的妻子尼娜的這些材料的樂趣中。我不曾放棄寫一本關於尼娜‧司柏司的書的計劃，不過現在看來，要拖後了。」[註11]他也發現很多計劃沒法實施了：「克氏全集一時無法續出，無好譯稿，也無印費。」[註12]談到了信仰和中國的無政府主義運動問題：「你問我的小說《星》中的年輕人後來變得怎麼樣了。他們中有些人已經死去，有些人後來則失去了信仰。但是他們中的五分之三仍然生活和工作在那兒。儘管他們的影響力沒有超過本地，但他們甚至比以前更健壯更成熟了。我已經寫了關於他們生活的另一篇小說，名字叫《雷》（閃電），昨天和其他書一起郵給你了。」[註13]談到無政府主義運動的形勢不免有些黯然：

　　　　很遺憾，我不能給你有關中國無政府運動的信息。因為，說實話，在中國並不存在這樣的運動。我在這裏單槍匹馬地工作，將像作家似的獨自在做宣傳。我在編輯《插圖本

中文版克魯泡特金全集》，其中頭四卷已經出版。我是這部
著作的發行人。另外還有一個同志，他翻譯過《訪談錄》，
並為我翻譯了《現代科學》，但他過去曾參加過國民黨。盧
劍波也是獨身一人在成都，不過他還有個兄弟在這裏，雖然
他們的志向不同，但他的弟弟是一個同情者，而且懂法語。盧
劍波不知疲倦地工作，但不幸的是他在成都國民黨日報的副刊
上發表了自己的日記《思考》（日報的主編是他的私人朋友），為
此，人們不願讀他的作品。在福建，也僅僅是在那裏有一個極
端自由主義運動。運動規模並不大，卻是一個真正的運動。我
們的同志在那裏創辦了一所學校，還開了一家小小的出版社，
他們出版了十來本小冊子，其中有盧翻譯的馬拉鐵斯達無政府
主義的文章，第一輯中還有我翻譯的柏克曼的文章。註14

但是，巴金仍「單槍匹馬」堅持著自己的啟蒙立場：

　　我非常歡迎你將要出版的關於「自由哲學」的小冊子。
我相信它的出版一定會取得巨大成功，世界已經在受難中，
並且仍有那麼多受難者仍在極權主義和資本主義的奴役下呻
吟。從世界大戰中逃生的人民需要太多的光明解放思想來啟
蒙他們、幫助他們以擺脫奴役成為一個自由人。註15

圖左：妃格念爾（1852-1942），巴金
　　　說：「在這個女人面前，我實在
　　　太渺小了。」
圖右：妃格念爾的回憶錄曾深深吸引了
　　　巴金，他說：「實在這部書像火
　　　一樣點燃了我的獻身的熱望，鼓
　　　舞了我的崇高的感情。我每讀一
　　　遍，總感到勇氣百倍。」此為巴
　　　金譯《獄中二十年》書影（文化
　　　生活出版社1949年2月初版）。

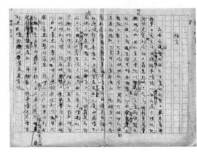

圖左：在時代的轉換
　　　中，巴金埋頭翻
　　　譯，此為他所譯
　　　若克爾的《六
　　　人》譯稿之一
　　　頁。
圖右：巴金翻譯克魯泡
　　　特金的《俄法獄
　　　中記》手稿，此
　　　稿未刊。

　　在這封信裏，巴金對戰後中國人的生活有著非常清醒的判斷：
「仍有那麼多受難者仍在極權主義和資本主義的奴役下呻吟」的
「受難者」，的確，勝利後的短暫興奮之後，國民們「享受」到的
是越來越迷惘的現實；根據《中華民國史》所列述的事實，我們看
到的是社會動盪、民不聊生的局面。抗戰時中國經濟遭受重創，戰
後元氣尚未恢復，內戰又開始，使得經濟上雪上加霜，而對人民生
活的嚴重影響，又使社會動盪，腐敗滋生，加上政治上的不民主，
使得人們對於國民黨政府不存信心。「惡性通貨膨脹導致一般民眾
生活水準的急劇下降。法幣購買力指數，從戰爭結束時的0.289，
下降到1947年3月的0.0089，即下降了30倍以上。……據統計，一
個昆明大學教授，戰前月工資為350元，到1945年下半年超過11萬
元，為戰前的300倍以上，但同期生活費指數上漲6039倍，因此實
際收入只及戰前的1/20。」[註16]隨著內戰擴大，國民黨統治區的經
濟已經處在崩潰的邊緣：「1948年6月間，物價上漲的速度突然加
快。6月25日上海物價狂跳，商店每隔二三小時更改一次標價，虬江
路及金陵路上幾家商店貼著紅紙佈告：『貨價飛漲，暫停營業。』
正好上海市議會在此期間開了十天的會議，7月1日議長潘公展在休
會時說：『開了十天會，上海物價波動極大。十天比過去三個月漲
得更令人驚心。如米價，過去三個月漲了四倍，而這十天就漲了三
分之一，照這樣下去大家都不能生存了。』」[註17]三個月以後，糧

食和日用品的搶購風潮開始了：「在十月的第一個星期裏，大批大批的人群瘋狂地衝進商店，不管是食品還是奢侈品，見了東西就搶購。起初，商店是縮短營業時間，遲開門、早關門，接著便把所有的存貨都收藏起來不賣。窮人買不到米，麵包房買不到麵粉，豆腐房買不到大豆……商店關門或是被員警強迫開門數小時，貨架上卻是空空如也。上海這種停業情況的消息很快傳到其他大城市。」註18
在這種情形裏，巴金一家的生活也受到了嚴重的威脅：

> 其實我的生活也並不好，不過我一家三口人，支出少一些。我一向靠稿費生活，當時蔣介石政權的法幣不斷貶值，每天在打折扣，市場上可買的東西很少，鈔票存起來，不論存在銀行或者存在家裏，不到幾天就變得一文不值。起初我和蕭珊眼睜睜看著鈔票化成烏有，後來也學會到林森路去買賣「大頭」，把鈔票換成銀元，要購買東西時再把銀元換成鈔票。我上街總要注意煙紙店門口掛的銀元（「大頭」）牌價。在那些日子要活下去的確不是容易的事。均正夫婦關心我們一家的生活，國華嫂在家務上經常給蕭珊出點主意幫點忙。不久解放大軍渡過長江，南京解放，上海形勢更緊張，稿費的來源斷絕，我沒有收入，又沒有儲蓄，不知道怎樣度日。我和蕭珊正在為這個發愁，均正夫婦來了，告訴我們，開明書店發給他們「應變費」十天一次十塊銀元，他打算代我向書店交涉「借支版稅」。我當然同意。第二天他就給我送來大洋十元……註19

大約過慣了清苦的生活吧，巴金一家人倒也沒有驚慌失措。巴金在僅有的生活費中居然還能省出買書的錢，拼命買人家拋售的西文書，而蕭珊性格中仍有種少年不識愁滋味的成分，黃裳曾記下這

巴金編著的譴責德國納粹罪行的圖文集《納粹殺人工廠——奧斯威辛》（平明出版社，1951年3月初版）

樣的細節：「我只記得有一次陪著蕭珊拿著開明書店開出的期票去兌現，兩人坐了三輪車從書店趕到銀行，取出用小口袋裝著法幣坐在車上毫無辦法的情景。當時『大頭』（銀元）好像還沒有出現，如不將手頭的法幣立即變為物資，幾天以後就會變成一堆廢紙，那真像手裏捏著一團火。可是『搶購』些什麼呢？誰也不知道。就是在這樣緊張尷尬的時候，蕭珊依舊是高高興興的，彷彿是在進行一種新鮮有趣的冒險活動。」[註20]

　　1948年底，戰火就要逼近上海，許多人在考慮走和不走的問題，巴金也不得不面臨著抉擇。國民黨方面在搶運文化人到臺灣，據說張道藩都為巴金買好了船票。當時，巴金居住的淮海坊附近特務很多，生怕巴金脫離他們的視線。有一次一個怪裏怪氣的人敲門問蕭珊：巴金到什麼地方去了。恰好，巴金買了一大堆書走回來。蕭珊怕特務帶走巴金，急中生智，連忙對巴金說：你找李先生呀，他不在啊，他出去了。巴金心領神會趕緊扮成送書的書店店員，放下書就走了。要奪取全中國勝利的共產黨政權，也在團結文化人。1948年秋，楊剛從香港到上海問巴金想不想去解放區，因為當時的全國文協理事大部分都離開了上海。巴金表示家裏走不開，書店（文化生活出版社）也離不開。後來又說：我就留在上海迎接解放。1948年冬天，黃佐臨從香港來到上海，夏衍託他帶信，希望巴金到解放區看一看。恰巧蕭珊到寧波探親去了，巴金仍是回答：

家裏離不開，手頭的事情也放不下。1949年二三月份，陳白塵再次捎來了夏衍的問候，還是希望巴金去解放區。巴金的回答是：自己不善於搞政治，不會講話，也不喜歡見人，還是留在上海迎接解放吧。同時，他表示：絕不當「白華」；他願意留在上海，以後也願意接受改造，將來可以搞點出版和翻譯工作。巴金還曾勸過他的朋友畢修勺留下來。儘管等待他的命運難以預料，但他相信噩夢終會結束。從巴金給國外友人的私人信件中可以看出：巴金一直努力固守以往的生活方式，力爭保持一個書生的本分。面對著戰爭，他所做的只能如在抗戰時期「孤島」中的上海那樣「希望和等待」：「由於目前這個國家的形勢，我現在不能寄你要的文章。自從去年11月份起，這個城市已經處在戰爭的恐怖之下，我們生活在軍事管制中（儘管不是嚴格意義上說的這個術語），這兒的人民不知道將有什麼在等待他們：戰爭，還是和平？形勢如此嚴峻以致我不能寫任何東西，至少現在是如此。」[註21]1949年5月底，他平靜地迎來了新的政權，對於「新氣象」還有很多讚賞的話語，他也謹慎地談到了個人生活，強調沒有什麼改變，依舊做著翻譯和文化工作，對於這一點他似乎很知足。他也談過自己的打算：「我還好，像通常一樣繼續從事文學工作，想是沒有什麼麻煩。我的小說曾經賣得很好，但最近市場流通在很壞地緊縮。可是，我能夠依靠翻譯世界名著來維持生活。」[註22]1949年6月3日致嘯塵、鍾時信中說：「我的生活和工作都不會改變。《六人》快要譯完了。仍將續譯克氏的《俄法獄中記》。」[註23]1949年10月29日致鍾時信：「我目前生活較前稍苦，但仍能活下去。解放軍入城後，一切比較國民黨時代都好得多。國民黨政府的腐敗真是天下第一，他們五月中旬敗退前還殺了不少的良民。我現在繼續譯妃格念爾的《自傳》。什麼時候能印出，還說不定，因現在書的銷路較差，我的書的銷路也少了。」[註24]1949年12月3日致鍾時信：「我很好，仍舊在[做]我的編校翻譯工作，生

圖上：黃源、周而復、魏文伯、舒
　　　同、巴金、許廣平（從左至
　　　右）1949年攝於魯迅墓前。
圖下：1950年12月赴波蘭參加保衛
　　　世界和平大會，攝於哈爾濱
　　　火車站。

活稍苦，但是還可維持。我一家三口也許明年還要添一個小孩。我現在翻譯屠格涅夫的小説。克氏獄中記尚未譯完，因這書目前還無法出版。我寄了一本《六人》，想已收到。這本書深一點，倒是好書。妃格念爾自傳第一部在翻譯中，半年內可以譯完。」[註25]1950年5月13日致鍾時信：「可是一般人的購買力也很差，所以書的生意（除了政治學習書好）也很壞。像克氏全集的書現在不能出了，唯一原因是沒有多少人買，印一本得花不少錢，卻賣不出去。《俄法獄中記》我還是要慢慢地譯完的。留到一般經濟狀況好時再出版吧。」[註26]

　　信件中是巴金較為個人化的語言，跨入新時代，作為一個公眾人物他還有很多公眾活動和公開表態。巴金是在小心翼翼地與新的時代磨合，特別是四十年代初在桂林不了了之的「巴金研究」、抗戰勝利後在上海的「新傷感主義」等左翼陣營對他的批評不能讓他

1951春與蕭珊、女兒小林、兒子小棠攝於復興公園。

不心有餘悸，因此，他以謙卑的姿態參加不同的活動。1949年7月，他參加了中華全國文學藝術工作者代表大會，並寫了一篇〈我是來學習〉的發言，在文章中，他熱情地讚揚了新的人民文藝。緊接著，在9月21日，巴金又出席了中國人民政治協商會議第一屆全體會議，接著參加了10月1日的開國大典。1950年6月，巴金再次去北京，出席第一屆全國政協第二次會議，7月中旬，又匆匆趕回上海，參加上海市首屆文學藝術工作者代表大會，並發表短文〈「會」把我們更緊密地團結在一起〉。10月30日，巴金作為第二屆世界保衛和平大會的中國代表團成員到華沙開會，1951年7月，巴金參加了北方老根據地訪問團華東分團，到沂蒙山區訪問和蘇北訪問……巴金在這些活動中學習如何適應這個新時代。

>>> **注釋** --

註1：巴金：〈關於《寒夜》〉，《全集》第20卷第692-693頁。

註2：巴金：〈紀念我的哥哥〉，《全集》第13卷第525頁。

註3：黃裳：〈關於巴金的事情〉，《讀書》1985年第10期。

註4：周海嬰：《魯迅與我七十年》第134-135頁，南海出版公司2001年9月版。

註5：巴金：〈《巴金譯文選集》序〉，《全集》第17卷第299頁。

註6：巴金：《獄中二十年・後記》，《巴金譯文全集》第9卷424頁。

註7：巴金《六人・後記》，《巴金譯文全集》第6卷第565頁。

註8：巴金1948年12月28日致Rudolf rocker信，《佚簡新編》第32-33頁。

註9：巴金1949年2月6日致Agnes Inglis信，原信為英文，《佚簡新編》第15頁。

註10：巴金1949年12月31日致Agnes Inglis信，原信為英文，《佚簡新編》第21頁。

註11：巴金1950年9月18日致Agnes Inglis信，原信為英文，《佚簡新編》第24頁。

註12：巴金1949年12月29日，致鍾時信，《佚簡新編》第80頁。

註13：巴金1949年2月14日致Agnes Inglis信，原信為英文，《佚簡新編》第16頁。

註14：巴金1949年3月18日致CRIA（克里亞）信（法文），現收《世紀的良心》。

註15：巴金1949年1月23日 致Boris Yelensky信，原信為英文，《佚簡新編》第43頁。

註16：汪朝光：《中華民國史》第三編第五卷第329頁，中華書局2000年9月版。

註17：朱宗震、陶文劍：《中華民國史》第三編第五卷第368頁。

註18：張公權：《中國通貨膨脹史》第235頁，此轉引自朱宗震、陶文劍：《中華民國史》第三編第五卷第413頁。

註19：巴金：〈懷念均正兄〉，《全集》第16卷第519頁。

註20：黃裳：〈關於巴金的事情〉，《黃裳文集・雜說卷》第462頁，上海書店出版社1998年4月版。

註21：巴金1949年1月23日致Boris Yelensky信，原信為英文，《佚簡新編》第43頁。

註22：巴金1949年12月31日致Agnes Inglis信，原信為英文，《佚簡新編》第21頁。

註23：巴金1949年6月3日，致嘯塵、鍾時信，《佚簡新編》第78頁。

註24：巴金1949年10月29日，致鍾時信，《佚簡新編》第79頁。

註25：巴金1949年12月3日，致鍾時信，《佚簡新編》第79頁。

註26：巴金1950年5月13日致鍾時信，《佚簡新編》第82頁。

迷失

（1952-1976年）

一、從書齋走向戰場

走上寫作道路之後，巴金基本上過的是一個自由作家的獨立生活，不喜歡拋頭露面，很少參加社會活動，寫書、辦出版社編書等等，他都恪守一個知識份子的本分。雖然抗戰時他曾任中華全國文藝界抗敵協會理事，但更多的是在道義上盡義務，而非從事實際活動。這種狀況在建國初期還謹慎地持續著，儘管他出席了一些政治文化活動，但從根本上，他仍想繼續過去的書齋生活。從焦菊隱跟他的通信中可以看到他們曾經交流過這樣的想法：

> 吾兄說得不錯：像我們這樣的人，對行政興趣不高，且幹行政也是浪費精力，仍是埋頭譯點寫點來得重要。我一向在朋友中最敬佩你，我認為你最有修養最有深度，一向與庸俗無爭！我這些年學習你，但迄未學上十一。希望以後我跟著你走。如今文藝界朋友有若干人在忙於做官，更有些人仍在毫無意味地打擊別人，因為妒忌所以不惜任何手段，不惜加別人以任何帽

第一次文代會的邀請書。據說巴金和胡風是上海最遲收到大會邀請函的兩位作家。

子，以求自己更高一步！但，這等於一時傾銷而終世無人過問的書一樣！……最後又有什麼結果呢？所以，弟近來亦做此打算，埋頭譯書，不問行政（年後院長及各行政職務均辭去）讓我們有限的幾個朋友「無聞地」在努力吧！迎接文化高潮的，不是那蹦蹦跳跳的，而是這些「傻小子」！巴金兄，你的話完全對的！註1

　　他甚至想寫作不保險，還是做翻譯工作，1950年擬訂的工作計劃是「翻譯赫爾岑的回憶錄和妃格念爾和屠格涅夫的作品共三十萬字。」註2「埋頭譯點寫點」，「『無聞地』在努力……」，這只是一些知識份子的美好心願而已。他得學會很多過去不曾做過的事情，比如一些重大的社會事件需要他以作家的身份出來表態。1949年8月，港英政府下令驅逐香港文協常務理事周鋼鳴，馮雪峰、許傑、魏金枝、靳以、胡風等作家紛紛發言抗議，向不喜歡拋頭露面的巴金也身在其中，他說：「香港是中國的土地，香港的繁榮一直是由中國人民的血汗培養起來的。中國人民在香港有居住權，有自

1949年攝於第一次文代會上，右起：巴金、李健吾、曹禺、鄭振鐸、陸申、靳以。

圖左：1949年首次文代會期間攝於北海，巴金來這裏似乎在追尋三十年代舊夢，當時他住在北
　　　海對面的三座門大街，與朋友辦雜誌、寫文章、到北海的五龍亭喝茶聊天。
圖左：1949年7月巴金攝於北京，他是來出席首次文代會，並做了《我是來學習的》書面發言。

由發言權。這是不能讓帝國主義剝奪去的。現在必須用集體的力
量，爭回這個權利。」註3這話還略顯生硬，但以後他越來會說的越
熟練，而且在巴金之前的文章和發言中，很少有「中國人民」以
「中國人民」發言者自居的口氣說話，都是個人心聲的表達，但後
來，他文章中這樣集體名詞和大概念也是越來越多了。在一個大時
代中，渺小的個人可能完全無法把握自己的命運，許多有形無形的
壓力使他們不得不另做打算。1950年巴金辭去文生社總編輯職務，
1952年文生社第一批申請公私合營。這一期間，巴金曾支持弟弟李
采臣等人辦過一個平明出版社，在譯介中外名著上頗有成績，但在
1949年以後，私營出版社的生存空間越來越小，紙張申請、圖書發
行等都由國家管制，私營出版社無法與國營社競爭，這也預示著像
巴金這樣的知識份子在體制之外尋求生存空間的努力很難實現。更
何況，作為聞名中外的作家，他的一舉一動都受著全社會的關注。
曹禺致巴金的一封信中便是勸說加督促：「前兩天，翰笙談起你沒
能來參加文教會，因為太忙，言外之意還是希望你能來開會。就來
一次北京吧！我想，你病癒後，再遇開會，無妨來一趟，住在我家

裏，開銷自然不大。文教會雖然沒有經常事要辦，主持人總是盼望你能到場的。」註4看來，巴金對開會表現得並不積極，曹禺雖是以朋友身份來「幫助」他，也未嘗不是代有關方面傳達信息。在整個社會亢奮的形勢下，那些為人關注的知識份子不可能再過上躲進小樓成一統的生活，1950年代初學者馮友蘭（芝生）是作為知識份子「丟掉他背上多年的包袱」、經過「數不盡的痛苦的鬥爭」而「可以給旁的知識份子作一個參考」的例子而被介紹的。「像馮芝生這樣的學者，在解放以後雖然現實逼他不得不脫離了反動的陣營，可是學者的自尊自信還是有的，起碼在清華園裏他還是文學院院長、哲學系主任，還是有他的『自由』的小天地的。他還盡可逃避，盡可『退隱』，然而，群眾是嚴厲的，……」在群眾的批評下，他「第一次認識了群眾的力量」，「這一下打垮了他的自信，打掉了他的威風──這都是知識份子的包袱。經過了若干時日的冷靜與寂寞，他寫了信給毛主席說，他不願意做一個『盛世之遺民』，他志願學習、改造，希望群眾能給他一個自新的機會」，於是「他下鄉參加了土改工作」……註5巴金有放不下的「包袱」，也有要儘快融入新社會的期盼，於是就有了1952年3月至10月、1953年8月至1954年1月，兩次到朝鮮戰地採訪的事情，像巴金這樣的著名作家到朝鮮前線做短期慰問的很多，長時間而且還是兩次入朝採訪的似乎並不多。巴金後來曾說過：「兩次入朝對我的後半生有大的影響」註6此非虛言註7。甚至可以看作他後半生重要的轉捩點，這是一個自由作家與新政權相互磨合、相互協調的一個標誌，它也徹底改變了他的生活狀態。

1952年3月赴朝途中，在瀋陽寫給妻子蕭珊的信，文字中可見複雜的心情。

巴金是在大家的動員和推動下「放下包袱」的。晚年，他曾

對到朝鮮採訪做過這樣解釋：「一九五二年一、二月我在上海接到家寶的信，他說丁玲要他動員我參加全國文聯組織的赴朝創作組，我徵求過蕭珊的意見，她同意我去朝鮮，便給家寶回了信，過了春節我就去北京報到。」[註8]現在能夠看到的丁玲給巴金的信所表達的意思已經很明顯了：大勢所趨，希望作家能夠走出來感受新的生活，而這些也是「舊知識份子」改造思想的一部分。1951年11月24日胡喬木在北京文藝界整風學習動員大會上有一個題為〈文藝工作者為什麼要改造思想？〉的演講[註9]，他認為當時的文藝界資產階級、小資產階級思想嚴重，因此首要任務便是確立工人階級的思想領導，進行文藝工作者的思想改造。丁玲在給巴金的信中說的貫徹喬木同志指示，要組織作家到工廠、朝鮮戰場，對巴金，她特別說：「因此我極希望你能抽出一段時間來，如果不能去朝鮮，則去工廠也可。因此我魯莽的把你的名字列在調集作家的名單之內，這種希望和魯莽我以為可以得到你的諒解的。你是否能設法來滿足我們的希望呢？」[註10]這封信的前面，丁玲說巴金的作品「思想上還有所不夠」，去朝鮮大約是她認為提高的途徑，她的客氣中帶著一點命令。巴金不會讀不懂丁玲的意思，更沒有理由不答應。入朝前他在北京集中學習的一個月，當時給蕭珊寫了很多信，在厚厚的一本《家書》中並沒有什麼太多情意綿綿的話，惟有這一時期的信件，巴金向蕭珊不斷地傾訴內心的猶疑，並非是害怕戰火危及生命，在抗戰中巴金已經「身經百炸」，對戰爭他一點也不陌生，他所擔心的是自己對新生活不適應，或者說改變了生活方式，新的生活究竟是什麼樣子他比較茫然。「我的確想家，我真不願意離開『家』，離開你們。」[註11]「你想想，我現在做的都是我不習慣而且不會做的事……」[註12]巴金是帶著巨大的心理壓力跨出了書齋，走向戰場。面對著一個令他完全陌生而又極希望融進的新生活，他無所適從，不知道這個全新的社會能夠多大程度接受他，正如他給妻子的信上

所言：「這次分別我心裏最難過，因為分別時間最久，而且對前面的工作我全無把握。我無經驗，無工作能力和方法，有的就是熱情和決心。」他「想使自己成為一個更有用的人」^{註13}這番話說得毫無信心，似乎多少年來只做了一個「沒有用」的人。這樣想法當然跟當時的關於知識份子的宣傳和界定有關，是工人和農民創造了新世界，知識份子好像是附著在資本主義、帝國主義這張皮上的「毛」，過著優裕甚至是「剝削」人的生活……這種論調將知識和腦力勞動的價值貶低到了極點，也使許多知識份子喪失了衡量自己價值的座標，進而對自己的工作和過去的一切產生了懷疑，有了罪惡感，於是就有一大批批判自己的文字產生。巴金在這時還沒有走到這一步，但他至少是不敢再說寫作能使自己「變得善良些、純潔些，對別人有用些」這樣的話了。在入朝之前，巴金最擔心的問題是自己沒有用處了或者說不為人所用了。

巴金「不積極」並非表示對新政權的排斥。相反，在「五四」影響下的知識份子面對著新政權的誕生內心中還是有很多欣慰感的，不管政見是否一致，在巴金等人的信仰中與新政權所給出的局面之間是有著很多同構性的。雖然，他們無法分享「新中國」的勝利喜悅，但這個結果也與他們追求的信念有著很多一致之處。在私人信件中，對比於國民黨政權的腐朽，巴金對新政權表達了由衷的歡迎。「在上海戰事的最後幾天裏國民黨的反動軍人和黨棍像發了狂似的殘殺良民，活埋，槍殺，酷刑，監禁，無所不用，弄到人人自危。要是他們在上海多守半個月，恐怕連我也無法活下去了。『解放軍』上月二十五日開始進城，上海戰事到廿八日完結。現在秩序恢復了，並且有了新的氣象。」^{註14}1950年5月13日致鍾時信：「中國大陸差不多全解放了。帝國主義勢力完全打倒了。的確有一些新氣象，有改善，有進步；主要的驕奢淫逸的現象沒有了，貧富間的差別漸漸在偏短，連有錢人也不得不找工作了。一班負責幹部

都能苦幹。但也有少數人思想狹窄。不過，困難還是很多。一般人的生活一時也未能改善多少。失業的現象也相當嚴重。連文生社的生意也差多了。幣值已穩定，物價也常跌，這是好現象。」[註15]不光是巴金，他們那一代知識份子都經歷了動盪的歲月，可怕的戰火，還有內政的腐敗，而今呈現出的「新氣象」無法不打動他們。沈從文在下鄉土改後在給夫人的信中這樣寫道：

> 一出來，心中即只有一件事，放下包袱，去掉感傷，要好好的來為國家拼命作事下去，來真正作一個毛澤東小學生。因為國家實在太偉大了，人民在解放後表現的潛力，無一處不可以見出。共產黨在為人民作事工作上，也實在是無所不至。……有些窮人聽說我們從北京來，都說是「毛主席關心窮人，天下窮人是一家。」這句話不僅表示人民信賴，實在是無可比擬的力量！[註16]

除了被新氣象征服的心情之外，巴金的理想與新政權的同構性，還可以從他的一些言論中看出，由於對於新的語言還不是很熟悉，巴金最初的一些發言是用自己的語言和理解去兌換官方語言

圖左：20世紀50年代中期，《收穫》雜誌編委（左起）羅蓀、靳以、巴金、周而復在北京北海，他們共同努力創刊了《收穫》，並對這份雜誌的前景充滿信心。
圖右：1953年7月24日所攝的全家福。

的，他在尋找個人思想與公共語言的契合點，這種契合表明了二者很強的同構性，他熱情地讚揚了新的人民文藝：「我看見人怎樣把藝術和生活揉到一塊兒，把文字和血汗調和在一塊兒創造出來一些美麗、健康而且有力量的作品，新中國的靈魂就從它們中間放射出光芒來。」[註17]這個觀點幾乎就是克魯泡特金心目中革命文藝觀點的翻版。巴金還說過：「作為一個作家，我認為我的任務是宣傳和平，我認為我的任務是把人類團結得更緊密。我願意每張嘴都有麵包，每個家都有住宅，每個小孩都受教育，每個人的智慧都有機會發展。」[註18]後面一句話幾乎是義大利無政府主義者凡宰特的話複述[註19]，巴金很喜歡引用它表達自己的社會理想。因為新政權強調向工農兵學習，與群眾打成一片，所以，巴金就用他所熟悉的俄國民粹派的行為做比：「你們中間有不少的人真像十九世紀八十年代『到民間去』的俄國青年那樣拋棄了富裕的家庭和舒適的生活去冒險、去嘗艱苦，把自己的命運跟廣大的同胞的命運結合在一起。」[註20]巴金晚年有過這樣的解釋：「1949年後，既然這是為人民擁護的政權，我就向人民投降，接受改造。我希望能改造自己成為人民所需要的。」[註21]有了對新政權這種「認同感」，巴金及同代人難免有一種融進時代中的願望，接受改造，不但是外在形勢所迫，而且也是他們個人的願望，希望改造好了及早地融入新社會。更何況，多少年來，「五四」知識份子以人民代言人自居，他們不能容忍自己被人民拋棄，因此，他們在情理上都能接受放棄自我「投降」人民的說法。在對於新社會的思想取向上，「五四」和受「五四」影響的知識份子思想中普遍存在的民粹主義的因素無形中起到溝通作用。新政權強調「人民至上」的理念與巴金等人思想中的民粹主義因素達成了一致。在這裏，「人民」都是有著極強的抽象性和道德感的名詞。有學者引用席爾斯（Edward Shils）的話認為民粹主義就是「一種對於平民百姓、未受教育者、非智識分子之創造性和道德優越性的崇信。」

「它崇拜的是一個抽象同質的『人民』的整體概念，對於具體的構成『人民』的個體，民粹主義並不重視他們的意義，而認為他們是感性的、混濁的、蒙昧的、原生態的和低等的，具有濃厚的草根氣息。」「在激進的民粹主義者看來，『人民』一詞充滿感情和親近感，是正面的和積極的概念。他們認為，人民或許具有非理性的特徵，但他們無疑具有高尚的群體道德，因此，民粹主義者用『人民』來命名他們的主義，把人民作為整體奉若神明，崇敬有加，甚至把其設想成一個神秘的實體，無所不在，無所不能，擁有崇高道德與非凡智慧。」註22這種並不重視人民個體而注重將其看做整體並奉若神明的態度，從積極方面來講，有助於社會平等、正義的實現；從消極方面講，它極其容易以集體的名義肆無忌憚地侵犯個人的自由，甚至會導致個人是罪惡的、知識是罪惡的等觀念。對此，伯林曾借分析赫爾岑的自由觀，借助赫氏的話反覆闡述過：「為壓迫與殘忍辯解、奉空洞抽象之名——『歷史』、『歷史命運』、『國家安全』或『事實邏輯』之『要求』——而將一己的武斷意志強加於千萬人類，確是罪行。『人民的福利是最高法則，即使毀滅世界，也要讓正義實現』都帶有焚死活人、血、宗教裁判、酷刑以及一般所謂『秩序之勝利』的濃烈氣味。抽象事物，縱不論其邪惡後果，也不過是企圖規避不合我們自己預設圖式的事實而已。」註23「他（赫爾岑）最恨之事，是公式的專制——從某種並無實際經驗基礎的先驗原則中推演出一些安排，而使人類屈就這些安排。……他斷言，環伺我們社會的一大危險，是理想主義者假利他主義之名、以圖謀多數人幸福的手段為名，作清高無私狀，馴服並壓制個人。」註24

　　長期「鬥私」的惡果，巴金等人是切實領教了，但他不可能像伯林那樣做出自由主義的反思。在那種熱火朝天的時代氣氛中，他感受到的是自己理想中一部分得到實踐。在這樣的思想契合點上，

巴金和同時代許多知識份子一樣，興奮地面對著社會上的各種新氣象。在1950年9月18日致Agnes Inglis信中，他充滿期待地說：「也許我將有機會參加土改，地主的土地將分給貧窮的農民。這在中國是打破封建制度，當然是一件偉大的事情。」註25是的，把土地交給耕作者，也是民粹派的主張、無政府主義者的重要主張之一。「土地只應歸於以自己的雙手從事耕種的人們——農業村社成員所有。資本和勞動工具只應歸工作者——工人聯合會所有。」註26這是巴枯甯、茹柯夫斯基當年擬定的《我們的綱領》上的話，體驗過土改之後，巴金不是覺得這些都已經成了現實嗎？

　　這種思想上的同構性還因為面對的對象而更為具體。朝鮮對於巴金不是一個陌生的國度，早在二三十年代他就接觸過朝鮮人，而且給他留下美好的印象，還是在成都辦《半月》雜誌的時候，就有一個姓高的朝鮮人找他探討世界語問題，讓他感受到了朝鮮人「老實、認真、坦率而且自尊心強」。1925年巴金在北京，一位朝鮮朋友「滔滔不絕地對我講了好些朝鮮愛國志士同日本侵略者鬥爭的故事。我第一次瞭解了朝鮮人民艱苦而英勇的鬥爭對朝鮮的革命者我始終抱著敬意。我後來就把那些故事寫在〈髮的故事〉裏面。」註271926年在〈一封公開的信〉中，巴金曾動情地寫道：「記得在我的幼年時代，我便常常聽見日本政府壓迫高麗民眾的故事，我知道他們怎樣的用殘酷的刑罰來對待手無寸鐵的你們，然而同時我又知道你們怎樣不屈不撓的反抗日本政府……我曾為你們痛哭過，我又曾為你們歡躍過，然而我對你們卻不斷地表示欽佩。」同時他表示：「本來全世界的民眾是應該互相親愛，聯合一致的。民眾本無國界之分，所以甲國民眾受了乙帝國主義者的壓迫，乙國民眾也應該起來幫助他們，打倒其本國（乙國）的帝國主義者。」註28在《火》中，他還引用了朝鮮民歌《阿里朗》：「阿里朗，阿里朗，／越過阿里朗山嶺去了。／門前的沃土給誰拿去了呢？／寄身在滿洲地方又是

為著什麼緣故呢？／阿里朗，阿里朗……」[註29]那悲傷的調子讓他對流亡者充滿了同情。如今，炮火再次蹂躪這片土地，難免不觸動巴金的心。而被稱為「美帝國主義」的美國，本來在巴金心中就是一個罪惡和不義的字眼，這一點可能與當時一些留學歐美的知識份子極為不同。在一批自由主義知識份子的心中，英美是一片自由民主樂土，甚至在戰爭開始以後，「恐美症」曾是許多知識份子內心中的一個癥結，但美國卻讓巴金想到薩珂與樊塞蒂，這被巴金稱作「先生」的人，二十多年前就是在這個國度被罪惡謀殺的。這件事情在巴金內心產生強烈的震撼，美國這樣一個金圓帝國留給巴金的印象是資本家剝削工人，官吏以法律謀殺平民，國家用強權欺凌弱者。尤其是在朝鮮戰場上看到戰爭所造成的慘狀之後，巴金本性中同情弱者的心緒自然而然會被激發出來。1949年11月，巴金在一個書面發言中，又舊事重提，雖然同樣是表態，但卻表達了他對

圖上：巴金《赴朝日記》一頁，這些日記記下了他在朝鮮的日日夜夜。
圖下：1952年4月12日巴金和黃谷柳在朝鮮開城戰地。

美國的一貫看法：「今天的美國根本是反動勢力所統治，政權是為集中在少數的反動派手裏，從來對於革命進步運動一貫的採取壓迫和打擊，『合法的』謀殺、陷害，這把戲美國政府幹得太多了，往昔1887年的芝加哥事件，一九二七年的沙凡事件以及美國之會會員無數次的橫遭迫害情形，都可以證明這一事實，但這並無用處，相反的美國進步力量經過每次壓迫後，只有更加抬頭，更加蓬勃。此次美澳希反動政府對於人民領袖的野蠻迫害的舉動，乃是美帝國主義在臨死前的最後掙扎，其結果將會促使它自己的提早崩潰。」註30選擇到朝鮮作為巴金走向新政權的起點，不也是巴金對朝鮮、對美國這種情感與政權需要知識份子做出的姿態合流了嗎？

　　巴金在晚年曾說，他當時想丟下自己熟悉的筆，寫新生活。話好像很輕鬆，但這絕對不是丟下了「派克」，換上「英雄」筆那麼簡單，這有一個痛苦蛻變的過程。特別是有些生活不是他個人的自然選擇，而是別人為他安排的註31，留給他的空間只是讓他學會適應。對於一個自由知識份子來說，取消思想等於取消人的靈魂等於侵犯個人最神聖的領域。然而在轟轟烈烈的知識份子思想改造運動中，在那個時代消滅「小我」融入「大我」，個人是罪惡的、集體才是無限光榮的氛圍中，誰也不敢隨便這樣說。新政權按照它的運作規則，亟需建立一個強有力的權威，包括在人的頭腦中。能夠讓有知識有頭腦的知識份子接受這種權威話語確需花費一些時間，首先政權是利用他把握的傳達聲音的媒介，梳理聲音，讓異端的聲音無法發出，接著是強大的一元化的聲音氛圍的製造，鋪天蓋地的主流話語通過權力被賦予了至高無上的地位之後，與之不同的聲音就不具備合法性，此時再改造和分化這些聲音，讓持有不同聲音者在內心中感動恐懼、感到罪惡，最終放棄自己的聲音而融入到政權確定的話語規範之中。在《劍橋中華人民共和國史》中，作者對於政權與知識份子的關係描述得比較客觀：一方面政權要求知識份子進

行全面思想改造，一方面又鼓勵知識份子在專業上有所成就，「這種互相矛盾的態度使得政策發生搖擺：在鎮壓時期要知識份子服從思想改造運動；在比較鬆弛的時期又給他們以某些責任和優遇，希望在實現現代化中贏得他們的合作。」「中共力求擴大意識形態的一致性，直到知識份子不願生產成果為止；然後又放鬆一下，直到黨的政治控制受到威脅時為止。」註32

　　實際的問題遠遠比解開一個思想癥結要複雜得多。「換筆」之後的巴金比較重要的變化是除了萬丈熱情外，看不到他自己的身影。過去巴金在文章中敞開心扉，顯得那麼坦誠、真摯，而現在作者總是吞吞吐吐，或者盡量不觸及自己的內心世界。寫作方式也發生了變化，過去是有感而發，想寫就寫，不想寫就不寫，現在則是要完成「上面」交代下來的任務。他的採訪幾乎都由專人陪同，採訪對像是事先指定和安排的，具體寫作中的很多問題也要集體討論確定。他入朝之初寫的頭兩篇文章全是這樣，日記清楚地記下了這一切：3月22日，彭德懷接見他們之後，在次日的日記中巴金寫道：「休息一小時，到兩點鐘繼續開會討論彭總的談話，三點三刻結束，同志們要我寫一篇彭總會見記。」註33 25日日記：「八時後開始寫同志們要我寫的〈彭總會見記〉。到十一點半寫完初稿，十二時睡，相當疲倦。」註34 26日，「根據今天再聽彭總講話的心得重寫〈會見記〉，十一點寫完。」註35 27日，「晨七時起，把稿子交給葛洛。飯後大家讀過提了些意見，在伊明房內把文章修改了，再給葛洛。」註36 日記中還記下了這樣的細節：3月30日，「晚六時王部長來作關於描寫英雄人物的創作問題的報告，八點四十分結束」，一群大作家，要人家來教怎麼寫作，這真是「新人新事」。

　　魏巍在日記中曾記下巴金在戰地的一些言行。1952年7月30日，「晚上與巴金扯談，他也很興奮，我說你們多幫助我們這些人吧。我扯了很多，最後我提出了性格問題。這是我最感頭疼的問

題，沒有性格人寫不活，可是性格是多麼難寫。他說，靠日常的觀察和儲蓄。」[註37]對於戰地生活，巴金有機會「日常的觀察和儲蓄」嗎？顯然缺少的恰恰是這些，最多是走馬觀花地參觀。8月6日日記中記道：「一路歸來，談生活方式問題。巴金的生活方式也是值得參考的，他是一個比較自然的觀察者，而我則是一個人為的挖掘者。」[註38]要想做自然的觀察者就要完全融入這種生活中，但巴金在戰地中顯然辦不到這些。還有一個細節好多人都提到過，那是在戰地學習外語。魏巍8月6日日記中也寫道：「昨晚被一種聲音驚醒。原來，巴金在被窩裏念朝文，一邊用電筒照著。這老先生真不得了，是一個有毅力的人！我整日睡眠比他多，他有空就抓緊學朝文和俄文。」[註39]難道，他還準備著不能寫作，就從事翻譯工作？

巴金是勤奮的，朝鮮歸來之後，他的寫作找到了新的題材和方向，戰地的生活成了他寫作的主要內容，六十年代去了越南之後，又多了一個控訴的內容，除此之外，所寫的就是出訪見聞、參觀記錄等。在1949年以後，他寫了大量作品：散文集《友誼集》、《新聲集》、《讚歌集》、《傾吐不盡的感情》、《賢良橋畔》、《炸不斷的橋》、《爝火集》等，小說有《英雄的故事》（平明出版社1953年初版，收小說四篇）、《明珠和玉姬》（中國少年兒童出版社1957年4月初版，收小說兩篇）、《李大海》（作家出版社1961年12月，共收小說七篇）、《楊林同志》（發表於《上海文藝》1977年10月號）。在1949年以後巴金僅發表了十四篇短篇小說，在這些作品中，人們能夠記住的又有多少呢？談論巴金的作品，人們似乎都忘記了還有一本《三同志》，這部十多萬字的小說是巴金1949年以後最長的一部小說。但在1961年脫稿之後，只有他的妻子蕭珊看過，從此以後就在箱子裏鎖了整整三十年，直到1991年編印《巴金全集》時才第一次與讀者見面。一部十萬字的作品成為「廢品」沒有發表，在巴金創作生涯中絕無僅有，在文學創作上巴金可

以說一帆風順，幾乎很少遭遇這樣的事情，唯有《死去的太陽》被人退過稿，後來經修改也發表了。成名後是別人搶他的稿子，文債成堆，他從來不愁沒處發表，而且他也不是字斟句酌的苦吟型作家，有時創作反而很不節制，作品源源不斷發表，所以《三同志》遲遲不肯與讀者見面反映出巴金「換筆」後的窘境，至少他對自己的創作也不滿意，矛盾的是他又無法停筆。今天人們可以舉出張中曉、顧准這些獨立特行的名字，他們基本上是在不為人關注的情況下表達自己的思想，而且並沒有傳播到公眾層面，像巴金這樣的人恐怕不具備這樣的條件，相反許多文章都是作為任務被指定來寫的。起初是被動地接受，後來是主動地迎合，越陷越深，所以到六十年代的《大寨行》巴金只有迎合當時的政治宣傳，寫了大寨三代人愛恨分明的鮮明的階級立場、堅定的共產主義信念，把一切都圖解成兩條路線的鬥爭，甚至一個十四歲的少年滿腦子都是政治[註40]。而且他也學會了粉飾現實，明明心裏想的是一輛輛的參觀車小小大寨能承受得了嗎，可是筆下卻寫著「大家站在車上有說有笑，顯然是看得十分滿意」[註41]這是一個作家的真正的創作嗎？可是，他的「向

圖左：1964年巴金在大寨的田間地頭，回上海後，他寫下了長篇散文《大寨行》，該文充滿著強烈的時代色彩。

圖右：1959年巴金與蕭珊在新安江建設工地，1949年後這樣的訪問和體驗生活，他們經歷了無數次。

前走」畢竟得到了大家的肯定，也取得了新政權更大的信任[註42]，換掉了那枝寫慣黑暗和痛苦的筆，開始歌唱新社會光明和幸福，從出發點來講，這是沒有錯的，問題是作家的創作能夠靠別人「安排」來進行嗎？放下熟悉的題材不去寫而去寫自己力所不能的事情，除了精神可嘉之外，在創作上能夠順利實現嗎？被安排著去體驗生活幾乎是巴金建國後接觸社會的唯一方式，他接觸到的現實生活居然都是靠著參觀和介紹瞭解到的，且不說對生活的熟悉程度，就是思想上的框子也是致命的硬傷。不能在作品中將自己的真實想法自如地表現出來，作家到底是一個什麼角色？

>>> **注釋** --

註1： 焦菊隱1950年2月13日致巴金信，上海巴金文學研究會整理《寫給巴金》第106-107頁，大象出版社2008年10月版。

註2： 〈滬作家創作計劃　九十多人已訂好〉，1950年4月29日《人民文化報》第17號報導。

註3： 巴金等：〈香港英帝政府無理暴行　激起文藝界普遍憤怒！〉，1949年8月11日《人民文化報》第4號。

註4： 曹禺1950年3月21日致巴金信，陳思和、李存光主編《生命的開花──巴金研究集刊卷一》第187-188頁，文滙出版社2005年5月版。

註5： 黃裳：〈知識份子的改造〉，《來燕榭集外文鈔》第425、426頁，作家出版社2006年5月版。

註6： 巴金：〈致樹基（代跋）〉，《全集》第20卷第708頁。

註7： 巴金在朝鮮的詳情請參考周立民〈朝鮮的夢──巴金在1952〉，《另一個巴金》，大象出版社2002年版。

註8： 巴金：〈致樹基（代跋）〉，《巴金全集》第20卷第708頁。

註9： 刊於1951年《文藝報》第5卷第4期。

註10： 丁玲1952年1月7日致巴金信，刊《生命的開花──巴金研究集刊卷一》第189頁。

註11： 1952年2月18日巴金致蕭珊信，《家書》第24頁。

註12： 1952年2月28日巴金致蕭珊信，《家書》第40頁。

註13：巴金1952年2月18日致蕭珊信，《家書》第24頁。

註14：巴金1949年6月3日致嘯塵、鍾時信，《佚簡新編》第78頁。

註15：巴金1950年5月13日致鍾時信，《佚簡新編》第81－82頁。

註16：沈從文1951年11月8日致張兆和信，《沈從文全集》第19卷第153頁，北嶽文藝出版社2002年12月版。

註17：巴金：〈我是來學習的〉，《全集》第14卷第3頁。

註18：巴金：〈給西方作家的公開信〉，《全集》第14卷第17頁。

註19：巴金曾經翻譯過凡宰地的自傳《我的生活故事》（1928年初版名為《一個賣魚者的生涯》，1939年改名為《一個無產者的故事》，現名為1940年所改），其中凡宰特的原話是這樣：「我希望每個家庭都有住房，每個口都有麵包，每個心都受著教育，每個智慧都得著光明。」見：《巴金譯文全集》第8卷第269頁。

註20：巴金：〈一封未寄的信〉，《全集》第14卷第12頁。

註21：轉引自丹晨：〈靈隱長談〉，丹晨編《巴金評說七十年》第161頁，中國華僑出版社2006年1月版。

註22：林紅：《民粹主義——概念、理論與實踐》第31、32、35頁，中央編譯出版社2007年4月版。

註23：〔英〕以賽亞・伯林：〈赫爾參與巴枯寧論個人自由〉，《俄國思想家》第108頁，其中引文出自赫爾岑的《彼岸書》。

註24：〔英〕以賽亞・伯林：〈輝煌的十年〉，《俄國思想家》第236頁。

註25：巴金1950年9月18日致Agnes Inglis信，《佚簡新編》第24頁。原信為英文。

註26：〔俄〕巴枯甯，茹柯夫斯基：〈我們的綱領〉，見：中共中央馬克思、恩格斯、列寧、史達林著作編譯局國際共運史研究室編譯《俄國民粹派文選》第46頁，人民出版社1983年11月版。

註27：巴金：〈關於《火》〉，《全集》第20卷第650、651。

註28：巴金：〈一封公開信〉，《全集》第18卷第78、79頁。

註29：巴金：《火》，《全集》第7卷第106頁。

註30：〈抗議美澳希野蠻行為　文化界人士發表談話〉，1949年11月2日《人民文化報》第21號。

註31：程光煒說得有道理：「解放後，巴金是全國文藝界唯一不拿國家工資的重要文人，但他的一切活動卻不可能不在國家和社會體制的架構中。」（程光煒《文化的轉軌——「魯郭茅巴老曹」在中國》第237頁。）

註32：〔美〕R.麥克法誇爾、費正清編《劍橋中華人民共和國史》上卷198頁，引文部分作者為默爾‧戈德曼，謝亮生等譯；中國社會科學出版社1990年8月第1版、2007年3月印刷本。

註33：巴金1952年3月22日日記，《全集》第25卷第7頁。

註34：巴金1952年3月25日日記，《全集》第25卷第8頁。

註35：巴金1952年3月26日日記，《全集》第25卷第9頁。

註36：巴金1952年3月27日日記，《全集》第25卷第9頁。

註37：魏巍：《四行日記》第46頁，中國文聯出版社2008年1月版。

註38：魏巍：《四行日記》第49頁。

註39：魏巍：《四行日記》第49頁。

註40：見巴金〈大寨行〉，《全集》第15卷。

註41：巴金：《說真話》，《全集》第16卷第230頁。

註42：直到1981年4月，胡喬木談到深入生活還舉巴金為例：「最明顯的例子是，巴金同志和部隊生活從無接觸，也兩次到朝鮮前線，時間都不太長，在這不長的時間裏作了觀察，受了感動，引起創作衝動，寫出了成功的作品。他自己也認為這是成功的經驗。像巴金這樣的有豐富創作經驗的作家，也可以在原來不熟悉的環境中觀察、感受、寫出成功的作品，可見是不能完全否認上面這種辦法的。」見胡喬木〈談軍事題材文學的創作〉，《胡喬木文集》第3卷第167頁，人民出版社1994年12月版。需要說明的是巴金並不認為自己是成功的。

二、從早春到嚴冬

洪子誠曾把1949年以後的中國大陸的文學狀態稱為「一體化」，具體而言是指：1、一種文學形態演化為占絕對支配地位甚至唯一文學形態的過程；2、指這一時期文學組織方式、生產方式的特徵，包括文學機構、文學報刊，寫作、出版、傳播、閱讀、評價等環節高度一體化的組織方式和因此建立的高度組織化的文學世界。3、一體化是這個時期文學形態的主要特徵，它表現為題材、主題、藝術風格、方法等趨同化傾向[註1]。而吳俊則直接將中國當代文學命名為「國家文學」，即「由國家權利全面支配的文學」，「是被完全改造、整合、納入到國家權利範疇之中的意識形態」，「而且它還充分自己地履行了這種表現或代言的職能與使命，即它是充分自覺地服務於國家權利目標的。」[註2]要全面理解巴金等人的選擇首先得對這個時代的文學特點和他們的生存處境有所瞭解，而在這樣「大一統」的文學格局中，五四新文學和新文學作家們處於什麼位置呢？

因為毛澤東曾經高度地評價了「五四」在中國現代史上的作用，並且把它與中國共產黨的誕生聯繫起來，所以在意識形態上，中國共產黨並未否定「五四」，而是以五四精神遺產的承繼者和發揚者而自居，但是在具體策略的執行上卻又有著很微妙的態度。比如因為有資產階級思想與無產階級思想之分，當政者在執行中

就有很大的靈活性，他們可以宣佈一種符合要求的文學屬於無產階級的，而將對立面斥之為資產階級，也就是說提倡什麼樣的「五四」未必跟歷史本身有關係，而取決於現實的需要。在這樣的背景下，為了樹立新政權和意識形態的權威，「五四」的影響中的個人主義、自由主義和「小資產階級」等思想意識亟需清理，由於「五四」已經被界定為新的無產階級文化的起點，那麼不具有無產階級思想意識的作家和作品自然是「落後」或「有局限性」的，要清除他們曾經接受過的「五四」影響，而一統到毛澤東在「講話」中確立的標準上。周揚在第一次文代會上不容置疑地宣佈：「毛主席的〈文藝座談會講話〉規定了新中國的文藝方向，解放區文藝工作者自覺地堅決地實踐了這個方向，並以自己的全部經驗證明了這個方向的完全正確，深信除此之外再沒有第二個方向了，如果有，那就是錯誤的方向。」[註3]1952年的一則《人民日報》社論就指出：目前的文藝界存在著嚴重的思想混亂的現象，「大批未經改造的資產階級、小資產階級的文藝家參加了革命文藝的隊伍，從他們中間帶來了一些舊社會的意識殘餘和非無產階級的文藝思想。」「這表現在脫離政治，脫離群眾，追求資產階級的藝術形式，追求小資產階級的庸俗趣味，在虛偽的化裝下，宣傳著各種非無產階級的錯誤思想以至反動思想。」[註4]其實，早在第一次文代會上，茅盾就做出過這樣的呼籲，號召國統區來的作家「抱著最堅強的決心與勇氣，來爭取進步，改造自己，而參與人民民主的新中國的文化建設事業的。」[註5]關於知識份子改造胡喬木在當時曾有過幾次講話，他說：「……在目前考慮我們中國的知識份子改造的問題的時候，必須考慮中國的知識份子過去的政治的、思想的狀況，這不是為著打擊知識份子，抹殺知識份子的功績，是為著使廣大的知識份子能夠對自己的地位有一種清晰的客觀的符合於歷史的估計，然後我們好考慮思想改造的問題，好考慮如何自我教育，決定自己的道路。」[註6]

圖左：巴金等人在「反右」期間只能以不斷提高地調鬥來檢討自己、批判別人以求過關，人人自危、明哲保身成為中國當代知識份子內心中的隱痛。

圖右：《巴金文集》出版了，作者在書房中留個影，這種欣慰和自然的心境在六十年代越來越少有了。沒有多久，出版文集也將成為他的「罪名」之一。

　　中華人民共和國成立初期文藝界的幾場大的運動關鍵也是要清除「五四」影響，特別是關於《紅樓夢》研究和「胡風集團」的批判。1951年秋季開學，北京大學文、法兩個學院就率先開始「胡適思想問題」批判，並由中文、哲學、史學、圖書館四系聯合舉行控訴胡適罪行大會，上海也舉行了「胡適思想批判座談會」。胡適的朋友和學生俞平伯、楊振聲、顧頡剛、朱光潛、湯用彤、沈尹默等人不得不上陣批判胡適[註7]。三聯書店還出版了八大卷的《胡適思想批判》，1954年10月16日最高領導人毛澤東致信中共中央政治局及其他有關人士，（發表時題為〈關於《紅樓夢研究》問題的一封信〉）從而掀起的批判胡適派資產階級唯心論鬥爭的高峰。有研究者認為：「這是毛澤東個人意志、個人權威的再次強化，意在肅清胡適對現代中國知識份子思想的影響（自由主義、懷疑主義），特別是對學術界的影響（他創立的學術『範式』）。對於毛澤東個人來說，他有一個濃重的文化革命的『五四情結』，這是五四新文化運動的絕對給予。當年在五四高潮時，他視胡適為導師，為『楷模』，如今，他首先要從心目中抹去胡適的影子，淡化『五四情結』，樹立自己的個人文化權威。」[註8]所以，郭沫若說：

「中國近三十年來，資產階級唯心論的代表人物就是胡適，這是一般所公認的。胡適在解放前曾經被人稱為『聖人』，稱為『當今孔子』。……胡適的影響，胡適所代表的資產階級唯心論的影響，依然有不容忽視的潛在勢力，……」註9而對於胡風文藝思想的清算，雖然帶有左翼內部宗派鬥爭等錯綜複雜的背景，但是同樣是為了樹立新的文化權威消除「五四」影響的一個步驟。從在重慶時代關於民族形式的討論就可以看出胡風關於「五四」的理解與毛澤東等人的重大分歧，胡風對「五四」的現實批判傳統的固執堅守及其在作家中的強大影響，必然影響新的文化權威的樹立，所以對他的清算也在所難免。在對他的批評中，批評者也提出了關於「五四」的認識問題：「胡風既然認為『五四』文學革命運動是資產階級領導的，是屬於世界資產階級文藝的一部分，而他是拜倒於資產階級文藝之前的，因此他就看不到『五四』新文藝所具有的缺點，而毫無批判地把『五四』文藝傳統看成是完全正確的。這也就表現了胡風的階級立場實際上是什麼了。……『五四』新文藝的主潮在反對帝國主義封建主義這一點上雖然是革命的，雖然是受無產階級領導的，但並不是因此而沒有缺點，沒有嚴重的缺點。……要繼承和發展『五四』新文藝傳統，顯然不能連這種嚴重缺點也繼承下來，顯然不能讓文藝始終像當時一樣停留在少數知識份子的小圈子裏，而應該和工農大眾密切結合。胡風的錯誤，就是對『五四』新文藝作了資產階級的武斷，因而否認它還有和人民群眾脫離的嚴重缺點。」註10對於不同聲音的消解和清除是國家文學建構過程中必不可少的步驟，吳俊通過他的研究指出：「國家文學的建立必須經過對『普通』文學的充分整合或改造的過程。特別是對『異質』、『異見』的文學（因素），必須壓抑其生存的空間，甚至剝奪其生存的可能，至少也要最大程度地消除它的影響力，或將其置於徹底的邊緣化位置。」註11

1960年代初攝於家中書房。這一時期，巴金社會活動頻繁，難得有片刻安閒，為了配合形勢還經常夜半時分趕寫文章。

　　在這種整個的過程中，除了文學體制的創建之外，最重要的任務就是將知識份子整合到符合主流意識形態中。對於「五四」及其這一代知識份子，當時比較通行的一個看法是：「我們中間的許多人出身於沒落的封建地主或其他剝削階級的家庭，就教養和世界觀來說，基本上都是資產階級知識份子。」「我們投身於工人階級的解放事業，但存在於我們腦子裏的資產階級個人主義的思想、情緒和習慣卻沒有根本改變。……那個時候，我們許多人與其說是無產階級革命派，不如說是小資產階級革命民主派。個人主義的影響在我們身上長期不能擺脫。」「我們身上存在的資產階級個人主義思想就成了我們前進道路上的最大障礙。」註12為此，身為當時文藝界領導人的丁玲曾經幾次談到過該如何對待五四新文學作品的問題，大有「消毒」的陣勢，不過，她的態度中有著兩面性，一方面畢竟她是新文學哺育下成長起來的作家，她割不斷與新文學的情感；另外一方面對新的人民文藝的要求使她又不得不提醒人們注意新文學中的消極因素。她分析了當時在青年中流行很廣泛的兩類新文學作家：冰心和巴金。「冰心的作品給我們的是愉快、安慰，在思想和情感上使我們與家庭建立許多瑣細的、『剪不斷、理還亂』的感情，當我們要去革命時就想到家庭，想到媽媽怎麼樣，姐姐怎麼

樣，把感情束縛在很渺小、很瑣碎、與世界上人類關係很少的事情上，把人的感情縮小了，只能成為一個小姑娘，沒有勇氣飛出去，它使我們關在小圈子裏，那裏面的溪水、帆船、草地、小貓、小狗，解決不了貧窮，解脫不了中國受帝國主義的侵略。今天這個時代需要我們去建設，需要堅強、有勇氣，我們不是屋裏的小盆花，遇到風雨就會凋謝，我們不需要從一滴眼淚中去求安慰和在溫柔裏陶醉，在前進的道路上，我們要去掉這些東西。」

「巴金的作品，叫我們革命，起過好的影響，但他的革命既不要領導，又不要群眾，是空想的，跟他過去的作品去走是永遠不會使人更向前走。今天的巴金，他自己也正在要糾正他的不實際的思想作風。」丁玲將解放區文學稱作「新文學」了，時代轉變，她預言一些作家將迅速衰老：「書店老闆告訴我們，現在沈從文等『老』作家的書不好銷了，是『新』作家的書好銷。」[註13]

圖上：1960年夏天巴金夫婦與兒子小棠在北戴河海灘。六十年代，這個家庭曾經有幾次幸福的出遊。

圖下：巴金1961年攝於杭州，大約只有在這裏，他才會完全沉浸在友誼的氣氛和山水美景中，暫時擺脫外面的喧囂。

圖左：1961年夏巴金一家在黃山紫雲樓。
圖右：1961年夏天在黃山寫作。

　　如果說「五四」塑造了巴金的話，那麼從三十年代起，尤其是抗戰以後，一直到「文革」前，是巴金高揚自我踐行五四精神又步步退卻、失去自我的時期，在這段時間中，有他一以貫之的價值取向，也有不斷調整的人生姿態，在他的思想歷程中一個總的趨向是：從「五四」時代獨立的個人立場漸漸走向共和國時期的國家立場，甚至到「文革」時代完全取消「自我」。這個過程是外在壓力驅使的結果，也是自身觀念自然發展，尤其是他信仰中的一些觀念與主流意識形態裏迎外合便完成了自身的「改造」註14。

　　巴金在自我改造的路上表現出他特有的謹慎。1952年10月，在他第一次自朝鮮回國時，得知人民文學出版社要重印《家》，他「本想把這個小說重寫」，可是「終於放棄了這個企圖」，只是在文字上作了些必要的修改，「索性保留著它底本來的面目」。打算重寫，說明他不是沒有意識到自己的作品與新時代的差距，但他還是毫不掩飾地說「我重讀這本小說，我還激動得厲害」，「我自己很喜歡它」註15。不難看出，巴金沒有完全被時代風氣所左右，對自己的舊作，他持肯定態度的也充滿信心。開明版由茅盾主編的「新文學選集」叢書有總結五四以後文學成果的意思，1951年7月出版的《巴金選集》的序言中，巴金回顧了自己的創作道路：從1927年春天在巴黎拉丁區的那個房間談起，到「自從我執筆以來我就沒

圖左：巴金一家1964年8月在太原。
圖右：1962年1月巴金在海南島，他後來說，
　　　回來後幸好沒有寫過關於海瑞任何文
　　　字，否則「文革」時的「罪名」就更
　　　重了。

有停止過對我的敵人的攻擊」的誓言，他也檢討了自己：「……我
的作品中思想性和藝術性都薄弱，所以我的作品中含有憂鬱性，
所以我的作品中缺少冷靜的思考和周密的構思。我的作品的缺點
是很多的。」這樣的話以前也未必沒有說過，當然，他也說自己的
作品「軟弱，失色」跟不上新的時代，「……我的作品沒有為這偉
大的工作盡過一點力量，我也沒有權利分享這工作的歡樂」，這反
映出國統區作家在新社會中的尷尬：彷彿是兩手空空地在分享別人
的鬥爭果實。但是，他也總是堅定地說：「我對於工作並未失去信
心。」「不管我的作品存著種種或大或小的缺點，但我始終沒有說
一句謊話」[註16]。巴金的這番話出現在平明出版社重印的他一系列的
作品單行本的前面，當十四卷《巴金文集》出版時，他在〈前記〉
中也重複了這個意思。哪怕已經有丁玲對他的批評等外在的壓力，
但他仍然不肯徹底否定自己。

　　十四卷《巴金文集》的編選中也可以看出他對舊作的偏愛和努力使它們適應新時代的苦心。依照巴金的習慣每次作品重印他都會或多或少對作品做出修改，更何況跨越「新」「舊」兩個時代，顯然有些東西已經不合時宜了，所以歷時四年的《文集》編輯的過程也是巴金對自己的作品最為徹底、最為集中的一次修改，修改中直接涉及到無政府主義的一些人名和書名被隱去了，從而抹去了一些自己思想的痕跡，但巴金的修改是有分寸有底線的，那就是他不想為適應形勢損傷作品的藝術性。巴金說《文集》是「一九五七年人民文學出版社決定出⋯⋯我早也想在六十歲的時候整理一遍，印一點送朋友」註17，可見巴金不是被動地接受邀請編文集，他是慎重而認真地對1949年以前自己二十年創作的一個系統總結。在當時情形下，把那本「宣揚虛無主義」的《滅亡》放在《文集》的卷首，應當說是需要相當的勇氣的，固然有編排體例上的原因，但1982年版十卷本《選集》，《滅亡》根本未收入其中，而1986年出版的《巴金全集》的第一卷是《家》，第四卷才是《滅亡》。很顯然，巴金不想掩飾什麼，他以更大的勇氣要讓《文集》反映出自己創作的真實面貌。這些修改也基本上代表巴金的真實想法，也正因為如此，在以後他才多次強調：「不論作為作者，或者作為讀者，我還是要說，我喜歡修改本，他才是我自己的作品。」註18可見，在原則

圖左：1964年巴金、蕭珊、小棠在山西五台縣城。
圖右：1965年，巴金、蕭珊夫婦與陳同生攝於龍華苗圃。

母與子：蕭珊與兒子小棠。

問題上，那時的巴金並未走上人云亦云的大道[註19]。其實出文集，在當時本身就是一件冒險的事情，經過反「右」之後，多少人恨不得燒毀舊作，而巴金卻毅然推出這些作品，如果不是無事自擾，那是需要極大的勇氣和自信的。這一點，老舍就表現得很謹慎。趙家璧在〈老舍和我〉中談到1959年冬天他與老舍的談話：「我就問他，人民文學出版社計劃出版你的《老舍文集》，最近進行得如何了？……老舍就問到我巴金在滬遭蓬子寶貝兒子（姚文元）批判的事，我一五一十地講了。老舍就歎氣說：『老巴的舊作，還算是革命的，尚且遭到這幫人的批判；我的舊作，例如《貓城記》之類，如果編入文集，我還過得了安穩的日子嗎？』」[註20]老舍的擔心不是沒有道理的，事實上，有的人對《巴金文集》的出版就很有看法。唐弢在一篇文章中就曾談到：「巴金同志出版文集，印行早期作品，上海的黨領導認為當有一篇自我批評的序文，檢查他早期思想的錯誤，與小說同時刊行，而竟闕如，因此姚文元已經寫好一萬餘字的長文，準備『迎頭痛擊』」。[註21]

　　但我們不能誇大巴金獨立思考的程度，它也不是完全自主的，它們對所處的環境有很強的依賴性。正如吳俊所言，在一種國家權

力支配下的文學，「所謂價值多元化及其程度，往往或完全取決於國家權力及其意識形態的實際權利地位，或其能夠承受、容忍的底線。」[註22]很長一段時間，巴金試圖在良知與社會環境許可的範圍內尋找一種恰當的形式，從而充分地表達自己。修改舊作和談創作就是屬於這種情況，在不違背歷史事實，不違背良知的情況下，他可以做些浮於表面的檢討，為的是捨棄一個指頭而保全一雙手。畢竟修改舊作與寫文章直接表露觀點不同，談論舊作也不是對當今社會直接批判，這些都不會引起過分的注意，也易於表達作者那個隱蔽的自我。但是一旦環境發生變化，與自己的良知發衝突時，巴金又不敢為自己辯護，不敢堅持自己的觀點，甚至違背良心，放棄獨立思考，對環境的依賴性的負面影響顯得尤為突出。如《家》的英譯本，刪除了吐痰、女人纏小腳之類的出版者認為不利於宣傳、有損中國人形象的情節，巴金說：「一開始我就不滿意那樣的刪改法。

圖上：巴金與兒子小棠、女兒小林合影
圖下：1955年，巴金（立者左一）在印度新德里與黃佐臨參加亞非作家會議時攝，作為新中國作家的重要代表，巴金經常被派往友好國家出席此類和平友誼活動。

但刪改全由我自己動筆,當時我只是根據別人的意見,完全丟開了
自己的思考。」[註23]

　　「別人的意見」舉足輕重,讓巴金輕而易舉地便「丟開了自
己的思考」,一方面是它代表著一種權威,這種權威不容許你做出
別的選擇;另一方面,是巴金甘心接受這種權威,並且自覺維護
它合理性、神聖性,使之日益強大。之所以如此,還因為巴金不能
離開這個權威的承認,他的價值不是建立在對自我的充分自信上,
而是建立在獲得這個權威的認可上,他獨立思考的自由也是人家賜
給的,他始終是被動的,所以,寬鬆的時候,他可以把《秋》中關
於張碧秀的三章完整保留下來,可是一旦發生變化,他立即遵命刪
除《家》中不利於宣傳的情節。直到新時期巴金才看出這權威的虛
妄:「作家們用自覺的腦子考慮問題,根據自己的生活感受,寫出
自己想說的話,這就是爭取『創作自由』。前輩的經驗告訴我們,
『創作自由』不是天賜的,是爭取來的。嚴肅認真的作家即使得不
到自由也能寫出垂光百世的傑作。」[註24]這話從另一方面可理解為:
靠別人賜予的自由當然會很輕易地被人剝奪。

　　要誠心接受改造,告別舊我,還得看「行動」「表現」。這
個「表現」就是要積極地配合形勢,在政治形勢需要的時候服從需

1957年參加十月革命勝利40周年紀
念活動,攝於莫斯科。巴金(左
三)、馬思聰(左二)、田漢
(左四)、老舍(左五)、王昆
(右二)、陽翰笙(右三)、俞宜
萱(右四)、梅蘭芳(右六)。

要、俯首聽命。在這裏，個人永遠是渺小的，大局、集體永遠是神聖的，也可以説不需要自我和獨立意志，只要服從就行了，特別是在沒完沒了的運動中，今天是這個人被揪出來，明天是那個人，不光是服從，還有一種人人自危、如在達摩克利斯劍下的感覺。在文藝界的政治運動中，關於電影《武訓傳》的討論、「紅樓夢研究」的討論與巴金沒有多大瓜葛。可是接下來1955年從對胡風文藝思想的批判到對胡風「反革命集團」的「鬥爭」，巴金就逃不開了。在魯迅〈答徐懋庸並談抗日民族統一戰線問題〉的公開信中，胡風、黃源和巴金同為魯迅為之辯護的三位作家，都是魯迅深為信任的青年朋友。中國文聯和作協為胡風的事情在近半年的時間中開過無數次批判會，巴金無法不出來表明自己的「立場」。而且，不僅僅是思想討論或批判的問題，1955年的胡風案中，被逮捕的「胡風集團」分子多達九十二人，各地清查中涉及了兩千一百多人[註25]。思想和言論可以治罪，巴金不能不震驚和恐懼：「老實説這個運動對我來説是個晴天霹靂，我一向認為他是進步的作家，至少比我進步。靳以跟他接觸的機會多一些，他們見面愛開玩笑，靳以也很少讀胡風的文章，但靳以認為胡風比較接近黨……」[註26]。比自己還革命的人，一夜之間居然成了反黨反革命分子，能不是晴天霹靂嗎？巴金被置於批判者的地位但他根本找不到語言，好在這幾年經受的教育都是聽話而不需要獨立思考，供他抄的材料不計其數，人們在大會小會上翻來覆去講的也是這樣的話。所以他只有不問是非緊跟形勢、寫批判文章、主持批判會。這些文章一方面是抄當時報上給胡風集團定性的話，一方面談些雞毛蒜皮的小事，東拉西扯。什麼〈必須徹底打垮胡風反黨集團〉，題目氣勢洶洶，內容無非説胡風是反革命的兩面派而已[註27]。還有〈學問與才華〉、〈關於胡風的兩件事情〉等也是如此，巴金説：「胡風的名字和國民黨特務連在一起──這一次的揭發對許多人是大的震驚，對我也是大的震驚。我

從沒有想到胡風是特務，那是由於我麻痺大意。」[註28]很顯然，處在「批判者」地位的巴金十分尷尬，他未必清楚胡風的問題，只有看「上面」怎麼定調子，再慌裏慌張地跟著跑。

這個時候的恐懼還沒有榨光巴金頭腦中的獨立思考，當外界環境允許的時候，那種帶著強烈個人印記的五四式言論又會冒出頭來。1956年「百花齊放，百家爭鳴」方針的提出極大地鼓舞了科學和文藝工作者的熱情。1956年1月14日～20日中共中央召開的討論知識份子問題的大會上，周恩來發言中批評了以往對於知識份子使用和待遇中的某些不合理現象，明確表示：「用粗暴的方法進行思想改造，是不能解決問題的……」[註29]1957年3月8日晚上八時至十一時五十五分，毛澤東在頤年堂邀集茅盾、老舍、巴金、趙丹等人座談，其間對一些問題做了非常開明的表態。毛澤東表示：反官僚主義者應該徹底。大多數作家接受馬克思主義世界觀大概需要幾十年才有可能，在還沒有接受馬克思主義世界觀的時間內，只要不搞秘密小團體，可以你寫你的，各有各的真實。有些文藝批評粗暴得很，一棍子打死人，妨礙文藝批評開展的，並為王蒙鳴不平。說到

1960年3月23日，途徑香港訪問日本，攝於香港。右一為沙汀，左二為劉白羽，左三為冰心，左四為巴金。

趙丹、孫瑜：你們兩個合作搞的電影《武訓傳》，曾受到批評，那沒有什麼，一個作品寫得不好，就再寫嘛，總該寫好它……談話中還對巴金和老舍等人說：「大家反映作家職業化後，有些書因紙張缺乏印得很慢或印不出來，影響作家的生活。作家協會能不能自己搞個印刷廠？撥一些機器給你們，再搞些原料。教授、科學家的著作，一時不能印出來，他們還有大學和科學院發的薪金可以維持生活。作家則不同，他們是靠版稅稿費生活，若是書籍雜誌沒有紙張印不出來，他們沒有稿費收入，就無法生活。我說作協自己辦一個印刷廠，當然不是要老舍、巴金先生去辦，而是周揚、沈雁冰他們籌劃去辦。」註30這些都在鼓舞知識份子解除思想顧慮，鼓勵他們暢所欲言，大膽「鳴」放。

1956年和1957年的上半年，巴金的創作履歷中又留下了一批雜文，那還是1956年6月在北京開人代會的時候，胡喬木找到巴金動員他寫雜文註31，後來巴金看到茅盾和夏衍等人都用筆名寫雜文，也用「余一」的筆名在《人民日報》、《解放日報》、《文匯報》上發表了一批雜文，大膽地談出對一些問題的真實看法。從文化現象到身邊瑣事，千字短文，套話不多，感觸不少，從中能看出巴金思想的活躍，這也與當時僵化、教條的思維模式形成鮮明對照，在〈「鳴」起來吧〉註32，巴金覺得不應當為百家爭鳴定出清規戒律，也不要害怕群眾「亂鳴」。這是對以往運動中都是有領導有組織而完全沒有個人的自主性和獨立性的思維模式的一種批評。在反駁姚文元「恰到好處的批評是最尖銳，是最正確的批評」中，巴金說：

我們固然看見過連臉部表情都「正確」的人，但是我們更常見的卻是那些喜歡在「報告」或「發言」後面加上一句「我的意見不一定妥當」的人。我覺得後一種人更可愛，因為他們實事求是，他們知道自己不可能達到了「恰到好處」

的水平以後才出來發言，還不如有多少講多少，即使沒有說得「恰到好處」，也可能對人有益。註33

　　這也算是「講真話」的另一種表達。巴金在這裏發表的是些厚道話，説明他的頭腦仍在一個常識的軌道上運行，還沒有被外在的僵化思維搞亂，不幸的是這個常識在當時也算是另類的聲音了。這是因為社會有太多自己不獨立思考也不許別人獨立思考的專橫打手們，還有因此而培養出來的應聲蟲：

　　　　有些人自己不習慣「獨立思考」，也不習慣別人「獨立思考」。他們把自己裝在套子裏面，也喜歡硬把別人裝在套子裏面。他們拿起教條的棍子到處巡邏，要是看見有人從套子裏鑽出來，他們就給他一悶棍，他們聽見到處都在唱他們聽慣了的那種沒有感情的單調的調子，他們就滿意地在套子裏睡著了。
　　　　他們的棍子造成一種輿論，培養出來一批應聲蟲，好像聲勢很浩大，而且也的確發生過起哄的作用。……誰都知道，教條是死的，人是活的，所以教條代替不了「獨立思考」。註34

　　在〈説忙〉中，他一再對某種簡單和教條的思維模式發起攻擊註35；在〈描寫人〉中，他重申了生活是複雜的，人也是複雜的，不能簡單地模式化，用正面、反面、動搖人物三類就代替了註36。但這不是哪個人的思維方式，而是一整套的宣傳機器營造出來的思維模式，面對著它個人的反抗立即就被淹沒在一片喧囂聲中了，這也直接導致了「文革」的順利爆發。
　　巴金的思想之活躍還可以從他兩篇講話中看出來，這都是談創作和與之相關事情的，巴金直接談創作的文章本來就不多，而在那

個時代關於創作除了一片濫調之外，貼近事實的有個性的表達更是鳳毛麟角，巴金在可以容許的範圍內，以安全的語言做庇護，談出了自己的心得。〈在中國作家協會第二次理事會會議（擴大）上的發言〉、〈在四川省文學創作會議上的講話〉中，他談到了作家的職責、使命和為社會服務的主要方式，談了創作中的個性要求，這兩個講話可以認為是1962年他所講的〈作家的勇氣和責任心〉的先聲註37，都是對當時把文學創作當作工具的簡單思維的一種反撥：

1961年3月29日在東京產經會館五樓大樓休息室。

> 寫東西，每個人有每個人的方法，創作需要創造性，特別需要說別人沒有說過的話，如果別人已經說得很多了，就用不著我們再來說了。一部成功的作品，總是說別人沒有說過的話，而且又說得好。創作不是摹仿，而是在同一的大方向下，各人去尋找自己的創作道路。……現在有些人常常談典型問題，關心這回事很好，但真正創造出成功典型的作家，並沒有先考慮到這個問題，即典型應該如何創造的問題，而是創造出來後，人們研究它、分析它，以作品為依據所得出的結論。註38

在1957年春天，一個又一個令知識份子歡欣鼓舞的座談會上，巴金也沒有隱瞞自己的觀點，對黨對文藝工作的領導問題、「百花

齊放，百家爭鳴」問題、出版領域的問題，他都發表了看法。在一次會議上，巴金重申了上面發言的意見並聲明：「上次我在會上的發言並沒有顧慮，報紙發表我的發言摘要倒像是有顧慮似的：不是沒有把我的主要意思登出來，就是把我的意思搞錯了。」在此，巴金又強調了兩個方面的大問題，一是領導上對文藝工作不重視，二是出版工作混亂。註39巴金的熱情似乎越來越高，在另外一次作家討論會上，他又發言了：「⋯⋯認為應該把文藝交給人民，送到群眾中去受考驗，不能由少數領導根據自己的好惡干涉上演或出版。」註40

　　誰都沒有料到狂風暴雨不期而至。「五月十四日晚九時，毛澤東在頤年堂召開中央政治局常委擴大會議，至次日凌晨一時。⋯⋯五月十六日，繼續開會，從晚九時到次日一時二十分。⋯⋯這兩天的會議，沒有留下會議記錄，但是可以推斷，同整風鳴放情況有關。」5月15日至6月12日，毛澤東在寫作並不斷修改後來題為〈事情正在起變化〉的文章，「這篇文章，用嚴厲的措辭對當時整風鳴放的形勢和黨內外思想政治狀況作出分析，對一些言論進行批駁，最重要的是第一次提出了右派倡狂進攻的問題，目的是要黨內對反擊右派進攻在思想上有所準備。」正當知識份子們熱情高漲地發表高論的時候，中共中央關於反右鬥爭的準備也在緊鑼密鼓地進行。6月8日《人民日報》發表社論〈這是為什麼？〉，至此6月8日和10日，毛澤東接連為中共中央起草了〈關於組織力量準備反擊右派分子進攻的指示〉、〈關於反擊右派分子鬥爭的步驟、策略問題的指示〉。7月1日又發表毛澤東起草的〈文匯報的資產階級方向應當批判〉。反右運動與此同時迅速擴大，被點名批判的人不斷增加，「七、八、九三個月，全國劃成右派分子的人數迅速上升。到十月上旬中共八屆三中全會召開的時候，全國已劃右派分子達到六萬多人。到了一九五八年整個運動結束時，竟有五十五萬人被劃為右派分子。」註41面對著這樣的轉變，巴金頓覺大禍臨頭：

前一段時期，到處都在舉行座談會，邀請大家「大鳴大放」，我們都分別出席了有關的會，發表了意見，各人都寫了文章。我到了北京，就感覺到風向改變，嚴冬逼近，坐臥不安，不知怎樣才好。……我當時還不知道「反右」究竟是怎麼一回事，只是我看見來勢兇猛，熟人一個個落網，一個個給點名示眾；更奇怪的是那位來找我寫「反右」文章的女記者，不久就給揪出來，作為「右派」受到了批判。

在會議期間我的心情十分複雜。我一方面感謝「領導」終於沒有把我列為右派，讓我參加各種「反右」活動，另一方面又覺得左右的界限並不分明，有些人成為反右對象實在冤枉，特別是幾個平日跟我往來較多的朋友，他們的見解並不比我更「右」，可是在批判會上我不敢出來替他們說一句公道話，而且時時擔心怕讓人當場揪出來。……沒有人找我談過話，或者要我如何表態，雖然一直膽戰心驚，我總算平穩地度過了一九五七年。私下同愛人蕭珊談起來，我還帶苦笑地說自己是一員「福將」。其實我的麻煩還在後頭。註42

巴金的「福氣」更多是來自領導對他的保護，在形勢即將扭轉之時，當時的上海市委主要領導柯慶施約見巴金和靳以，給了他們以及時的提醒；本來上海作協機關已經把巴金內定為「中右」分子了，依舊是上面的有意保護讓他涉險過關。這種有驚無險更增加巴金的精神負擔，在連續發表的幾篇文章中完全能夠看出他的精神緊張，他唯恐調門太低跟不上形勢，但又不知道怎麼講才更有力量，更尷尬的在於，一個個熟人落馬，他雖然有「福氣」充當批判者，卻彷彿隨時處在被批判的位置上，所以他的文字中不斷地提到知識份子改造、過好社會主義的關，看似批判文章，實際上倒更像是檢

討。他沒法不緊張，報紙上點名批判的反黨分子都是比他「革命」得多的作家，右派的帽子說不定哪一天就落到他的頭上。

1957年8月7日《解放日報》頭版二條：「作家協會黨組連續舉行擴大會議　揭發丁玲陳企霞反黨活動」；8月27日的《解放日報》還有更震驚的消息：「三十年來一貫心懷二志　馮雪峰嚴重反黨　參加丁陳集團　與胡風思想一脈相承」。在這種暴風雪即將來臨之時，巴金完全迷失了方向，他回憶批判他的一些作家朋友時的困惑：

> 我回到上海，過一兩個月再去北京出席中國作家協會黨組擴大會議的最後一次大會。我還記得大會是在首都劇場舉行的。那天我進了會場，池子裏已經坐了不少的人，雪峰埋下頭坐在前排的邊上。我想不通他怎麼會是右派。但是我也上了台，和靳以作了聯合發言。這天的大會是批判丁玲、馮雪峰、艾青……給他們戴上右派帽子的大會。我們也重複著別人的話，批判了丁玲的「一本書主義」、雪峰的「凌駕在黨之上」、艾青的「上下串連」等等、等等。我並不像某些人那樣「一貫正確」，我只是跟在別人後面丟石塊。我相信別人，同時也想保全自己。我在一九五七年反右前講過：「今天誰被揭露，誰受到批判，就沒有人敢站出來，仗義執言，替他辯護。」倘使有人揭發，單憑這句話我就可能給打成右派。這二十二年來我每想起雪峰的事，我就想自己的話，它好像針一樣常常刺痛我的心，我是在責備我自己。我走慣了「人云亦云」的路，忽然聽見大喝一聲，回頭一看，那麼多的冤魂在後面「徘徊」，我怎麼向自己交代呢？註43

在輪番轟炸的大會中發言是躲不過的事情，以巴金的影響和地位會後要寫表態文章。他又寫雜文了，但是與半年前提倡獨立思

考的勁頭完全相反，是另外一種調子了，他寫了三篇「過關談」，「關」當然是社會主義這一關了，過好這一關意味著與過去決裂、進入到一個新時代中來。他翻來覆去談的就是知識份子的思想改造，不是教訓別人，而是戰戰兢兢地檢討自己：「……在任何時候知識份子都不能放鬆這一件事情，認真地改造自己，要真正做了新人以後，才能夠給自己戴上一頂嶄新的帽子。」註44這些發言和文章，在晚年編輯全集的時候，巴金都沒有收入，可見他在內心中並不認定這些文字是屬於自己的。還沒有等巴金慶幸自己終於闖過「反右」大關時，1958年新的麻煩又找到他頭上了，他接受任務而寫的略帶溫和地批評法斯特的文章引起「讀者」不滿，招致公開批評，「我不甘心認錯，但不表態又不行，害怕事情鬧大下不了臺，弄到身敗名裂，甚至家破人亡。所以連忙『下跪求饒』，只求平安無事。」註45緊接著《文匯報》發表了余定的〈巴金同志捏造了一貫錯誤的口號〉再次向巴金發難，這次翻的是一年前巴金說的「把文藝還給人民」的舊帳。心神未定的時候，轟轟烈烈的「拔白旗」又拔到他頭上了，借「巴金作品討論」之名，行批判之實，連姚文元都陰陽怪氣地披掛上陣了註46。好在上面認為巴金還是可以改造好的一類吧，中國作協黨組書記邵荃麟也替巴金鳴不平，當時的討論也就「針對作品不對人」，到後來不了了之。

對這些批評，巴金並不心服口服，但他只能言不由衷地表示接受，他說：「最近一些雜誌上發表了批評我的作品的文章，《文學研究》上有一篇師範大學學生的集體創作，相當尖銳。我覺得基本上是寫得好的，……」註47可是，他還是曲曲折折地表達出個人的看法：「我覺得對我過去作品的批判，有些是正確的，也有些文章對我過去的作品有些誤解。……對過去的作品的確應當用今天的眼光來看待。然而對那些作品和作者的要求就應當顧到當時的實際情況。我對我的人物其實都有批判，不過有時並不明顯。……我並不

把他們當作英雄人物看待。」[註48]後來，他更為直接地表達了自己的意見：「今天我給您寄上了……一本在北京出的《巴金創作評論》以及其他的雜誌、小書。『評論』中有些意見我並不同意。而且他們搜集讀者意見拿影片跟原著混在一起，要我替影片負責，這就不是科學的態度了。」[註49]這幾乎是在輕聲地抗議粗暴的批評方式，這些話也只能私下說說，在公開場合只有敢怒不敢言。讓巴金一抒心中憤懣和怨氣的是1962年。這一年文藝界的氣氛又有一種小陽春的感覺。當年1月11日至2月7日，中共中央在北京召開擴大的中央工作會議（即七千人大會），總結大躍進教訓，毛澤東在會上發言展開批評和自我批評。[註50]2月16日至3月8日，國家科委在廣州召開科學工作會議，周恩來在會上做了〈論知識份子問題的報告〉。這些都短暫地鼓勵和恢復了知識份子的信心。在上海第二次文代會召開前，領導動員巴金發言，巴金也覺得有話可說，就在會上發表了題為〈作家的勇氣和責任心〉的發言，他講出了幾年來積鬱在心頭的話：

　　　　我常常責備自己缺乏勇氣，責任心不強，但有時我又會替自己辯解，因為像我這樣不求有功、但求無過的人並不太少。然後我覺得自己再這樣下去是不行的。既然打著作家的招牌，就必須認真寫作，必須重視作家的勇氣和責任心。新中國的作家更不應該有但求無過的顧慮。不過我又得承認，要去掉顧慮並不是容易的事。說實話，我不怕挨罵，我受得住嚴厲的批評，有時給批評打中了要害，在痛了一陣以後，我反而感到心情舒暢。但請允許我講出我的缺點和秘密：我害怕「言多必失」，招來麻煩。自己的白頭髮越來越多，記憶力也逐漸衰退，我不能不著急。我總想好好地利用這有限的時間，多寫作品。我有點害怕那些一手拿框框、一手捏棍

子到處找毛病的人，碰上了他們，麻煩就多了。⋯⋯他們人數雖少，可是到處亂打棍子，整得有些人提心吊膽，不敢有雄心壯志。

誰又不怕挨整呢？誰又願意因為一篇文章招來一頓痛擊呢？許多人（我也在內）只好小心翼翼，不論說話作文，寧願多說別人說過若干遍的話，而且盡可能說得全面，即使談一個小問題，也要加上大段的頭尾，要面面俱到，叫人抓不到辮子，不管文章有沒有作用，只求平平安安地過關。註51

這是巴金為了捍衛一個作家的尊嚴而發出的呼喊，也道出了當時許多作家和藝術家的心聲，所以立即引起大家共鳴。在當天下午發言中瞿白音說：「聽了巴金同志的發言，我非常激動，這是一個幾十年追求真理、追求光明，解放後熱愛黨熱愛社會主義，辛勤從事創作勞動的老作家的心聲。近年來，真話是極其可貴的。有個著名的導演，他是黨員，有一次酒後講了句話，說他很想見毛主席，請求老人家發一塊免鬥牌，讓他想什麼就說什麼。可見許多人想說真話，而又害怕說了真話挨鬥。」豐子愷在發言中也呼籲不要對文藝的花草用一把大剪子一刀齊地剪下去，要保護它們的個性。黃佐臨也希望不要對作家、藝術家亂打棍子、亂扣帽子，以致他們害怕連劇本都不敢寫。他們的發言在會場上引起強烈的反響，與會的中共上海市委宣傳部副部長陳其五說：「聽了大家的發言，我很贊同，特別是巴金同志的發言，我聽了後，連眼淚都掉下來了，我現在代表黨，感謝大家。希望大會發言民主，開得好，讓所有作家藝術家都暢所欲言！」註52巴金的真摯呼聲也打動了許多讀者和同行，尚吟在當年6月21日的《羊城晚報》上發表文章，談他讀到刊出在當年《上海文學》第5期上的這篇文章感受：「我不是作家，過去也不是巴金同志的讀者，可是我也完全為他這段真摯動人的自白所震撼

了，而且每讀一遍，都有『感同身受』的感覺。」「巴金同志的文章，不但會鼓起作家的勇氣和責任心；而且也有助於鼓起我們廣大的勞動人民的勇氣和責任心。」[註53]巴金的發言也立即引起了境外媒體的關注，1962年7月25日美聯社即發表電訊，電訊說：「共產黨中國的第一位第一流革命作家提出了給予中國作家以更多言論自由的要求。」

　　不是所有人都歡迎這樣的發言，時任中共上海市委宣傳部部長的張春橋在大會召開時曾到過一次會場，坐了片刻不久就離去了。閉幕式時千名代表等著柯慶施、石西民、張春橋來合影，而且是上午就說好的，卻突然不來了。後來還曾隱隱約約地傳出說組織會議的宣傳部副部長陳其五犯了錯誤消息。當年7月，巴金即將率團赴日出席第八屆禁止原子彈氫彈、禁止核戰爭世界大會，在北京集中時，一次外出回來，有人告訴他住在這裏的柯慶施電話找他，等巴金到柯的房間，柯不在，擔任上海市委書記處書記的陳丕顯對他說：柯老找你不為什麼，只是新華社的大參考裏看到美聯社轉載了你在上海文代會上的發言，想瞭解一下這個發言怎麼會傳播出去。未等巴金回答，他又說：這件事現在已瞭解清楚了，我們打電話去上海市委宣傳部詢問，陳其五告訴我們，文章在《上海文學》發表的。本來你不想發，陳其五說是他動員你發表的。我看這也不要緊，有什麼問題我們負責[註54]。可見當時的氣氛已經很緊張了。政治氣候波譎雲詭，在當年9月中共八屆十中全會公報上毛澤東就提出：「千萬不要忘記階級鬥爭。」細心的人從與上海文代會閉幕的消息發在同一個版面上的《紅旗》雜誌社論〈知識份子前進的道路——紀念《在延安文藝座談會上的講話》發表二十周年〉中可以看出，他們預言的文藝春天並沒有那麼容易就到來。這個社論明確地指出：「文學藝術是階級鬥爭的銳利武器之一。」接著談到知識份子的思想改造的問題。文代會上不斷地提出題材和形式多樣化的問

題，可是第二年的1月4日，在文藝界聯歡大會上，上海市委第一書記柯慶施就提出了「寫十三年」的問題，將題材決定論的觀點放到無以復加的位置。1962年在上海二次文代會上遵命發揚民主所作的發言，反而成了巴金更大的包袱和新的罪名，讓他受害無窮。

　　在那個動輒得咎的歲月中，巴金的內心非常矛盾，一方面他強調作家的勇氣和責任心，不想違背自己的良知發言，一方面形勢卻步步緊逼不能不明哲保身，巴金曾把這種生活比作達摩克利斯劍下的生活[註55]，其緊張心情可想而知。「你們進來的人，丟開一切希望吧」，一個遙遠的聲音在引導著巴金如履薄冰一步步走向深淵。

>>> **注釋** --

註1：洪子誠：《問題與方法：中國當代文學史研究講稿》第188頁，生活・讀書・新知三聯書店2002年8月版。

註2：吳俊、郭戰濤：《國家文學的想像和實踐》第1、2頁，上海古籍出版社2007年6月版。

註3：周揚：〈新的人民的文藝〉，中華全國文學藝術工作者代表大會宣傳處編《中華全國文學藝術工作者代表大會紀念文集》第70頁，〔北京〕新華書店1950年3月版。

註4：《人民日報》社論：〈繼續為毛澤東同志所提出的文藝方向而鬥爭〉，《人民日報》1952年5月23日。

註5：茅盾：〈在反動派壓迫下鬥爭和發展的革命文藝〉，中華全國文學藝術工作者代表大會宣傳處編《中華全國文學藝術工作者代表大會紀念文集》第66頁。

註6：胡喬木：〈談思想改造〉，《胡喬木文集》第2卷第357頁，人民出版社1993年7月版。

註7：參見沈衛威：《無地自由：胡適傳》第357頁，上海文藝出版社1994年10月版。

註8：沈衛威：《無地自由：胡適傳》第359-360頁。

註9：郭沫若：〈三點建議〉，丁景唐主編《中國新文學大系1949-1976・史料・索引》卷一第282-283頁，上海文藝出版社1997年11月版。

註10：林默涵：〈胡風的反馬克思主義的文藝思想〉，丁景唐主編《中國新文學大系1949-1976・史料・索引》卷1第320頁。

註11：吳俊、郭戰濤：《國家文學的想像和實踐》第4頁。

註12：周揚：〈文藝戰線上的一場大辯論〉，丁景唐主編《中國新文學大系1949-1976·史料·索引》卷1第407—408頁。

註13：丁玲：〈在前進的道路上——關於讀文學書的問題〉，《丁玲全集》第7卷第120，120-121，123頁，河北人民出版社2001年12月版。

註14：程光煒認為：「巴金也通過文壇老友黃源認識了一個新時代。」「從一個有自由主義色彩的作家和編輯到這麼一個『轉變』，的確是『快』了一點，中間缺少必要的『過渡』和『鋪墊』——然而，這就是巴金——一個『投之以李、報之以桃』的大好人。」（程光煒：《文化的轉軌——「魯郭茅巴老曹」在中國》，光明日報出版社2004年1月版）筆者認為這種看法未免簡單化，以下的論述將證明巴金的轉變並非一日之功，而是有著思想的連續性和契合點的。

註15：巴金：《家·新版後記》，《全集》第1卷第454頁。

註16：巴金：〈開明版《巴金選集》自序〉，《全集》第17卷第17-21頁。

註17：巴金：〈答譚興國問〉，《全集》第19卷第519-520頁。

註18：巴金：〈關於《海的夢》〉，《全集》第20卷第609頁。

註19：巴金對作品修改的情況，可參見周立民〈熱情的讚歌與沉痛的悲歌〉一文，收《另一個巴金》。

註20：趙家璧：〈老舍和我〉，《新文學史料》1986年第3期。

註21：唐弢：〈懷石西民同志〉，《唐弢文集》第10卷第487頁，書目文獻出版社1995年3月版。

註22：吳俊、郭戰濤：《國家文學的想像和實踐》第2頁。

註23：巴金：〈一篇序文〉，《隨想錄（合訂本）》第531頁。

註24：巴金：〈「創作自由」〉，《隨想錄（合訂本）》第715頁。

註25：李輝：《胡風集團冤案始末》第396、323頁，湖北人民出版社2003年1月版。

註26：巴金：〈懷念胡風〉，《全集》第16卷第737—738頁。

註27：巴金：〈必須徹底打垮胡風反黨集團〉，《人民日報》1955年5月26日。

註28：巴金：〈關於胡風的兩件事情〉，《文學月報》1955年7月號，7月15日出版。

註29：轉引自羅德里克·麥克法誇爾《文化大革命的起源》第1卷第52頁，河北人民出版社1989年3月版。

註30：毛澤東：〈同文藝界代表的談話〉，《毛澤東文集》第7卷第257頁，人民出版社1999年6月版。

註31：田鍾洛（袁鷹）1956年8月10日致巴金的信上說：「承你在溽暑中惠寄雜文，我

們至為感謝。三篇文章均已見報，由於它的短小精幹，得到不少好評。」「許多讀者（包括我們自己）盼望你除了寫短文以外，能再寫些散文。胡喬木同志也要我們向你致意，希望你能滿足讀者的要求，並為人民日報增加光彩。」見「文革」造反派抄錄的《報刊雜誌來信摘要》。

註32：巴金：〈「鳴」起來吧！〉，刊於1956年7月24日《人民日報》，《全集》第18卷第625頁。

註33：巴金：〈「恰到好處」〉，刊於1956年9月20日《解放日報》，《全集》第18卷第638—639頁。

註34：巴金：〈「獨立思考」〉，刊於1956年7月28日《人民日報》，《全集》第18卷第626—627頁。

註35：巴金：〈說忙〉，刊於1956年8月1日《人民日報》，《全集》第18卷第628頁。

註36：巴金：〈描寫人〉，刊於1956年10月4日《解放日報》，《全集》第18卷第653頁。

註37：巴金：〈在中國作家協會第二次理事會會議（擴大）上的發言〉（1956年3月），《全集》第18卷第610-615頁。

註38：巴金：〈在四川省文學創作會議上的講話〉（1956年12月），《全集》第18卷第680-681頁。

註39：巴金：〈對文藝和出版工作的意見——在作家座談會上的發言摘要〉（1957年5月），初刊1957年5月8日《解放日報》，現收《全集》第18卷第682-691頁。

註40：見《解放日報》1957年5月17日。

註41：以上請見中共中央文獻研究室編、逄先知、金沖及主編《毛澤東傳（1949-1976）》第十七章「〈關於正確處理人民內部矛盾的問題〉和整風反右（下）」，北京：中央文獻出版社2003年12月版。

註42：巴金：〈「緊箍咒」〉（1984年12月25日），《全集》16卷第595-597頁。

註43：巴金：〈紀念雪峰〉，《全集》16卷第133-134頁。

註44：巴金：〈戴帽子——「過關談」之三〉，1957年9月12日《解放日報》。

註45：巴金〈《巴金六十年文選》代跋〉，收《全集》17卷第57頁。

註46：關於巴金1958年的情況請參見周立民〈熱情地讚歌與沉痛的悲歌〉，收《另一個巴金》。

註47：巴金1958年10月29日致彼得羅夫信，《全集》第24卷第172頁。

註48：巴金1958年12月27日致彼得羅夫信，《全集》第24卷第173頁。

註49：巴金1959年1月9日致彼得羅夫信，《全集》第24卷第175頁。

註50：毛澤東：〈在擴大的中央工作會議上的講話〉，《毛澤東文集》第8卷。

註51：巴金：〈作家的勇氣和責任心〉，《全集》第19卷第186-188頁。

註52：以上發言轉引自徐開壘《巴金傳》第535頁、538，上海文藝出版社2003年11月第2版。

註53：尚吟（王匡）：〈讀「作家的勇氣和責任心」〉（1962年5月25日），《羊城晚報》1962年6月21日。

註54：轉引自徐開壘《巴金傳》第540頁。

註55：巴金在《隨想錄》的〈中島健藏先生〉一文中說：「那個時候我彷彿就坐在達摩克里斯的寶劍下面，準備著隨時落進災禍的深淵……」，並自注道：「達摩克里斯的寶劍：根據古代傳說，這寶劍是用頭髮懸掛起來的，達摩克里斯奉命坐在劍下，劍隨時都會落在他的頭上。」見《全集》第16卷第115頁。

三、從人間到「地獄」

1966 年6月2日巴金到北京參加亞非作家緊急會議，並擔任中國代表團副團長，兩個多月來忙於北京、武漢、杭州等地陪同和接待與會外賓，暫時擺脫了上海這個是非的漩渦，但是外面「如火如荼的革命形勢」哪怕是在繁忙的外事工作中也不會毫無所聞，而且路在何方的茫然和惶恐與日俱增。到京次日的日記巴金就記下：「聽到北京市委改組的消息。這是毛主席思想的一個新的勝利，很興奮。」[註1]北京已經劍拔弩張了，6月5日致蕭珊的信中說：「聽文井講起，作協文化革命也已開始，大字報很多。」「北京市文化大革命進入高潮，真是熱火朝天。」[註2]與歷次到北京不同，「我來京後除聽報告，參加宴會、晚會外，什麼地方也沒有去，什麼人也沒有找。（李致打聽到了，來過一次電話。）

準備好好看文件，看材料、讀《毛選》。」[註3]因為有人已經給他打過招呼，讓他不要隨便外出。這種緊張的氣氛在接下來武漢、杭州等地的活動中也感覺出來了，在杭州，他們組織各國作家湖上大聯歡，居然見不到一位當地的作家，連巴金熟悉的浙江

「文革」前攝於家中二樓書房。這間書房「文革」中被強行封閉達十年之久。

巴金在一個群眾集會中發放宣傳材料，頻繁地參加群眾集會也是巴金這代作家的新任務。

省文聯主席方令孺都見不到，那已經是人人自危的時候了，巴金也不敢多問。

直到8月7日，他在上海送走了最後一批外賓，8日又送走了李季等北京的客人。他才真切地陷入了「文化大革命」的氣氛中。當晚，「聽廣播，聽《中共中央關於文化大革命的決定》（《十六條》），共三次。這真是體現了毛主席思想的偉大的歷史文件。」[註4]次日就到作協討論這個檔，風暴一浪高過一浪，巴金失去人身自由前的一段日記記下了那個炎熱夏天的困苦：

八點半起。頭還是有點暈。學習《十六條》。十二點後蕭珊回家，同吃午飯。飯後在樓下客廳中休息。一點半同蕭珊雇三輪車去作協，兩點在大廳開全體大會批判葉以群，四點後休息，分小組開會（對葉以群最後的行為一致表示極大憤慨），五點半散會。（8月10日日記）

在「上海作協」西廳看大字報，看到幾張關於我的（要我交代和孔、葉他們的關係）。九點開會繼續討論候選人名單。十點一刻左右討論結束，找小組長峻青談話約十分鐘，說明我對大字報的態度，願意聽黨的話，在文化大革命中改造自己。他也講起黨的政策。回家滿身濕透，洗澡，換衣，洗衣。（8月16日日記）

八點前動身去作協，看到一張批判資產階級「權威」的大字報，裏面也有我的名字，心裏不大好受。今天小組學習會停開，我便步行回家，打算到常熟路新華書店購買《毛選》。到了那裏，等了十幾分鐘，書店才開門。仍缺第一卷。回家休息。讀《毛選》。繼續學習「老三篇」，飯前飯後反覆讀了幾遍。……十點後上樓，準備睡覺，剛上床，小林回來了，聽她談學校情況，談了一個多小時。孩子的革命熱情使我很感動。（8月19日日記）

兩點後開始批判孔羅蓀的大會。蕭珊臨時起立發言，內容空虛，反應不好。五點結束。同蕭珊步行回家。晚飯後蕭筍來找蕭珊，根據她的體會談了些這次偉大運動的特點。一點睡。紅衛兵小將革命精神像烈火一樣，使我既感奮，又羨慕，更自慚形穢。臨睡時還聽見敲鑼打鼓聲。（8月23日日記）

隔壁資本家X姓問題很多，昨天紅衛兵到他家搜查，整天整夜都有紅衛兵到他家。……九妹告訴我已把包弟送給上電醫院了。了卻一椿心事。中飯後未能入睡，休息一會看文件。晚飯後讀「老三篇」，考慮很久。十一點半後服眠爾通一粒，睡。（8月25日日記）

六點半起。七點半動身去作協，續寫關於羅蓀的材料。十二點動身返家，得通知，我和柯靈下午留在家裏寫材料，我知道下午要開批判孔羅蓀的會，感謝領導小組的關心。回家吃過中飯，休息。午睡約一小時。晚飯後濟生夫婦和韓濤表妹來看瑞玨，閒談到十點。小林回家，她六日去北京，同她閒談一會。十二點前睡。（9月3日日記）註5

圖上：「文革」中批判巴金的文章連篇累牘，給巴金一家帶來了巨大的精神傷害。

圖下：「文革」中批判巴金的內部材料，其中言辭常常與事實相去甚遠，或斷章取義、上綱上線，真是欲加之罪，何患無辭。

巴金1966年的日記寫到這裏就中斷了，日記中的語氣雖然很平靜，但他的內心中卻波濤翻滾，「願意聽黨的話」、「感謝領導小組的關心」這些語句能夠看出，他完全左右不了自己的命運，只有祈求別人賜福於他，後來他的回憶：

> 我是六六年八月進「牛棚」，九月十日被抄家的，在那些夜晚我都是服了眠爾通才能睡幾小時。那幾個月裏我受了多大的折磨，聽見捶門聲就渾身發抖。但是我一直抱著希望：不會這樣對待我吧，對我會從寬吧；這樣對我威脅只是一種形式吧。我常常暗暗地問自己：「這是真的嗎？」我拼命拖住快要完全失去的希望，我不能不這樣想：雖然我「有罪」，但幾十年的工作中多少總有一點成績吧。接著來的是十二月。這可怕的十二月！

它對於我是沉重的當頭一擊，它對於蕭珊的病和死亡也起了促進的作用。紅衛兵一批一批接連跑到我家裏，起初翻牆入內，後來是大搖大擺地敲門進來，凡是不曾貼上封條的東西，他們隨意取用。晚上來，白天也來。夜深了，我疲勞不堪，還得低聲下氣，哀求他們早些離開。不說蕭珊挨過他們的銅頭皮帶！這種時候，這種情況，我還能有什麼希望呢？從此我斷了念，來一個急轉彎，死心塌地做起「奴隸」來。註6

從1967年起巴金明白，這一次是在劫難逃了。多少年來他小心謹慎都是在避禍，都是為了換取平安和自保，這一次他真的領會了但丁的詩句：

從我，是進入悲慘之城的道路；
從我，是進入永恆的痛苦的道路；
從我，是走進永劫的人群的道路。
……
你們走進這裏的，把一切希望捐棄吧。註7

在這場「革命」中知識份子是遭受凌辱和蹂躪的重點對象。楊沫曾記下北京市文聯的一天：

八月二十三日，北京市文聯發生的一件震動人心的大事，那天的情景記憶猶新。因為蕭軍態度一直很硬，這一天文聯和文化局有人把一些造反派的學生請了來。想鎮壓一下蕭的氣焰。……

……這時，只見蕭軍已被揪出，女學生手握皮帶，正向蕭軍身上猛抽。蕭軍先是挺立著，後來被打倒在地。……我

正惶亂地猶豫著，這時駱賓基也被揪過來，挨著蕭軍，同樣被皮帶劈頭蓋臉地打了起來……接著，一幕更加驚心動魄的景象出現了：大院裏一堆堆站著的人群中，不知什麼人高喊一聲：XX站出來！」於是被喊者急忙從人群中站了出來——站在大院當中。有人立刻把一塊用鐵絲繫著的大木牌子，掛在被揪者的脖子上。……在這一大排人裏面，後來又加入了老舍——他也被人喊著名字揪出來了。我有點瞠目不知所措了。——天！這個老人受得住嗎？……

……

只記得把老舍（還有別的人）又用卡車拉回文聯大院裏來時，他下車後站在院子裏，我看見他頭上蓋著一條白手帕，上面有斑斑血漬。註8

當天晚上，老舍就投湖自殺了，像這樣的慘劇在「文革」中不斷發生。僅1979年11月1日在第四次文代會上所宣讀的〈為被林彪、「四人幫」迫害逝世和身後遭受誣陷的作家、藝術家們致哀〉中被迫害致死的作家、藝術家就有一百七十人。在這個個人權利和尊嚴遭受嚴重踐踏的時代，能夠活下來，首先要有經受煎熬的心理承受力，其次，還得靠幸運。巴金深知他的處境，他的思想也經歷了不同的變化，在氣勢洶洶的「革命」前起初他是暈頭轉向，十幾年的教育使他只有誠心接受改造，哪怕思想上想不通。所以，他表現得很馴服：「一九六六年我作為審查對象在作家協會上海分會的廚房裏勞動，一個從外面來的初中學生拿一根鞭子抽打我，要我把他帶到我家裏去。……他鞭打，我不能反抗（不准反抗！），只有拼命奔逃。他追我逃，進進出出，的確是一場絕望的掙扎！我當時非常狼狽，只是盼望那個孩子對我講點人道主義。」註9「我還記得有一個上午我在作家協會上海分會的廚房裏勞動，外面的紅衛兵

跑進來找『牛鬼』用皮帶抽打，我到處躲藏，給捉住了還要自報罪行，承認『這一生沒有做過一件好事』。傳達室的老朱在掃院子，紅衛兵拉住他問他是什麼人，他驕傲地答道：『我是勞動人民』。我多麼羨慕他！」註10巴金的悔罪和贖罪從最根本的心理底線上講是希望得到「寬大」和解脫，但是對待他的手段是越來越嚴厲，抄家開始了：

> 抄家從上午8點半持續到下午4點半，他們將巴金的所有著作、日記、信件、存款，還有彭真同志贈送的一架半導體收音機，作為重要的「反革命罪證」帶回作協審查。
>
> 有幾個抄家的造反隊，似乎對文字上的東西興趣不大，而是注重巴金的存款。他們一到巴金家裏，就找美金、找黃金。櫥裏沒抄到，就到花園裏去察看，恐怕巴金將這些財寶埋在地下。他們找了大半天落了個空，就面審蕭珊，問她有多少存款，將美金和黃金藏在什麼地方。蕭珊把銀行的存單交給造反隊，告訴他們沒有美金和黃金時，造反隊就威脅她、恐嚇她，揚言如果被查出來，那末她就是「對抗革命行動」，「罪該萬死」！蕭珊從未經歷過這種恐嚇，她緊張得臉色發白，嘴唇顫抖。註11

精神的壓力和折磨給巴金帶來了不斷的噩夢，在這種高壓下，「我入了迷，中了催眠術。其實我還挖得不深。在那兩年中間我虔誠地膜拜神明的時候，我的耳邊時時都有一種仁慈的聲音：你信神你一家人就有救了。」註12然而，他等來的是更多的懲罰。對巴金的文字批判可謂連篇累牘：1967年6月13日，《解放日報》發表火正熊〈從《滅亡》看無政府主義〉；《文匯報》發表明昭〈無政府主義是無產階級專政的敵人──從批判巴金《滅亡》談起〉。8月26日，《解放日報》發表萬重浪〈評彭德懷和巴金的一次反革命勾

結〉。1968年2月26日，《文匯報》發表胡萬春、唐克新長篇署名批判文章〈徹底揭露巴金的反革命真面目〉，稱巴金是老牌的無政府主義者、蔣家王朝的辯護士、反黨反社會主義急先鋒。1968年6月18日，《文匯報》第3版在大標題「深入發動群眾批判毒草書刊、影片鬥倒批臭文學界反動『權威』巴金」下發表上海工人文藝創造隊工亦文〈從《家》的出籠看巴金的反動面目〉，工總司工人業餘理論寫作組紅地、蕭凡〈徹底搗毀剝削階級的罪惡之「家」〉、復旦大學八一八紅衛兵師〈在吹捧《家》「藝術性」的背後〉、上海警備區某部戰士劉仁和、官永久〈這兩「家」決不能調和〉等批判文章多篇……接著是1968年6月20日上海文化系統在上海人民雜技場為他召開電視鬥爭大會，歷時兩小時半。當時電視機並不普及，居然動用如此「現代化」手段轉播巴金的批判大會，可見組織者要造成的聲勢有多大。6月20日《解放日報》在「徹底鬥倒批臭無產階級專政的死敵──巴金」的大標題下，發表萬重浪〈清算反共老手巴金的滔天罪行〉長文。《解放日報》6月21日發表〈本市文化系統舉行電視鬥爭大會　撥開老反革命巴金的畫皮〉，「在昨天的電視鬥爭大會上，解放軍戰士、革命工人、紅衛兵小將以及無產階級革命派，懷著無比憤怒的心情，揭發批評了巴金這個無產階級專政死敵的反革命滔天罪行」，「在大會進行中間，本市各條戰線的工農兵群眾和紅衛兵小將紛紛來電，憤怒聲討反共老手巴金的罪行」；四版以整版在「徹底鬥倒批臭無產階級專政的死敵──巴金」標題下，發表工人作者張英〈巴金的「家」是喝人血的收租院〉、空軍許懿敏〈巴金是反動透頂的漢奸文人〉、東海艦隊天永昌〈反共老手巴金的愛和憎〉和上鋼三廠工人韓沂亮〈從三個反動口號看巴金的反革命嘴臉〉。同日《文匯報》第3版發表同題同內容新聞，並在「徹底鬥倒批臭無產階級專政的死敵──巴金」的通欄標題下發表整版批判文章，其中有洪彤〈反共老手的新表演──徹底清算巴金

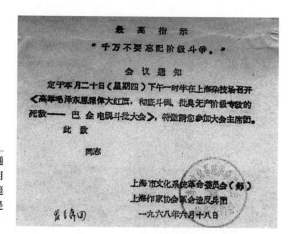

最高指示
「千万不要忘記阶级斗争。」

会议通知

定于本月二十日（星期四）下午一时半在上海杂技场召开
《高举毛泽东思想偉大红旗，彻底斗倒、批臭无产阶级专政的
死敌——巴金电屏斗批大会》，特邀請您参加大会主席团。

此致

同志

上海市文化系統革命委员会（翻）
上海作家协会革命造反兵团
一九六八年六月十八日

批判巴金的電視批鬥大會的通知。（該圖片由馮沛齡提供）用當時最先進的傳媒手段在全市範圍內批判一位作家，巴金可能是史無前例享此「殊榮」的作家。

解放後反黨、反人民的反革命罪行〉、駐滬空軍某部許懿敏〈請看巴金賣國求榮的漢奸嘴臉〉。除此之外，很多非正式的出版物上發表和轉載不計其數的批判巴金的文章。

這些文章脫離具體的歷史環境，斷章取義批判巴金過去的言論，或者依據小說中的人物言行和思想上綱上線強加作者罪名，當然，更為集中的是批判巴金曾經信仰的無政府主義，而這本也是巴金在1949年以後的一塊心病。1949年以後，巴金幾乎主動地避開了「五四」這個話題，當然，自然就可以不談或少談自己早年的信仰了。1959年是五四運動四十周年，曾有一批回憶錄和文章，但巴金這個「五四」之子卻沉默著，他倒是為建國十周年寫了收在《讚歌集》中的〈我們偉大的祖國〉、〈「我們要在地上建立天堂」〉、〈無上的光榮〉等多篇文章。不過，也有他避不開的時候，比如談到自己舊作《滅亡》的時候。在「談自己的創作」中，他從大處著眼，強調自己的作品與當時社會主流意識的一致性，對於其中的具體差別，只是做些較為含糊的自我批評。如在〈談《滅亡》〉中，他雖然連連檢討無政府主義錯誤的一面和它給自己思想帶來的消極影響，但是，他還強調，無政府主義雖然派別不同，但它們「最後

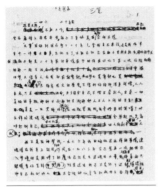

巴金回憶自己「文革」經歷的文章《二十年前》的手稿。巴金在文中說：「那種日子！那種生活！那種人與人之間的關係！真是一片黑暗，就像在地獄裏服刑。」

的目的是一致的，那就是：各盡可能、各取可需的共產主義大同世界」。談到自己與無政府主義關係時，他總強調「我有我的『無政府主義』」，他強調無政府主義對自己人格的影響遠遠大於在政治思想上的影響：「我所喜歡的和使我受到更大影響的與其說是思想，不如說是人。凡是為多數人的利益貢獻出自己一切都容易得到我的敬愛。」他甚至強調自己思想中愛國主義的一面，「但是我寫作時常常違反這個『無政府主義』。我自己說過：『我是一個中國人。有時候我不免要站在中國人的立場上看事情，發議論。』」註13巴金在小心謹慎地選擇能為當時社會所接受的語言替自己辯護，他甚至有些避重就輕，淡化了無政府主義與馬克思主義之間本質的差別，而尋找它們二者的共同點，也在過去與現在之間為自己尋找可靠的立足點，一方面他希望求得人們「理解」，不希望大家用課本上的教條來簡單對待這件事，另一方面，對這個問題，他內心中是有不同看法的，當然，他更沒像當時有些人徹底否定自己，調轉槍口，大批無政府主義的「反動性」。這已經是最大限度的「勇氣」了。

　　但經歷過反「右」，特別是1958年的「拔白旗」之後，巴金完全慌了手腳，他在談到「五四」和無政府主義信仰的時候，雖然仍有申辯的因素在裏面，但卻不能不對自己進行批判，那是為人民文學出版社出版的《巴金選集》所寫的〈後記〉中，但朋友看過後這篇後記都覺得像檢討，在中國作協黨組書記邵荃麟勸阻下這篇後記當時未用（1980年版《巴金選集》時巴金略作修改把它作為〈後記〉），可是1959年5月巴金還是從中摘出一段話作為〈我的幼

年〉一文中「安那其主義」一詞的注釋，最初收在《巴金文集》第十卷中，在這裏，他解釋了「五四」以後自己的思想選擇和精神歷程：

> 在五四運動後，我開始接受新思想的時候，面對著一個嶄新的世界，我有點張惶失措，但是我也敞開胸膛盡量吸收，只要是伸手抓到的新的東西，我都一下子吞進肚裏。只要是新的、進步的東西我都愛；舊的、落後的東西我都恨。我的腦筋並不複雜，我又缺乏判斷力。以前讀的不是四書五經，就是古今中外的小說。後來我開始接受了無政府主義，但也只是從克魯泡特金的小冊子和刊物上一些文章裏得來的〔但也只是從劉師復、克魯泡特金、高德曼的小冊子和《北京大學學生週刊》上的一些文章上得來的，再加上托爾斯泰的像〈一粒麥子有雞蛋那樣大〉、〈一個人需要多少土地〉一類的短篇小說。我還讀過一些十九世紀七十、八十年代俄國民粹派革命家的傳記。我也喜歡過陳望道先生翻譯的《共產黨宣言》，可是多讀了幾本無政府主義的小冊子以後，就漸漸地丟開了它。〕……思想的淺薄與混亂不問可知。

在這段描述中，巴金企圖讓在新時代一元化思維的讀者瞭解一下「五四」的多元性，即那是一個各種思想一起湧進來的時代，是一個有著多元選擇可能性的時代，這種企圖恢復「五四」「真實」面貌的描述，當然是為自己接受無政府主義思想打下鋪墊。同時，還應當注意到另外一個表述，那就是他說：「只要是新的、進步的東西我都愛；舊的、落後的東西我都恨。」這似乎也意味著在巴金內心中始終認定，他所信仰的無政府主義應當屬於「新的、進步的東西」，這個認定恐怕與當時主流意識形態的認定相去甚遠。更為

值得尋味的是方括弧中的文字是後來《巴金選集》後記[註14]中的文字，也可以視為是這個《巴金文集》第十卷注釋的原稿，也就是說在原稿中巴金很詳細地介紹了自己最初接觸新思潮所讀過的駁雜的書籍，這種「駁雜」用巴金的話說是：「思想的淺薄與混亂不問可知。」這既有檢討的成分，也有說明真相的意味。但巴金在注釋中大大簡化了具體的內容，而只以「但也只是從克魯泡特金的小冊子和刊物上一些文章裏得來的」這樣的詞句來說明這一切，為什麼？我們只能是猜度，比如師復和高德曼是不是已經是不適合再被提起的人物[註15]？刪除關於讀過《共產黨宣言》這句又表明了什麼呢？是放棄了以這種「進步」求得理解？

在接下來的敘述中，有對生活經歷的回顧，也有檢討，但他的檢討是以各種理由證明了自己當時接受這些思想的具體環境及合理性，並用心良苦地尋找一種可以為人接受的言說方式：

> 不過那個時候我也懂得一件事情：地主是剝削階級，工人和農人養活了我們，而他們自己卻過著貧苦、悲慘的生活。我們的上輩犯了罪，我們自然不能說沒有責任，我們都是靠剝削生活的。所以當時像我那樣的年輕人都有這種想法：推翻現在的社會秩序，為上輩贖罪。……〔我們自以為看清楚了自己周圍的真實情形，我們也在學習十九世紀七十年代俄國青年「到民間去」的榜樣。我當時的朋友中就有人離開學校到裁縫店去當學徒。我也時常打算離開家庭。我的初衷是：離開家庭，到社會中去，到人民中間去，做一個為人民「謀幸福」的革命者。〕

括弧中依舊是在注釋中被巴金省略的文字，在當時看來，口氣似乎有點大，至少會被質疑：你也有資格為人民謀幸福？但這段話

裏倒是透露出巴金思想中的民粹派因素，到民間去，為上輩贖罪，
這些想法他都曾莊嚴地履行著。

　　接下來巴金主要在檢討「革命的道路是很寬廣的」為什麼他
「視而不見，找不到路，或者甚至不肯艱苦地追求」？他認為主
要是自己「沒有決心，沒有勇氣」，他把自己定性為「小資產階
級」，並舉出袁詩蕘最終放棄無政府主義參加共產黨的例子，似乎
在證明這個信仰並不天生就是共產黨的「死敵」，解釋自己為什麼
始終沒有放棄這個信仰，巴金説：

> 　　我卻一直不肯拋掉無政府主義的思想，也可能是下意識地
> 想用這種思想來掩飾自己的軟弱、猶豫和彷徨，來保護自己繼
> 續過那種自由而矛盾的、閒適而痛苦的生活。無政府主義使我
> 滿意的地方是它重視個人自由，而又沒有一種正式的、嚴密的
> 組織。一個人可以隨時打出無政府主義的招牌，他並不擔承任
> 何的義務。……這些都適合我那種小資產階級的思想感情註16。

　　這段話部分地道出了實情，那就是巴金在什麼層面上安於無
政府主義的信仰，但沒有説出的是無政府主義與共產主義在一致之
外的巨大分歧，也就是説巴金實際上不可能走到共產主義道路上，
所以他下面的話，不能不是一種敷衍：「我自己不去參加實際的、
具體的鬥爭，卻只是閉著眼睛空談革命，所以絞盡腦汁也想不到戰
略、戰術和個人應當如何在黨的領導下參加戰鬥。」註17

　　需要注意的是在原稿中還有一段話在注釋中沒有，這段話多少
有些對自己信仰的反省：

> 　　我也曾三番五次想在無政府主義中找尋一條道路，我讀過
> 好些外國書報，也譯過克魯泡特金的著作，和俄國民粹派革命

家如妃格念爾這類人的回憶錄，可是結果我得到的也只是空虛；我也曾把希望寄託在幾位好心朋友的教育工作上，用幻想的眼光去看它們，或者用夢代替現實，用金線編織的花紋去裝飾它們，我寫過一些宣傳、讚美的文章結果還是一場空。註18

「空虛」和「空」在這裏反覆被用了好多次，難道真的人生如夢嗎？不過在不能完全自由的狀態下的表達很難作為判斷作者真實思想的完全依據。但這些可能就是「文革」前巴金對於「五四」、「信仰」和過去所走過的道路最直接的一次闡述了，不能說這是巴金對「五四」的真實的看法，只能說他在特定的社會形勢下只能這樣公開談論他與「五四」之間的聯繫，而他的沉默似乎在提醒我們內心中最真實的「五四」不是可以隨便談的。

到「文革」的時候，在強大的外在壓力和被剝奪了個人自由的情況下，他只有不斷地批判自己以換得寬恕，在不違背基本事實的情況下，他的檢查拼命用當時流行的語言「上綱上線」地批判自己；同時，還有某種程度的自我辯護，當然他不敢理直氣壯的，而是翻來覆去地解釋自己當初為什麼這樣，企圖求得理解：

> 我出身地主家庭，離家以後又一直生活在小資產階級中間。我在舊社會生活了四十幾年我受的教育，我讀的書，我受的影響都是舊的封建主義的，有資產階級的，有無政府主義的，什麼仁義禮知信，什麼自由、平等、博愛，什麼互助、人道，主要都是把個人的自由和名譽放在一切之上。我不滿意封建禮教，〔說封建家庭是黑暗王國〕（括弧部分為作者後來刪除的文字，以下同。——引者）鼓勵人脫離封建家庭，主要是為了追求個人自由和個性解放。我喜歡無政府主義，還是因為無政府主義無組織無紀律，個人行動不受拘束，正合

乎我既不能令，又不受命的習慣。無政府主義其實是〔資產
階級的東西，是反動的。說漂亮話，不做事，或者做不漂亮
的事，許多談過無政府主義的人都是這樣。而且每個人有每
個人的無政府主義。我受無政府主義的影響，不懂辯證法，
也不承認無產階級專政，腦子裏裝滿了〕資產階級的個人和
人道主義。我不懂辯證法，也不相信無產階級專政，我既不
接近群眾，又不追求真理。我滿足於空談講漂亮話。我寫的
作品裏有不少革命的字樣，卻沒有給讀者指出革命的路，有
時反而指出歪路。

　　五四以後接觸了一些新的思想，這些思想有的是資—民思
想，有的是無—思想，我不加分析他一概接受。什麼自由平等
博愛，什麼互助、人道，再加上仁義禮知信的殘餘攪拌在一
起。……因為我接受了無，所以我不能接受真理，因為無無組
織無紀律，個人行動不受約束，正合乎我過去既不能令又不受
命的習慣。因為克魯泡特金的書中有許多「美麗」「熱情」而
其實空洞的辭句，正合乎我的口味。克魯泡特金的無政—義實
質上就是資—個人主義和人道主義，它把個人自由和人道放在
一切之上，它反對辯證法，也反對無產—專政。它在當時就有
反動性，今天更不用說了。我當時也曾懷疑有什麼辦法實現克
所宣傳的美麗的新世界呢？我想不到辦法。但是我的資產階級
世界觀使我不能接近人民，又妨礙我追求真理，使我既對現實
不滿，而又不滿足於空想。我空嚷革命，而又沒有革命行動，
甚至我嚷的革命，也缺乏具體內容。註19

　　因為當時要大批「封（建主義）、資（本主義）、修（正主
義）」思想，所以巴金檢討中也在對照這個要求檢討思想來源，於
是我們看到了他根據自己的階級出身而認定自己受過「舊的封建主

義」、「仁義禮智信」等思想影響，這在以前從不曾說過。此時，當巴金不得不面對他早年的信仰時，只好以這樣的語言來否定它，但哪怕在這些不足以作為一個人自由思想憑信的文字中，巴金也談到了他接受無政府主義的緣由，特別提到了克魯泡特金作品中的「美麗的新世界」對他的吸引，以及他在探求無政府主義現實道路的困惑。下面說自己為什麼沒有走上共產黨的革命道路，世界觀改造不徹底、不能擺脫現有生活狀態的話，其實在三十年代不滿意自己的生活和寫作狀態時也曾說過，不過當時是傾訴，這次是自我批判：

　　過去我想革命，說革命，卻始終沒有準備參加革命，更沒有想到接近工農群眾。從此我走上了個人奮鬥成名成家的路，鑽進了小資的圈子。……我的生活不會太好，但是我一個人住在朋友家裏也很方便，因此生活也並不壞。我就這樣生活下去，口裏常常叫嚷要擺脫這樣生活，實際上卻毫無改變生活方式的計劃和決心。倒是安於這種生活，作品越寫越多，名氣越來越大，可是習慣越染越深，資產階級的世界觀也越來越牢固了。

　　我的剝削階級的世界觀使我容易接受無（政府主義──引者），因無主張個人絕對自由，不要組織嚴密的政黨……它反對無產階級專政，它沒有方法推翻舊世界，創造新世界，它的宣傳等於解除人們的武器，保護資產階級的反動統治，它在當時就有反動性，今天可以說是極端反動的了。其實我從前也曾懷疑過：克魯泡特金宣傳的□□的新世界是沒有辦法實現的，我也曾想到馬列主義，我也曾想到中國共產黨所走的道路，特別是通過同魯迅先生接觸，我對中共有一種崇敬的感情，共產黨人的許多英雄事蹟也使我感動和敬佩，但是我那剝削階級的世界觀使我不能拋棄現有的生活方式，使我

怕苦，怕犧牲，怕經受不住考驗，不願意放棄個人的愛好和自由，不願意拋棄這條已經走得順利的個人名利之路。

　　對於自己過去從事的編輯、出版工作，對於解放後顯示著「五四」思想鋒芒的發言、雜文，他徹底否定：

　　　　我在另一篇材料裏寫過文生社的事。我搞編輯、出書的工作，是為了跟國民黨搞「合法鬥爭」，魯迅也支援過我。但是我一直搞下去，搞了好些年，今天分析一下，我搞出版社是處於資的改良主義。不革命不推翻國的反動政權，不改革社會制度，單單出幾本書，我就以此自滿，而且安於這種工作，我這是逃避現實，逃避革命，也可以說是我害怕革命，害怕改變自己的生活方式。也可以說我安於現狀。

　　　　我不是說解放後我毫無進步。有時進步大一些，有時小一些，凡是到鬥爭生活中去，我就會有一些進步。但是由於資—世界觀沒有改變，這些進步也不會鞏固，我一回到我的生活圈子，新的收穫就逐漸被舊的東西趕走了，而我自己也並因此感到惋惜，因為我已經習慣於資—世界觀，不覺得它又髒又臭，有時反而會欣賞它。

　　　　我既不深入工農兵群眾、不深入火熱的鬥爭，又未好好地學習馬列主義，學習毛主席的思想，雖然口裏常講社會主義，於是腦子裏裝的仍然是資產階級那一套。……這樣，到了階級鬥爭尖銳、激烈的時候，氣候適宜，自己資產階級的思想的反動意識就會暴露出來，到了緊要關頭，應當分辨大是大非的時候，自己就糊塗起來，我聽見好些人都在講，我就迷失了方向，甚至也放了毒草。五六—五七年是這樣，六二年也是這樣。

圖上：作為「黑老K」的「臭婆娘」，蕭珊在「文革」中經受了無數的人身和精神的侮辱。巴金說：「人們的白眼，人們的冷嘲熱罵蠶蝕著她的身心。我看出來她的健康逐漸遭到損害。」

圖下：蕭珊遺像。巴金回憶蕭珊最後的日子中：「她非常安靜，但並未昏睡，始終睜大兩隻眼睛。眼睛很大，很美，很亮。我望著，望著，好像在望快要燃盡的燭火。」

關於1962年上海二次文代會上〈作家的勇氣和責任心〉的發言，他在「文革」中不斷地檢討：「我想到自己對黨，對人民犯下了這樣的罪，我感到非常沉痛。我想到自己又一次辜負了黨的幫助和關懷，做出了對不起黨的事情，感到十分悔恨。從此我思想上背上了一個沉重的包袱。」這些都是別人加在他身上的罪名，但有一句話顯示了他真實的思想狀態：「從此我思想上背上了一個沉重的包袱。」巴金就是帶著這樣的包袱和有罪感經歷「文革」最初的歲月，也最為徹底地否定了自己過去的一切。但他的誠懇態度並沒有得到他人的理解，只能授人以柄遭受更為猛烈的批判。

更令巴金痛苦的是那些氣勢洶洶批判文字鋪天蓋給他的家庭帶來了難以估量的精神恐怖，巴金曾悲憤地回憶過一個傷心的夜晚：

> 我還記得有一天到了平常下班的時間，我

們沒有受到留難，回到家裏，她〔蕭珊〕比較高興，到廚房去燒菜。我翻看當天的報紙，在第三版上看到當時做了作協的「頭頭」的兩個工人作家寫的文章〈徹底揭露巴金的反革命真面目〉。真是當頭一棒！我看了兩三行，連忙把報紙藏起來，我害怕讓她看見。她端著燒好的菜出來，臉上還帶笑容，吃飯時她有說有笑。飯後她要看報，我企圖把她的注意力引到別處。但是沒有用，她找到報紙。她的笑容一下子完全消失。這一夜她再沒有講話，早早地進了房間。我後來發現她躺在床上小聲哭著。一個安靜的夜晚給破壞了。今天回想當時的情景，她那張滿是淚痕的臉還歷歷在我眼前。我多麼願意讓她的淚痕消失，笑容在她那憔悴的臉上重現，即使減少我幾年的生命來換取我們家庭生活中一個寧靜的夜晚，我也心甘情願！ 註20

可是，巴金對自己和家人的處境完全無能為力，他所能做得只能是屈辱地忍受。當時復旦大學的一位學生曾經見到被拉到校園批鬥的巴金：

「文革」開場後，巴金被復旦中文系的紅衛兵抓到學校批判，這位名揚海內外的大作家便成了一隻關在籠子裏任人觀賞的動物；我不知道那些中文系的紅衛兵是如何虐待這位老人的，但見他一日三餐去食堂吃飯時，手中捧本小紅書，拿副碗筷，從學生宿舍慢慢走向食堂，踽踽獨行。從外表來看，這位矮小的忠厚老者實在是位手無縛雞之力的弱儒，他寫了那麼多深受大眾喜愛的作品，擁有那麼多讀者，可是突然間，他成了任誰都可以隨意侮辱、洩憤的「賤民」。走進食堂，他第一件該做的事便是雙膝跪下，朝毛主席的畫像叩

頭、請罪，然後背一段毛主席語錄，才能排隊去買飯菜。有好幾次，在路上與巴金相遇時，看著他那雙茫然得幾近麻木的眼睛，我都會情不自禁地打起冷戰來……註21

對於像噩夢一樣發生在身邊的一切，如果說最初巴金完全被震驚得手足無措、無法思考，那麼在身經百鬥之後，巴金對這一切究竟是怎麼看的？「難友」王西彥當時曾問他：「你對這種全部否定你作品的做法，有什麼感想？」他的回答非常堅定：「我相信歷史，」「將來歷史會作出公正的裁判的。」註22其實，從1968年，巴金的心態已經發生微妙的轉變，他拼命要抓住的那根救命稻草根本不存在，他不需要再去企求什麼了，只是懾於威權服從命令罷了。「一九六八年我向蕭珊要了一本『學習手冊』，又開始寫起日記來。我的用意不再是爭取『坦白從寬』，我已經看透造反派的心（他們要整你，你大拍馬屁也沒有用處）。我只想記錄下親身經歷的一些事情，不過為了保護自己，我繼續『歌功頌德』。」註23「文革」隨著時間的推移逐漸暴露出它冠冕堂皇的理論下的罪惡、齷齪和虛偽來了。「一九六八年秋天一個下午他們把我拉到田頭開批鬥會，向農民揭發我的罪行；一位造反派的年輕詩人站出來發言，揭露我每月領取上海作家協會一百元的房租津貼。他知道這是假話，我也知道他在說謊，可是我看見他裝模作樣毫不臉紅，我心裏真不好受。」註24他發現那些「造反派」要他相信的「真理」他們自己並不相信，那些神聖的大帽子多半是紙糊的：

在外表上我沒有改變，我仍然低頭沉默，「認罪服罪」。可是我無法再用別人的訓話思考了。我忽然發現在我周圍進行著一場大騙局。我吃驚，我痛苦，我不相信，我感到幻滅。我浪費了多麼寶貴的時光啊！但是我更加小心謹

慎，因為我害怕。當我向神明的使者虔誠跪拜的時候，我倒
有信心。等到我看出了虛偽，我的恐怖增加了，愛說假話的
人什麼事都做得出來！無論如何我要保全自己。我不再相信
通過苦行的自我改造了，在這種場合連陀思妥耶夫斯基的道
路也救不了我。我漸漸地脫離了「奴在心者」的精神境界，
又回到「奴在身者」了。換句話說，我不是服從「道理」，
我只是屈服於權勢，在武力之下低頭，靠說假話過日子。同
樣是活命哲學，從前是：只求給我一條生路；如今是：我一
定要活下去，看你們怎樣收場！我又記起一九六六年我和蕭
珊用來互相鼓舞的那句話：堅持下去就是勝利。 註25

　　巴金還想起十幾歲時讀過一部林琴南翻譯的英國小說中的話：
「奴在身者，其人可憐；奴在心者，其人可鄙。」「奴隸，過去我
總以為自己同這個字眼毫不相干，可是我明明做了十年的奴隸！」
這種想法對於接受過五四精神洗禮的人來說是莫大的恥辱，他清醒
地發現自己才是地地道道的「奴在心者」。自我意識的恢復使得他
在處理與外界的關係時，表現出迥然不同的心態，也是這個時候，
他開始抄錄、背誦但丁的《神曲》，在他的眼前「牛棚」就是「地

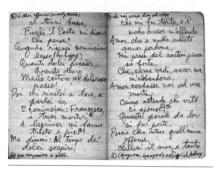

圖左：在幹校的那段日子中，巴金為了排解內心的苦悶，手抄並開始背誦《神曲》，這是留存
　　　下來的他手抄的《神曲》之一頁。
圖右：巴金背誦《神曲》，感覺自己如同在煉獄中掙扎。此《神曲》中煉獄圖。

獄」，周圍的那些造反派們如同怪獸，而他只有艱難地前行著，首先要找回的就是「我」：「我是我自己。我回到我自己身上了。」[註26]這是獨立的人的宣言，個人的精神意志是不可以隨便摧毀的，哪怕是你的力量如此強大。

1968年秋天到1972年6月，巴金的大部分時間是在松江縣辰山公社、奉賢縣「五七幹校」從事體力勞動，黃宗英和他同屬「文化四連」，多年後她回憶：

> 幹校宿舍是一排又一排，我們排男女宿舍隔著薄薄的蘆席牆，當然不隔音。我在上鋪，從屋簷下圍牆遮不到的空白處看過去，見巴金睡在下鋪，聞捷上鋪。巴金的枕頭邊有西班牙文的小紅書，是工宣隊突擊搜查他的床鋪搜出來的。有人揭發他半夜用手電燈看黑書，這才真相畢露。……已經被打翻在地踏上一隻腳的巴金，還在千方百計奪回無端流失的光陰。
>
> ……精神創傷是難以痊癒的，夜間，偶然可以聽到巴金睡夢中的驚叫呻吟，彷彿1950年10月，我們同去波蘭，在參觀奧斯維辛集中營後，巴金也曾夜間驚叫呻吟。可白天，巴金戴著舊遮陽帽，赤腳穿著洗得泛白的鞋，彳亍在塘外田野，使我想起北歐小說鋼筆畫插圖裏的叔伯爺舅，他若能揚帆打魚去，小舟從此逝多好。他的愛妻生了癌症，還不准他去探視，他太苦了。
>
> ……
>
> 當我不太想活的時候，我常常望著沉默的巴金，他已經曬得黝黑，但雙目依然睿智、慈祥。我十五歲起演戲就演過、讀過他的《家》、《春》、《秋》；讀過《滅亡》、《霧‧雨‧電》、《春天裏的秋天》……我才到上海那年秋冬之際，大哥宗江帶我去霞飛坊看望他的中學英文老師李堯林（巴金的二哥）

以及巴金。我至今記得李老師的瀟灑、巴金的熱情、蕭珊的溫
柔。我飾演過梅、淑華、鳴鳳，我在臺上為巴金筆下的女子的
命運哭過、笑過、愛過、抗爭過。……我如此認真演巴金的反
封建的進步的戲，如今巴金和我又演的是哪一齣?![註27]

>>> 注釋

註1：巴金1966年6月3日日記，《全集》第26卷第65頁。

註2：巴金1966年6月5日致蕭珊，《家書》第586-587頁。

註3：巴金1966年6月10日致蕭珊，《家書》第588頁。

註4：巴金1966年8月8日日記，《全集》第26卷第109頁。

註5：巴金1966年8—9月日記，《全集》第26卷第109-118頁。

註6：巴金：〈十年一夢〉，《全集》第16卷第325頁。

註7：但丁《神曲》地獄篇第三歌，朱維基譯，《神曲》第16頁，上海譯文出版社1990年
8月版。

註8：楊沫：《自白——我的日記》第577-578頁，花城出版社1985年4月版。

註9：巴金：〈人道主義〉，《全集》第16卷第591頁。

註10：巴金：〈現代文學資料館〉，《全集》第16卷第292頁。

註11：張英：〈巴金在「文革」中〉，《東方紀事》1988年第6期。

註12：巴金：〈十年一夢〉，《全集》第16卷第325頁。

註13：巴金：〈談《滅亡》〉，《全集》第20卷第391頁。

註14：巴金：〈《巴金選集》（上下卷）後記〉，《全集》第17卷第34-35頁。

註15：〈我的幼年〉在《短簡》的初版本中於「信發出了。……找到了我終身的事業」
一段之後有這樣一段話：「不久我意外地得到了一本《實社自由錄》第一集，那

裡面高德曼的文章把我完全征服了，不，應該說把我的模糊的眼睛洗刷乾淨了。在這時候我才有了明確的信仰。然而行動呢？這問題依舊沒有得到解決。而我的渴望也更加變得迫切了。」見：《短簡》第11-12頁，上海良友圖書印刷公司，1937年3月版。這段文字在《巴金文集》第10卷和《全集》第13卷第9頁中均被刪除。

註16：這段話在〈《巴金選集》後記〉中反而被刪除，《全集》第17卷第36頁。

註17：以上均引自巴金：〈我的幼年〉注釋①，《巴金文集》第10卷第120-121頁，人民文學出版社1961年10月版。

註18：巴金：《巴金選集》（上下卷）後記，《全集》第17卷第36頁。

註19：巴金文革時期檢查底稿，未刊稿，現藏中國現代文學館（北京）。本節以下未注明出處的引文也出自該稿。該稿寫在64開本的工作手冊上，寫作時間估計為1966年8月或9月。

註20：巴金：〈懷念蕭珊〉，《全集》第16卷第17頁。

註21：姜雲生：〈我心目中的三位士〉，《細讀自己》，山東友誼出版社1998年出版。

註22：王西彥：〈煉獄中的聖火——記巴金在「牛棚」和農村「勞動營」〉，《花城》1980年第6期。

註23：巴金：〈我的日記〉，《全集》第16卷第530頁。

註24：巴金：〈說真話〉，《全集》第16卷第231頁。

註25：巴金：〈十年一夢〉，《全集》第16卷第327頁。

註26：巴金：〈十年一夢〉，《全集》第16卷第328頁。

註27：黃宗英：〈我在五七幹校時〉，上海市作家協會編《上海作家》2004年第4期。

四、從絕望走向「安心」

與巴金共同經受苦難的還有他的妻子蕭珊，「文革」中突如其來的災禍令蕭珊震驚又惶恐，她哪裏見過這樣的陣勢？她只能以自己的瘦弱之軀護衛著她心愛的「李先生」，為此，她曾挨過紅衛兵的銅頭皮帶，運動初期，她還要去清掃街道，更重要的是作為黑老K的「臭婆娘」蕭珊還要承受著巨大的精神壓力和人格侮辱。她最為擔心的是巴金的安全，每一次批鬥都讓她心驚肉跳，巴金的問題始終沒有結論，讓這個昔日活潑、樂觀的女性臉上的笑容越來越少了，她心裏焦急，又束手無策。1972年5月7日，蕭珊在給兒子小棠的信中，還憂心忡忡又充滿盼望地談到巴金：「父親節日前夕回來度假，中午剛走，這次機關來了幾次人，要他寫一篇全面認識。別人也在動。前幾天小妹聽了一次報告，其中也講到清隊尾巴的問題，九姑媽前幾天在里弄裏聽報告，也提到落實政策的問題。」註1差不多同時，在給一位朋友的信中，她是這樣介紹家中境況：「你給蒂甘的信收到了，他還是在鄉下五·七幹校學習，問題還沒有解決。不過我們我們應當相信黨，相信群眾，黨的政策是一交到底。希望你好好保重身體，七十二歲在我們中國人還是算一個壯年人。不要悲觀，我相信我們還有見面機會的。我家裏人都很好，女兒已經結婚了，兒子去鄉下插隊落戶，對孩子的促進很大，現在是一個身重一百五十斤能挑兩百多斤的小夥子，想想孩子們的

變化真使人高興。」[註2]蕭珊曾對友人感歎，她們一生最美好的青春時光都交給了戰爭，而她們最年富力強的中年歲月又遭遇了「文革」，難怪給好友、詩人穆旦的信中感慨：「我們真是分別得太久了，你說有十七年，是啊，我的兒子已經有二十一歲了。少壯能幾時！生、老、病、死是自然界的現象，對你我也不會有例外，所以你也不必抱怨時間。但是十七年真是一個大數字，我拿起筆，不知寫些什麼。」[註3]其實，穆旦也在感慨歲月的嚴酷，那麼快就讓他們「年輕的靈魂裏進老年的軀殼」，儘管，他們都有著耀眼的才華，卻似乎都逃脫不了時代的魔咒。

此時，蕭珊還會回憶昔日的時光嗎？在西南聯大的同學心中，她是意氣風發的形象：「一九四〇年春天的一個晚上，我永遠忘不了你參加了那次有名的火把遊行。……在隊伍中間，你舉著火把，挺著胸，非常嚴肅又自信地邁著你特有的步伐向前走著。」[註4]在她自己的日記裏，則留下了巴金一家的歡快時光。如1961年夏天，在黃山，巴金一家與友人共登黃山的情景：

> 我替孩子們準備了三個花捲，以備之需。幸而有這三個花捲，路上替我解決了不少問題。小妹真是憂心忡忡。剛上山時太陽光很強，而且沒有走過山路，一下子又汗流浹背，真是疲乏。小妹更是連說走不動，我那時倒擔心，真怕走到半路，欲進退兩難。幸而，慈光寺到了，我們在寺中石階上稍作休息。……休息後，我們叫小陶（跟隨我們的嚮導）陪我們先行，小棠勇於走路，我只有跟隨他後面，只好請小陶陪小林慢慢走。小棠發現小林實在走不動，就把手中那條萬壽山手杖換了小林的竹杖。我們和小林距離很遠，教工會同志要我等小林同行，以鼓舞她情緒。立馬橋到了，遠遠看見小棠的紅汗衫，他坐在橋那邊已休息多時。從橋上望下去，一片

懸崖，我們已拔海1400多尺了。就是說從溫泉630公尺起行，已經走上八百多公尺了，再走二百公尺就到玉屏樓。從這裏到玉屏樓上坡不多，省力不少，過度仙橋，一線天，就看見蓬萊三島……再前行不久，小陶說：「這是小心坡」，上坡就看見一棵枝枒向我們伸張的松樹，就這是著名的迎客松。玉屏樓到了，我們一天的路程已告結束。註5

1962年的春節，在廣州也令她難忘：

　　下午看花市，人山人海，廣州市民愛花。每人從花市出來，手執一花，面露笑容，真所謂拈花而笑。我們購金桔一盆，盆上有成熟肥大金桔十餘個，金燦燦充滿喜吉之意。臨回來時又設法買到三枝塑膠花，粉紅、白色相間嬌嫩可愛。人居客中都忘記過年之事，看廣州市民熱鬧情況，想起今天是除夕了。

　　今天是我和老巴結婚後第一次帶孩子們在外面過年。註6

這一次，巴金還故地重遊，看了他寫過的廣東新會的「小鳥天堂」，而這一切對蕭珊都充滿了新鮮的感覺：

　　「小鳥天堂」（為）老巴29年前寫過篇散文而命名。真是小鳥天堂，千萬隻白鳥（有夜鶴、白鶴二種，傍晚夜鶴飛去，白鶴回來，交換居住）聚集在榕樹林中，說「林」，其實榕樹只有一棵，經過三百年，榕樹枝幹生根，變成密林，遠遠望去，只見蔥翠一片。我們劃小舟繞天堂一周（這島約十三畝），濃密得望不到泥地。小鳥群起飛翔，似乎在歡迎29年前曾來欣賞過它們的舊交。註7

一切都成為遙遠的記憶，生活的打擊和精神的重壓，讓那個開朗、活潑的蕭珊不復存在了，女兒李小林曾記下母親在「文革」中的情形：

> 　　「文革」期間，父親被打倒，母親成了「臭婆娘」，人們避而遠之，幾乎再無人登門。隨著父親「罪名」的加重，家中的氣氛壓抑得令人難以忍受。母親常常瞪著失神的眼睛，望著天花板，一待就是好幾個小時。……那年月，往往一張普通的笑臉，一封短簡，一句簡單的問候，都會使母親激動不已，熱淚盈眶。

　　本來幸福的一家人現在卻四分五散，本來高朋滿座的客廳現在也冷冷清清，樓上的書房和臥室都被查封了，他們只有住在樓下。1972年形勢有所鬆動，中斷了聯繫幾年的老友沈從文通過親戚打聽到他們仍住在原址，給他們來了一封信：

> 　　我並不希望從文來信。但是出乎我的意外，他很快就寄了信來，我回家休假，蕭珊已經病到，得到北京寄來的長信，她拿著五張信紙反覆地看，含著眼淚地說：「還有人記得我們啊！」這對她是多大的安慰！
>
> 　　他的信是這樣開始的：「多年來家中搬動太大，把你們家的位址遺失了，問別人忌諱又多，所以直到今天得到X家熟人一信相告，才知道你們住處。大致家中變化還不太多。」
>
> 　　五頁信紙上寫了不少朋友的近況，最後說：「熟人統在念中。便中也希望告知你們生活種種，我們都十分想知道。」[註8]

　　蕭珊給沈從文回了一封信，信上說：「收到你的信，全家都很興奮，相互傳閱。」她介紹了家中的情況，特別值得注意的是，她談到自己的病情：「老巴是一個月回家休息四天，可是這次因為我生病，為了照應我一個月沒有下鄉，我生的也不知什麼病，四十餘天體溫有時高至39°，至今尚未查出病因。」[註9]不知道聰慧的蕭珊是否意識到她這個病的凶險，此時病魔緊緊地抓住了她：

　　　母親身心交瘁，結郁成疾。她強打精神支撐了一段時候，躺倒時癌細胞已經擴散。……如今我還時常想起1972年6月底的那個晚上。靠親友的幫助，母親終於做了一些檢查，那晚舅媽請來了她熟悉的一位外科醫生。醫生看了X光片和同位素掃描報告，說出了我們心中一直不願相信的結論：癌症晚期。醫生說這種病發展很快，病人至多活不過國慶日，要我們早做準備。懷著一絲希望，我們問還有沒有辦法？醫生搖搖頭，說得儘快想辦法讓她住院，最後那些日子病人會非常痛苦。儘管是夏夜，我卻覺得渾身冰涼。我不敢走進母親躺著的屋子，我知道她正懷著急切不安的心情等待著診斷結果。我無法面對她。我回到我的房間，躺倒在床上，眼淚嘩嘩地掉下來。……房間裏一片黑暗，我心裏也一片黑暗。一陣輕微的啜泣聲從牆角傳來，借著窗外街燈昏黃的光亮，我看見弟弟縮在沙發椅上雙手捂著臉哭泣。我又怎能安慰他？眼睜睜看著死神一步步逼近，終將從我們身邊把母親帶走，我們卻無能為力，那一晚，兩個被悲傷壓倒的無助的人，只能躲在暗夜裏低聲哀哭。為母親，也為我們自己。多少年過去了，回想起那個夏夜，我仍然會淚流滿面。[註10]

7月24日蕭珊住進中山醫院肝癌病房。「她是我的妻子。她患了病，得不到治療，也因為她是我的妻子，想盡辦法一直到逝世前三個星期，靠開後門她才住進了醫院。但是癌細胞已經擴散，腸癌變成了肝癌。」註11「第二天早晨她動身去醫院，一個朋友和我女兒女婿陪她去。她穿好衣服等候車來。她顯得急躁又有些留戀，東張張、西望望，她也許在想是不是能再看到這裏的一切。」「將近二十天裏，我每天去醫院陪她大半天，我照料她，我坐在病床前守著她，同她短短地談幾句話，她的病情變化，一天天衰弱下去，肚子卻一天天大起來，行動越來越不方便。……她住院後的半個月是一九六六年八月以來我既感痛苦又感到幸福的一段時間，是我和她在一起度過的最後的平靜的時刻，我今天還不能將它忘記。」後來病情發展必須開刀了，敏感的蕭珊向巴金告別了：

　　我做了決定，就去病房對她解釋，我講完話，她只說了一句：「看來，我們要分別了。」她望著我，眼睛裏全是淚水。我說：「不會的……」我的聲音啞了。接著護士長來安慰她，對她說：「我陪你，不要緊的。」她回答：「你陪我就好。」時間很緊迫。醫生護士們很快作好了準備，她給送進手術室去了，是她的表侄把她推到手術室門口的。我們就在外面廊上等候了好幾個小時，等到她平安地給送出來，由兒子把她推回到病房去，兒子還在她的身邊守過一個夜晚。過兩天他也病倒了，查出來他患肝炎，是從安徽農村帶回來的。本來我們想瞞住他的母親，可是無意間讓他母親知道了。她不斷地問：「兒子怎麼樣？」我自己也不知道兒子怎麼樣，我怎麼能使她放心呢？晚上回到家，走進空空的、靜靜的房間，我幾乎要叫出聲來：「一切都朝我的頭打下來吧，讓所有的災禍都來吧。我受得住！」

　　手術後蕭珊只活了五天，巴金永遠也忘不了蕭珊最後時日中那雙美麗的大眼睛：

　　　五天中間我整天守在病床前，默默地望著她在受苦（我是設身處地感覺到這樣的），可是她除了兩三次要求搬開床前巨大的氧氣筒，三四次表示擔心輸血較多、付不出醫藥費之外，並沒有抱怨過什麼，見到熟人她常有這樣一種表情：請原諒我麻煩了你們。她非常安靜，但並未昏睡，始終睜大兩隻眼睛。眼睛很大，很美，很亮，我望著，望著，好像在望快要燃盡的燭火。我多麼想讓這對眼睛永遠亮下去！我多麼害怕她離開我！我甚至願意為我那十四卷「邪書」受到千刀萬剮，只求她能安靜地活下去。註12

　　8月13日，蕭珊在病房中「慢慢地沉入睡鄉」。三天以後在龍華火葬場舉行告別儀式。三年之後，巴金按期把骨灰盒接回家裏，一直放在他的寢室裏與他相伴終生。她不但留在巴金的記憶中，還留在了眾多朋友的心版上，好友穆旦曾在1976年6月〈友誼〉一詩的一段中寫道：

　　　你永遠關閉了，不管多珍貴的記憶

1972年8月13日巴金在龍華與蕭珊遺體告別。「望著那張慘白色的臉，那兩片咽下千言萬語的嘴唇，我咬緊牙齒，在心裏喚著死者的名字。……我想，這是多麼不公平！她究竟犯了什麼罪？」

曾經留在你栩栩生動的冊頁中，

也不管生活這支筆正在寫下去，

還有多少思想和感情突然被冰凍；

永遠關閉了，我再也無法跨進一步

到這冰冷的石門後漫步和休憩，

去尋覓你溫煦的陽光，會心的微笑，

不管我曾多年溝通這一片田園；

呵，永遠關閉了，歎息也不能打開它，

我的心靈投資的銀行已經關閉，

留下貧窮的我，面對嚴厲的歲月，

獨自回顧那已喪失的財富和自己。[註13]

圖左：巴金與蕭珊1961年攝於上海虹橋俱樂部，那相依相偎的美好歲月在「文革」中已經成為舊夢。

圖右：花園中有著無數的記憶，「我想念過去同我一起散步的人，在綠草如茵的時節，她常常彎著身子，或者坐在地上拔除雜草，在午飯前後她有時逗著包弟玩。……我好像做了一場大夢。」此為蕭珊與小狗包弟在花園中。

巴金一生熱愛屠格涅夫作品，翻譯了《父與子》、《處女地》、《散文詩》等屠氏作品，「文革」後期，在他不能創作的時候，又開始了改譯屠氏小說《處女地》的工作。

　　蕭珊的去世對巴金打擊非常大，以致很長一段時間家裏人不敢在巴金面前提到蕭珊的名字，此後，巴金就留在家裏沒再回幹校，他也與幾個比較親近的朋友恢復了通信。他以平靜的心情談到了蕭珊的去世和自己現在的生活狀況，那幾乎不帶感情的文字背後蘊涵著多大的悲憤實在難以估量。蕭珊去世後的一周多，巴金寫信給王樹基：「蘊珍已於本月十三日病故。她患腸癌已到後期並轉移到肝，是一種極可怕的病。但她死亡的直接原因是『全身衰竭』，因此一直到最後，她不知道自己患的是癌症，也沒有感到癌症的劇痛。她臨終時彷彿在睡覺，自己也不知道就要向人世告別。她在醫院中受到很好的照顧，我們全家對醫生、護士同志都很感激。」「我身體很好。問題還未解決，仍在靠邊，以前在文化幹校，最近因照顧蘊珍的病，請假回來已兩個多月。」[註14]9月16日再次致信，

談到兒子小棠：「十日下午我去看過他，對他談了他媽媽逝世的情況，在這之前大家都瞞著他，因此我也不敢去看他，我談到蘊珍，就容易流淚，但小棠進隔離病院前，知道母親病重，他最關心的就是母親的病，在醫院中得不到這方面的真實情況，是不會安心的。現在讓他知道了真實情況，這幾天他很悲痛，但比較安心了。」

「現在到機關上班，主要是自學主席的著作和馬列主義的經典著作。」註15一個月後，巴金給朋友的信中多少談到了自己的心情：「我幾次拿起筆想寫回信，可是腦子裏彷彿一團亂麻，不知道從哪裏寫起，現在還是如此。想來想去，我只能寫上面寫的那兩個字：謝謝。我想說的許多話都包括在它們裏面了。其他的我打算等到我的問題解決以後再寫。死者在病中還幾次談到您，……您問起她安葬的地方，我只能告訴您她的骨灰寄存處，……我本來要把骨灰盒放在家裏，孩子們怕會影響大家的情緒，就存放在火葬場，三年後可以接回家來。」註161974年年初茅盾先生致信巴金，這位身兼師友的前輩安慰他：「嫂夫人逝世，想必哀悼過甚，但死者已矣，生者還是要活下去；我於七〇年春亦喪偶，初亦咄咄書空，近來漸淡，反覺得她那一身病，（糖尿、腎炎、高血壓等等）拖下去也是多痛苦而已。」註17

1973年7月，巴金一直盼著的審查「結論」來了：「上星期一我們單位工宣隊負責人找我談過一次話，說是我的結論已經批下來，作人民內部矛盾處理，要我做點工作，問我有什麼意見。我說身體不好，年紀大，只能在家裏翻譯一點東西。星期六（昨天）他要我參加機關學習，並在學習會上宣佈我的問題解決，『作人民內部矛盾處理，發生活費，做翻譯工作』。下周起，我每星期只到機關去三個半天（學習時間在內）」。」註18這個結論沒有根本改變他的待罪之身，不過這個時候的巴金已經與「文革」初期大不相同了，作為「人」的獨立意志和思考已經開始恢復，他不再那樣唯唯

諾諾了，相反，對許多事情已經有了自己非常堅定的看法，他說一旦與自己的結論見面，「『結論』的詳細內容和文字我都不知道，也並未告訴我或宣佈時宣讀。當然如果叫我在文件上簽字，我會實事求是地看待問題。此外我不會講什麼。現在已經是宣佈後三個星期了，還沒有什麼變動。」[19]到1975年9月初，巴金等人的業務關係又被轉到了上海人民出版社，從作協出去的人大都分配到文藝室，唯有巴金被分配到編譯室，他明白這實際上意味著他已經沒有資格再搞創作了，對於這樣的安排他在信中說：「這就是調動積極因素、落實政策吧。」[20]這話似乎是在敘述一個客觀事實，但末尾的一個「吧」，總覺得像是表達某種不滿，甚至有些反諷的意味在裏面。而當「四人幫」被打倒之後，巴金的問題又拖了大半年才解決，家裏的書房依舊被封著，春光在前卻未享溫暖，這時應當最著急了，可是巴金卻很安心，他只是說：「四人幫垮臺，我晚上睡覺比較放心了。」[21]「不用著急」，「我相信問題總會徹底搞清楚的。」[22]統戰部的人在春節時找巴金談話，說他的問題總會解決「現在還來不及辦等等」，「我表示不必急，但我說只希望把是非弄清楚，該怎麼辦，就怎麼辦。」[23]對於解除壓在自己頭上多年的不公正的結論真的就無動於衷嗎？恐怕還不能這麼說，但巴金「把是非弄清楚」的態度，實際上已經表明了他對自己的信心，可以說他已經恢復了獨立思考的能力，對自己早已有了結論，這個時候他還會在乎別人給他一個什麼結論嗎？

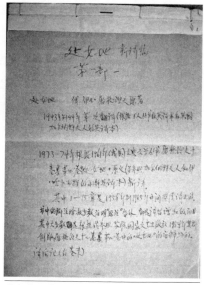

「文革」中改譯《處女地》譯稿，當時根本就是出版無望。

翻譯與中國當代知識份子的命運經常莫名其妙地聯繫在一起了，當他們被剝奪了創作權利的時候，翻譯可能是他們與文字與文學最為貼近的一件工作了。周作人後來幾乎是靠譯書糊口，詩人穆旦也將自己最寶貴的才華獻給了翻譯。在那些特殊歲月中，翻譯作品讓巴金終於有了一個個人的空間和心靈的逃避之所。對於做翻譯工作，他說：「我覺得這也是好的。……我可以安心等待的，也沒有什麼不滿意。」[註24]他首先是將「文革」前開始做的《處女地》的修改工作做完。至1973年10月4日他說：「今天我已經把《處女地》改譯完畢。以後還要從頭到尾校讀一遍，不過這花不了多少功夫。然後再作翻譯赫爾岑《回憶錄》的準備工作。」[註25]關於翻譯赫爾岑的回憶錄《往事與隨想》他是這樣打算的：「現已開始翻譯《赫爾岑》，慢慢地在搞。我的生活相當安靜而且安定，很可以安心做點翻譯工作。」[註26]「安心」是他做翻譯的心態，「我希望能再活十年，準備把一部百萬字的《回憶錄》譯完，譯這部書，同時也在學習。」[註27]巴金的這些翻譯並非組織上交代的任務，而且屠格涅夫、赫爾岑並不是那個時代所看重的作家，巴金非常清楚這個現實：翻譯這些東西在當時是出版無望的。這一點在最初做這件事情的時候，他就很明確：「組織上沒有給我什麼明確的任務……和出版社沒有聯繫過，我也不準備在幾年內出版，因為我上了年紀精力差，每天最多只能譯幾百字，有時查書、查字典更花時間。這書共有百多萬字，裏面有精華，也有糟粕。能夠花不到十年的時間譯完它，留下一部謄正的手稿，送給國家圖書館，對少數想瞭解十九世紀前半葉歐洲和沙俄各方面情況的人也有一點用處。」[註28]巴金並沒有把自己的工作看作毫無價值，將它作為消耗生命的無聊遊戲，雖然他放棄了功利上的需求，但這是生命和文化的需求，它超越了世俗的功利，一個七十多歲的老人每天幾百字的翻譯，可以看出中國知識份子哪怕是在最為艱苦的環境中，心中的文化信

念仍沒有磨滅。翻譯《往事與隨想》還讓巴金找到了情感寄託和對現實不滿的發洩渠道。這部書是作者的個人經歷與風雲變幻的歷史深入結合的結果，通過它能讀出俄羅斯一代知識份子的心路歷程，巴金說：「作者是個文體家，文筆生動，內容豐富，全書好像是歐洲和俄羅斯19世紀前半期政治和社會的編年史……」早在三十年代，巴金就翻譯過這部書的部分章節，並以《家庭的戲劇》為名出版，巴金也曾對魯迅說他要翻譯全書。在社會動盪不寧而他的生活一片孤寂的時候，巴金又重新拿出這部書，他要讓他自己的思緒從眼前的現實中暫時離開，而到另外一個國度和時間中尋求安慰和寄託。因此越翻譯他就越不由自主地把十九世紀沙皇尼古拉統治下的一切與個人的處境聯繫起來了，他覺得「四人幫」的醜行與沙皇簡直如出一轍，當赫爾岑詛咒沙皇滅亡的時候，巴金也在詛咒「四人幫」的滅亡。《往事與隨想》的翻譯還

圖上：赫爾岑畫像，為赫爾岑的大女兒娜達麗於1865年所繪。「文革」中巴金與赫爾岑通過文字在進行內心對話，翻譯《往事與隨想》使巴金走出陰霾的心境、不斷獲得勇氣。

圖下：赫爾岑帶著情感的文字對巴金大有影響，他非常喜愛這些帶著血和淚的文字，抗戰中翻譯了《往事與隨想》的一部分，題名《家庭的戲劇》（此為人民文學出版社1955年版書影）。

觸發了巴金晚年最重要的一部作品《隨想錄》的寫作，巴金從赫爾岑這裏獲得了啟發，以「隨想錄」的體式開始了他的人生和社會反思。

「文革」後期，巴金的生活相對安定下來了，全市的電視批鬥大會都開過了還有什麼風浪值得驚慌呢？於是在書信中我們可以看到他對於自己日常生活的描述：

> 你問我一天到晚幹些什麼？我一天也少有空閒時候。除了到機關學習或到附近散步外，我就在家聽廣播講座念日文，搞翻譯，每天譯赫爾岑的《回憶錄》幾百字（查典故，加注解，也要花工夫），此外還讀點別的外國文和世界語，為了不要把從前學過的忘記。這是我的日課。至於看什麼書，大都是從機關資料室借來的內部發行的書，如關於日本、蘇聯和拉丁美洲的書，以及從別處借來的《開羅文件》、《格瓦拉傳》等等。此外也看看關於儒法鬥爭和論《紅樓夢》的書。註29

到機關學習的情況，在後來的《隨想錄》中，他曾經寫過：

> 和在「文化四連」一樣，我每星期二、六上午去單位參加學習，坐在辦公室的角落裏聽同志們「開無軌電車」，海闊天空，無所不談。到了必須表態的時候我也會鼓起勇氣講幾句話，或者照抄報上言論，或者罵罵自己。但在這裏我發言的機會不多。不像在作協或者文化幹校「牛棚」，每次學習幾乎每「人」都得開口，我拙於言辭，有時全場冷靜，主持學習的人要我講話，我講了一段，就受到了圍攻，幾個小時的學習便很容易地「混」過去了。換一個人開頭發言也一

樣受圍攻，只要容易「混」過學習時間，大家似乎都高興。到了「編譯室」，學習時間裏氣氛不太緊張，發言也比較隨便，但是我已經明白這樣耗費時間是多麼可悲的事情。註30

　　巴金家裏的生活也漸趨平靜，1974年6月女兒小林生了一個女孩，給家裏帶來不少忙亂和熱鬧。1975年底，小林終於分配了工作，與先去杭州的丈夫團聚了。1976年5月，經過努力，兒子小棠也從安徽農村調回了上海。巴金仍然不時會想到妻子，1975年底給穆旦信中寫道：「蘊珍逝世前也常常談起您和運燮同志，她也沒有忘記在昆明念書的那一段生活。一轉眼，三年過去了。我已經把她的骨灰接回家裏。她的聲音相貌一直在我耳邊和眼前。您上次帶來的糖就是她生前愛吃的，要是她能活到現在，那多好！」註31

　　「文革」中，儘管大家的境遇都不是很好，但巴金還是感受到了友情的溫暖。黃源派兒子來探望他。1974年6月下旬，沈從文又出現在他面前：「七四年他來上海，一個下午到我家探望，我女兒進醫院待產，兒子在安徽農村插隊落戶，家中冷冷清清，我們把籐椅搬到走廊上，沒有拘束，談得很暢快。我也忘了自己的『結論』已經下來：一個不戴帽子的反革命。」這彷彿是「文革」前巴金去探訪沈從文的一個場景翻版，不過那時是預感大難臨頭，而九年後則是歷經苦難：「『文革』前我最後一次去他家，是在一九六五年七月，我就要動身去越南採訪。是在晚上，天氣熱，房裏沒有燈光，磚地上鋪一床席子，兆和睡在地上，從文說：『三姐生病，我們外面坐。』我和他各人一把椅子在院子裏坐了一會，不知怎樣我們兩個講話都沒有勁頭，不多久我就告辭走了。當時我絕沒想到不出一年就會發生『文化大革命』，但是我有一種感覺我頭上那把利劍，正在緩緩地往下墜。」註32李健吾和汝龍的義舉也讓他熱淚盈眶：

幾年前我還是「不戴帽子的反革命」的時候，她也曾到上海出差，夜晚第一次到我家，給我帶來人民幣五百元，那是汝龍送的款子。汝龍後來在信上說是健吾的主意。不多久健吾的二女兒也出差來上海，帶給我健吾的三百元贈款。在我困難的時候，朋友們默默地送來幫助。在病房中重見維音，我帶眼淚結結巴巴地講她父親「雪中送炭」的友情，十分激動。註33

還有些事情巴金是後來聽說的：

> 「文革」期間葉聖老得到解放之後，到上海來要求見幾個人，其中有一個就是我，他仍然為我的安全擔心。據說徐景賢說我是「反革命」不給見，好像豐子愷先生也不能出來，他就只見到周予同教授……他後來不曾對我講過什麼，他把一切都咽在肚裏了。但是他在上海知道了一個事實：他要看望的人還活著。聽說那次和他同來的人中還有胡愈之同志。註34

日本友人也在打聽巴金的消息：「我在『文化大革命』時，被關在牛棚裏。當時到上海的日本朋友要求說『我要見巴金，他不是幹壞事的人』，這種友情溫暖了我的心，支持我度過了困難時期。」註35

還有那些無數的普通讀者，他們在社會的某一個不為人知的角落中，用閱讀用自己的看法默默地支持著他們心愛的作家：

> 據說「四人幫」的上海「書記」徐景賢曾經叫嚷：「現在還有人給巴金寫信，可見批判不力，沒有把他批臭。」其實從一九六七年第四季度開始我就讓各方面揪出去「遊鬥」

了三四年。整整幾年中間我沒有收到過一封信。可能有人寫了信來，給「領導」扣下了，因為「牛鬼蛇神」不能享受人的權利。註36

作家茹志娟也寫過這樣的事情：

巴金抱著外孫女端端，這個小女孩的到來，為這個冷清的家庭中增添了一絲歡樂的氣氛。

在十年浩劫的第二年，砰砰嘭嘭的「掃四舊」一開始，我由於膽小，也是由於老實，自動地賣掉了很多書，幾乎是我小小藏書的四分之三。但我也耍了一個花槍，在《魯迅全集》的背後，埋伏了一套《巴金文集》。這是巴金先生通過蕭珊送給我的，上面都有他的簽名。後來作協在成立「批巴小組」時，要徵集他的書，自己也曾面不改色地說：「我沒有。」但是家裏人是瞞不住的，特別是兩個女兒都「停課鬧革命」了，於是她們到處去發掘一些可讀的東西，可能是被她們發掘出來了。總之，等到她們和她們的同學，為《家》、《春》、《秋》流夠了眼淚，去外地插隊落戶以後，一次整理書架時，我才發現全新的《巴金全集》平地的漲厚了一寸多，已看爛了的九本書，填在原來十卷的位置，還顯得很擠。丟失的一卷恰恰是《家》。當時當然沒有想到「四人幫」會粉碎，《家》還會重印，於是深感到失去的，正是再也不可復得的。心裏這股火，真是無處可說，也無處可發，只得認

了。但後來仔細想想，讓一個孩子帶著《家》去異鄉落戶，這恐怕是巴金先生所樂意的當然也是他在寫《家》時所料不到的。註37

就在批鬥巴金電視大會召開的時候，就有位老新四軍私下裏說：巴金是打不倒的。而「文革」後期，巴金的結論並沒有明確的時候，《浙江文藝》的主編駱基在人們談到巴金時，激動地說：「巴金怎麼啦？我就是看了他的《激流三部曲》才參加革命的！」註38看來用盡心思批倒批臭巴金的努力是徒然的，只要有作品在，就割不斷作家和讀者之間的聯繫。

>>> **注釋** --

註1：蕭珊1972年5月7日致李小棠信，《蕭珊文存》第200頁，上海人民出版社2009年4月版。

註2：蕭珊1972年5月4日致郎偉信，《蕭珊文存》第205頁。

註3：蕭珊1972年1月16日致穆旦，《蕭珊文存》第203頁。

註4：楊苡：〈夢蕭珊〉，《人民文學》1986年第10期。

註5：蕭珊1961年8月7日日記，《蕭珊文存》第60頁。

註6：蕭珊1962年2月4日日記，《蕭珊文存》第62頁。

註7：蕭珊1962年2月11日日記，《蕭珊文存》第64頁。

註8：巴金：〈懷念從文〉，《再思錄》增補本第26頁，廣西師範大學出版社2004年4月版。

註9：蕭珊1972年6月28日致沈從文信，《蕭珊文存》第201頁。

註10：李小林：〈一份遲到的禮物──獻給母親的在天之靈〉，《家書》第601-603頁。

註11：巴金：〈懷念蕭珊〉，本節未注明出處的文字均引自此篇，《全集》第16卷。

註12：巴金：〈懷念蕭珊〉，《全集》第16卷第23頁。

註13：穆旦：〈友誼〉，《穆旦詩文集》第1卷第336頁，人民文學出版社年2006年4月版。在1975年6月28日致杜運燮的信中，穆旦說：「〈友誼〉的第二段著重想到陳蘊珍，第一段著重想到你們。所以可以看到，前者情調是喜，後者是悲。」見《穆旦詩文集》第2卷第143頁。

註14：巴金1972年8月21日致王樹基信，《巴金書簡——致王仰晨》第4頁，文滙出版社1997年12月版。

註15：巴金1972年9月16日致王樹基信，《巴金書簡》第6、7頁。

註16：巴金1972年10月27日致查良錚信，《全集》第24卷第243頁。

註17：茅盾1974年1月7日致巴金信，上海巴金文學研究會整理《寫給巴金》第2頁。

註18：巴金1973年7月15日致李致信，《全集》第23卷第6頁。

註19：巴金1973年8月5日致李致信，《全集》第23卷第6頁。

註20：巴金 1975年9月13日致李致信，《全集》第23卷第18頁。

註21：巴金1976年11月4日致李致信，《全集》第23卷第30頁。

註22：巴金1977年1月17日致李致信，《全集》第23卷第33頁。

註23：巴金1977年3月3日致李致信，《全集》第23卷第36頁。

註24：巴金1973年8月5日致李致信，《全集》第23卷第7頁。

註25：巴金1973年10月4日致王樹基信，《巴金書簡》第12頁。

註26：巴金1974年1月6日致李致信，《全集》第23卷第9頁。

註27：巴金1975年2月7日致李致信，《全集》第23卷第14頁。

註28：巴金1975年3月3日致李致信，《全集》第23卷第15頁。

註29：巴金1975年2月7日致李致信，《全集》第23卷第13-14頁。

註30：巴金：〈「保持自己的本來面目」〉，《全集》第16卷第499頁。

註31：巴金1975年12月8日致查良錚信，《全集》第24卷第245頁。

註32：巴金：〈懷念從文〉，《再思錄》增補本第24、26頁。

註33：巴金：〈病中（二）〉，《全集》第16卷第471頁。

註34：巴金：〈我的責任編輯〉，《全集》第16卷第678頁。

註35：巴金：〈與日本作家的對談〉，《全集》第19卷第640頁。

註36：巴金：《我和讀者》，《全集》第16卷第286頁。

註37：茹志娟：〈我心目中的巴金先生〉，李存光編《世紀良知——巴金》第439頁，人民文學出版社2000年11月版。

註38：沙牧：〈面對巴金〉，上海巴金文學研究會編《巴金先生紀念集》第332頁，香港文滙出版社2008年1月版。

復　歸

（1976-2005年）

一、這是獨立思考的必然結果

多行不義必自斃，1976年10月，不可一世的「四人幫」一夜之間就垮臺了，十年「文革」宣告結束。10月17日巴金給女兒小林信上興奮地寫道：「砸爛四人幫，大快人心。在上海，十四夜交大學生已在淮海路遊行，高呼打倒四人的口號。十五日街上已有大標語，康平路、淮海路、外灘一帶炮轟馬、徐、王的大字報很多，昨今遊行的人不少。我們室裏十五夜傳達，十六下午開全社大會，會後遊行。《盛大節日》是為四人幫樹碑立傳的大毒草，《盛》劇組有『堅決拒演盛大節日』的大字報。上海人民也把四人幫恨之入骨，不亞於外地。消除四害是今年的一件大喜事。」註1談到他所受迫害的原因，巴金在給朋友的信上說：「狄克是什麼人我早先的確不知道，唐弢是知道的。孔羅蓀寫信問過他，他不回答，只是叫孔不要打聽，不要再問。孔後來問我，我說不知道。要是我知道的話，我可能還在靠邊。張、姚很恨我，十年來不斷整我，據說張講過，對我不殺頭就是落實政策。張為什麼這樣恨我，我不清楚，我有時也想過，說不定我會遭他的毒手的。但現在不怕了。他完蛋了。可能他以為我知道他三十年代在上海的言行，其實我毫無所知。老實說，主席逝世以後我真為國家的前途耽心。但現在放心了。除了四害，人心大快。四人幫是毒瘤，是禍國殃民的害人蟲，是最大、最壞的反革命兩面派，是巧偽人，人民絕不會饒過他們

的。」[註2]「翻譯仍在慢慢進行，第一卷已抄好，約十四萬字。譯好未抄的還有十多萬字。以後仍要慢慢搞下去。」[註3]對於自己的問題，「倘使大家都不講，也沒有人來過問，那麼就讓歷史來裁判吧，這一點我倒有充分的自信。」[註4]

　　1977年5月25日，巴金的〈一封信〉在《文匯報》上發表，由此結束了十一年的沉默生活。樓上被封存的房間和書櫥打開了，巴金開始恢復了做「人」的生活，也隨即恢復了做名人的生活，各種活動接踵而至。對新生活，他興奮，也反應謹慎，在給老友李健吾的信中是這樣寫的：「我已習慣於沉默，習慣於冷靜……」[註5]十多年的大好時光被無端浪費，巴金想得更多的是回到書桌前：

> 　　在這滿懷希望、滿露喜兆的一九七八年來臨的時刻，巴金極有信心地向我們講了他的打算。在他八十歲以前，他準備寫出一本新的十幾萬字的短篇小說集，並準備寫一部反映現代題材的長篇小說。如果時間允許，還將另寫一部以二十

圖上：1977年巴金的〈一封信〉發表，標誌著他重返文壇，他的文學領路人葉聖陶先生賦詩祝賀。

圖下：1977年6月，「文革」結束，陽光重現，巴金在家中的草坪上高高地舉起小外孫女。

年代為背景的長篇。「我的身體很好，寫到八十歲，我有把握。」他的話是這樣使人感到振奮。

　　當然，他原來就在翻譯的赫爾岑的回憶錄《往事與深思》，仍將把它譯完。這部回憶錄，他已譯了二十五萬字，看來還有一百萬字要譯。但他相信，在八十歲前他也能把它譯好。註6

　　迎接滿盤計劃的似乎並不是豐碩的果實，而是沒完沒了的繁忙：5月25日，〈一封信〉發表，5月26日，上午巴金接待了新華社記者王立文，說是要發稿到港澳去，因為那邊有許多人關心巴金，下午去友誼電影院，聽全市傳達工業學大慶的拉線廣播。5月27日，上午「九點前豐村來通知文化部政策研究室顧同志和簡惠約我和黃宗英座談」，晚「八點前壽進文來，談了幾件事：一要我參加政協學習；二、要我在學習會念一遍我控訴『四人幫』的發言稿」註7。28日，繼續開小組會，29日，去友誼電影院在大會交流會上發言。30日，修改《文匯報》送來的校樣，並起草在政協學習會上的發言。31日，上午去編譯室開全室整黨動員大會，下午寫發言稿。與此同時，他開始收到大量的讀者來信，開始會見外賓了……在「文革」之後，巴金的身體大不如前，明顯不適應這種繁忙的活動，他屢屢為這種忙碌而苦惱：「我忙，雜事多，找的人也多，到晚上十二點，只好丟開一切睡覺。許多事都做不好，不說翻譯了。」「現在開始參加外事活動和統戰組（上海只有統戰組，還未恢復統戰部）的一些活動。我能推就推，說實話，身體不行了。我也怕開會。」註8「寫長篇是想當然的事，現在連考慮的時間也沒有。搞翻譯也困難。目前是來信多，來找的人多，社會活動多，要做的事多，可以說是恢復了十一年前的忙亂生活。」註9「我一直忙，而且亂糟糟，無法寫長信，連短信也不容易寫，常常拿起筆，就有客人來，更不用說寫文章。」註10他意識到自己的時間已經不

1977年12月在上海市政協小組
會上，巴金（中）與喬奇和王
丹鳳在一起，他逐漸恢復了各
種社會活動。

多了他要從一個戴著多頂名流帽子的泥潭中走出來，要喚回自己的
創造力。他不想坐在主席臺上講些無關痛癢的話了，更不願再做吹
鼓手發一些違心之論了，巴金需要來自生命中的真正聲音。於是在
1978年11月30日那個冬夜，他奮筆表達了這樣的決心：

> 我準備寫一本小書：《隨想錄》。我一篇一篇地寫，一篇
> 一篇地發表。這些文字只是記錄我隨時隨地的感想，既無系
> 統，又不高明。但它們卻不是四平八穩，無病呻吟，不痛不
> 癢，人云亦云，說了等於不說的話，寫了等於不寫的文章。[註11]

　　《隨想錄》的寫作發端於巴金對日本電影《望鄉》及其在國內
公映的反響所引起的思考，在對《望鄉》公開和私下的種種批評聲
中，巴金卻表達了對電影的支持。就這樣以「隨想錄」為名的專欄
1979年12月17日起在香港《大公報》副刊「大公園」開起來了，當
年12月18日巴金在給編者潘際坰的信中說：「《隨想錄》我還想寫
下去，你們願意發表它，我以後寫出新的就寄給你們。我在《隨想
錄》（一）裏就說明我寫作的時間不會太多了。因此在可能的範圍
內想多寫點東西。《隨想錄》不比大文章，寫起來比較容易，而且
什麼東西都可以收進去。」[註12]後來巴金清楚地表明：

其實並非一切都出於偶然，這是獨立思考的必然結果。五十年代我不會寫《隨想錄》，六十年代我寫不出它們。只有在經歷了接連不斷的大大小小政治運動之後，只有在被剝奪了人權在「牛棚」裏住了十年之後，我才想起自己是一個「人」，我才明白我也應當像人一樣用自己的腦子思考。真正用自己的腦子去想任何大小事情，一切事物、一切人在我眼前都改換了面貌，我有一種大夢初醒的感覺。註13

《隨想錄》是巴金在八十年代思想解放的背景下回歸五四精神的產物。能夠有這樣的復歸有著多方面的因素，比如「文革」中的痛苦經歷促使他反省，「文革」之後思想解放運動的大氣氛，還有巴金幾次出訪，尤其是出訪法國所獲得的思想開放、碰撞的感受也使他續接了半個世紀前自己的精神傳統。1979年五四運動六十周年時，周揚在中國社科院紀念五四運動六十周年學術討論會上所做的報告認為：本世紀以來中國人經歷了五四、延安整風和「目前正在進行的思想解放運動」。第三次思想解放運動的中心任務「就是要在馬列主義、毛澤東思想指導下，徹底破除林彪、『四人幫』製造的現代迷信，堅決擺脫他們所謂『句句是真理』這種宗教教義式的新蒙昧主義的束縛，把馬列主義、毛澤東思想的普遍真理，同在中國實現社會主義現代化這個新的革命實

1979年春，時隔半個世紀，重訪法國，巴金與孔羅蓀來到盧梭像前，當年的青年如今已經白髮鬢鬢。「先賢祠前面的景象變了，巴黎變了，我也變了。」

踐，緊密地結合起來。」註14當年，巴金也寫下了〈五四運動六十周
年〉，他說：「我們是五四運動的產兒，是被五四運動的年輕英雄
們所喚醒、所教育的一代人。他們的英雄事蹟撥開了我緊閉著的眼
睛，讓我們看見了新的天地。」巴金並不僅是樂觀的回憶，相反他
很沉重地想到了「文革」，想到了社會還存在著的包辦婚姻，「可
是今天我仍然像在六十年前那樣懷著強烈的感情反對封建專制的流
毒，反對各種形式的包辦婚姻，希望看到社會主義民主的實現。」註
15這種呼喚和六十年前遙相呼應，五四的理想和追求再次被喚起，成
為巴金和他們這一代人在「五四」六十年後奮進的思想資源。《隨
想錄》承續了這種「五四」的現實戰鬥精神，體現出強烈的現實參
與性、寫作的開放性、思想意識的主體性等特點。為了爭取更大的
發言空間，巴金選擇在香港發表，這也是有考慮的，1979年3月15
日致羅蓀信中說：「我看文藝界情況複雜，問題很多，陣線也不分
明，在《文藝報》發表文章，不能像寫《隨想錄》那樣隨說一通，
大陸上的讀者對『隨說』久已不習慣了。為《文藝報》寫文章，總
得慎重些，我試試看，若寫不成了，就算了。」但即便這樣，巴金
的《隨想錄》還是個不合時宜的作品：

訪問法國日記一頁

圖左：在赫爾岑墓前，「這銅像對
　　　我並不陌生，我不止一次地
　　　看見它的照片。這個偉大的
　　　亡命者穿著大衣凝望著藍藍
　　　的地中海，他在思索。他在
　　　想什麼呢？……」
圖右：在法國的伊夫堡，巴金想到
　　　了反思歷史的問題：「為什
　　　麼不吸取過去的教訓？難道
　　　我們還沒有吃夠『健忘』的
　　　虧？」

　　絕沒有想到《隨想錄》在《大公報》上連載不到十幾篇，就有各種各類嘰嘰喳喳傳到我的耳裏。有人揚言我在香港發表文章犯了錯誤；朋友從北京來信說是上海要對我進行批評；還有人在某種場合宣傳我堅持「不同政見」。點名批判對我已非新鮮事情，一聲勒令不會再使我低頭屈膝。我縱然無權無勢，也不會一罵就倒，任人宰割。我反覆思考，我想不通，既然說是「百家爭鳴」，為什麼連老病人的有氣無力的歎息也容忍不了？有些熟人懷著好意勸我儘早擱筆安心養病。我沒有表態。「隨想」繼續發表，內地報刊經常轉載它們，關於我的小道消息也愈傳愈多。彷彿有一個大網迎頭撒下。我已經沒有「脫胎換骨」的機會了，只好站直身子眼睜睜看著網怎樣給收緊。網越收越小，快逼得我無路可走了。我就這樣給逼著用老人無力的叫喊，用病人間斷的歎息，然後用受難者的血淚建立起我的「文革博物館」來。註16

　　這種現實的壓力伴隨著《隨想錄》寫作的全過程，與它們抗爭也成為巴金寫作的一個內在的驅動力。上世紀八十年代初，中國社會剛剛從「文革」的桎梏中掙脫出來，各種條條框框並沒有消失，

《隨想錄》日文譯本之一冊。

在意識形態的領域中更是情況複雜，知識份子與官方的衝突與磨合，官方中不同派別的激烈交鋒都會在各個領域中具體地表現出來。《隨想錄》中保存了巴金與各種「左」的思潮短兵相接的真實狀況，特別是與各種「健忘症」作鬥爭，可以說，《隨想錄》的寫作就是一個反抗遺忘的過程。為什麼巴金就不能像有些人期望那樣忘掉過去「向前看」呢？因為他發現「文革」還有過去許多事情帶給他的傷痕仍在，種種欠債也不容一筆勾銷，更重要的是讓子孫後代不要重複「文革」的悲劇。連聽到樣板戲都讓巴金有「毛骨悚然的感覺」，「接連做了幾天的噩夢」，可見「文革」的傷痛之深。往事的回憶並不能讓他感到輕鬆、愉快，相反，會有一種下油鍋受煎熬的感覺，可以說巴金是下了很大的決心、需要極大的勇氣才能面對這些，才能寫出這些，他的目的就是要通過受苦來淨化自己的心靈，通過解剖自己這個「標本」來驚醒世人。這麼做不是為了個人恩怨註17，而是為了人們能有一個美好的未來。

遺憾的是不是所有的人都能理解巴金的良苦用心，從幾件事情上可以看出巴金為了表達自己的見解所做的努力，也看出他受到的阻礙：

第一件事是「歌德」與「缺德」事件。《河北文藝》1979年第6期發表了李劍的文章〈「歌德」與「缺德」〉，文中說：「如果人民作家不為人民大『歌』其『德』，那麼，要這些人又有何用？……那種不『歌德』的人，倒是有點『缺德』。」除了這種充滿著「文革」式的火藥味的句子外，文章中還有這樣夢囈般的詞

句：「現代的中國人並無失學、失業之憂，也無無衣無食之慮，日不怕盜賊執杖行兇，夜不怕黑布蒙面的大漢輕輕叩門。河水泱泱，蓮荷盈盈，綠水新池，豔陽高照。當今世界上如此美好的社會主義為何不可『歌』其『德』？」這引起了知識份子的公憤。有人形容它是「春天裏的一股冷風」[註18]，文章中的詞句，巴金非常熟悉，多少年來就是用這種豪言壯語蠱惑著人們虛假的熱情，結果時光浪費了，事情也沒有辦好。「文革」剛結束不久，一些人就把慘痛的教訓拋在腦後，這種「健忘」十分可怕，也從另一面反證了必須好好總結「文革」及以前的經驗教訓。當「文革」逐漸走出人們視野卻並未走出人們的思維中時，巴金卻不斷地提醒人們：「往事不會消散，那些回憶聚在一起，將成為一口銅鑄的警鐘，我們必須牢牢記住這個慘痛的教訓。」[註19]

第二件事發生在1979年第四次文代會召開前夕，本來按照慣例巴金應當是上海代表團的團長，他是上海市文聯主席、作協上海分會的主席，也是中國文聯和中國作協的副主席，眾望所歸。但就在赴京前不久，上海代表團突然出現了一個第一團長，巴金卻成了第二團長。這是從來沒有過的事情，因此在文代會上成了代表們議論的一個話題。為什麼會這樣？一個很重要的原因就是當時巴老在《隨想錄》中寫文章支持沙葉新寫小騙子的劇作《假如我是真的》，有人覺得巴金揭社會的傷疤。《假如我是真的》寫了有人冒充高幹子弟行騙的事情，巴金則從這些「小騙子」的身上看到了社會風氣的不正，但也有人認為「話劇給幹部臉上抹黑，給社會主義臉上抹黑」，在內部演出後，便引起不同反響，老百姓一片叫好，而領導幹部則擔心消極影響，所以要停演該劇，當時作者也受到很大的壓力。巴金沒有到劇場看演出，卻看了劇本，他當即態度鮮明地支援這個劇演下去，他支持這個劇的想法與寫《隨想錄》的苦心是一致的：

騙子的出現不限於上海一地，別省也有，他是從天上掉下來的嗎？倘使沒有產生他的土壤和氣候，他就出來不了。倘使在我們今天的社會風氣中他鑽不到空子，也就不會有人受騙。把他揭露出來，譴責他，這是一件好事，也就是為了消除產生他的氣候，剷除產生他的土壤。如果有病不治，有瘡不上藥，連開後門，仗權勢等等也給裝扮得如何「美好」，拿「家醜不可外揚」這句封建古話當做處世格言，不讓人揭自己的瘡疤，這樣下去，不但是給社會主義抹黑，而且是在挖社會主義的牆腳。[註20]

　　對這齣戲的不同爭論越來越激烈，後來成為受到當時高層領導關注的文化事件。在這種情況下，巴金仍然沒有改變自己的看法，並利用1979年11月16日胡耀邦接見他的機會，直陳己見：

　　話劇雖然不成熟，有缺點，像「活報劇」，但是它鞭笞了不正之風，批判了特權思想，像一瓢涼水潑在大家發熱發昏的頭上，它的上演會起到好的作用。劇本的名字叫《假如我是真的……》，我對它的看法一直是這樣，我從沒有隱蔽過我的觀點。在北京出席四次全國文代大會的時候我曾向領導同志提出要求：讓這個戲演下去吧。[註21]

　　從這齣戲巴金看出了很多「文革」遺留下來的社會風氣，所以他毫不猶豫地表示對演出的支持，為此，他在《隨想錄》中先後寫過四篇談論「小騙子」的文章。後來作者沙葉新加入中國作家協會受到了一點阻力，巴金還毅然做了他的入會介紹人。

　　第三件事是香港的大學生對《隨想錄》的批評。巴金「絮絮叨叨」地在談「文革」，許多人越來越不理解。1980年，一批香港大

學生對《隨想錄》「就文學的角度」提出很多意見，從標點到文法都有批評[註22]。對此，巴金反應激烈，但他不是去和對方討論文句，而是另有側重：

> 我經歷了十年浩劫的全個過程，我有責任向後代講一點真實的感受。大學生責備我在三十篇文章裏用了四十七處「四人幫」，他們的天真值得人羨慕。我在「牛棚」裏的時候，造反派給我戴上「精神貴族」的帽子，我也以「精神貴族」自居，其實這幾位香港大學生才是真正高高在上的幸福的「精神貴族」。中國大陸給「四人幫」蹂躪了十年，千千萬萬的人遭受迫害。國民經濟到了崩潰的邊緣，三代人的身上都留著「四人幫」暴行的烙印……難道住在香港和祖國人民就沒有血肉相連的關係？試問多談「四人幫」觸犯了什麼「技巧」？[註23]

面對批評，巴金說：「我也不是空手『闖進』文壇，對一個作家來說，更重要的是藝術的良心。」[註24]強調藝術的良心顯然是巴金的一貫說法，他的憤怒是針對那些「精神貴族」們高高在上的淡漠態度。他們不但感受不到十年動亂帶給中國人的苦難，與這種苦難缺乏「血肉聯繫」，而且還把這些內容作為單純的「文學欣賞」。這是從痛切的苦難中走出來的巴金在心理上難以接受的，他無法把慘痛的經歷和苦難當成文學欣賞，特別是用這種「隔岸觀火」的心態來冷漠地打量和評估。在另外一篇隨想中，他說得更為明白：「作者（指批評者──引注）把在『文革』中受盡屈辱、迫害的人，和在『個人迷信』大騙局中受騙的人作為攻擊和批判的對象，像隔岸觀火似的對自己國家、民族的大悲劇毫不關心，他即使沒有進過『牛棚』、沒有坐過『噴氣式』，也不是什麼光彩的事。他的

文章不過是向下一代人勾畫出自己的嘴臉罷了。」註25提到在那個歲月中的事情，巴金也擺脫不了如同在滾燙的油鍋中經受煎熬的感覺，他實在無法把《隨想錄》「理智」地當作藝術去經營，因為他無法輕易擺脫「文革」帶給他的痛切感。巴金的憤怒未必是針對這群青年學生本身，而是他感受到了，人們不喜歡聽關於「文革」的談論和不願意讓他多談論這些事情的某種寒意和無形壓力。

第四件事發生在一年之後，它證實了巴金的上述判斷。為了紀念魯迅先生誕辰一百周年，巴金寫了〈懷念魯迅先生〉一文，該文在《大公報》報發表時，潘際坰在北京休假，代班的編輯秉承報紙總編的旨意將文章中凡是涉及到「文革」的詞句都做去掉了，甚至連引用魯迅的話中說「我是一條牛……」也被刪了，說「牛」容易讓人聯繫到牛棚。作為一名在海內外有著極高聲望的老作家，不商量就大肆刪改稿件，巴金很少遇到這樣的情況，這引起巴金極度的憤慨，更敏感地覺察到多談「文革」已經觸犯時忌。後來潘際坰先生說：「當時的背景是這樣的：1981年9月，在魯迅百年誕辰之前，國務院外事辦的負責人召集了香港幾家報紙的總編輯在北京開了一個會，會上外事部門的負責人對各報總編主編說，海外報紙發表關於文革的文章太多了，有負面影響，中央既往不咎，可是今後再發生這樣的事情，就要打你們屁股了。」註26巴金發現文章被刪

《隨想錄》兩個最新的中文紀念版本，人民文學出版社版和作家出版社版，《隨想錄》是新時期以來擁有版本最多的文學作品。

後給潘際坰信中寫道：「貴同事刪改我懷念魯迅先生的文章，似乎太不『明智』，魯迅先生要是『有知』，一點會寫一篇雜感來『表揚』他。我的文章並非不可刪改，但總得徵求我的同意吧，如果一個人『說了算』，那我只好『不寫』，請原諒，後代的人會弄清楚是非的。」[註27]他寫了一篇〈「鷹的歌」〉以示抗議，甚至想以停寫這個專欄。在〈「鷹的歌」〉中，巴金再次表達他的決心，後來他說：「我寫下〈「鷹的歌」〉，說明真話是勾銷不了的。刪改也不會使我沉默。到了我不能保護自己的時候，我就像高爾基所描繪的鷹那樣帶著傷『滾下海去』。」[註28]

第五件事是長官點名，不知道有幾次，但為的仍是《隨想錄》。一段時期宣傳部門的主管領導的講話也殺氣騰騰：

時任中宣部部長王任重曾批評「文藝界某些人自由化傾向嚴重」。針對周揚同志所說：「《假如我是真的》（話劇）、《在社會檔案裏》（電影劇本），在臺灣即使被拍成電影也沒有什麼了不起」的話，王任重說：「《騙子》（即《假如我是真的》）、《在社會檔案裏》已在臺灣開拍，這說明什麼問題？過去進步作家就因為一篇文章，被國民黨抓起來坐牢、殺頭，為什麼現在有些人寫的作品受國民黨表揚？這究竟是什麼性質的問題？毛主席說的『凡是敵人反對的，我們就要擁護；凡是敵人擁護的，我們就要反對。』這句話我看不要批嘛。」（1981年1月28日）「文藝作品中反映右派、反右傾搞錯了，反映冤假錯案的內容，前一段寫一些是可以理解的，有的也是好的；但今後不宜寫得太多。……黨是媽媽，不能因為媽媽錯打了一巴掌就怨恨黨。」王任重還批評《人民日報》第八版（文藝版）「思想路線不端正」。「《太陽與人》（電影）我們看了都不同意上演，反右影片有一定消極作

用，今年不要再拍了。」「趙丹遺言有原則錯誤，卻被捧為『寶貴的遺言』。」^{註29}

　　張光年在中國作協黨組會上的一次講話中，曾提到過當時中宣部要求展開的一系列批判：「83年夏天，宣傳工作會議的紀要出來後，我讀了，為此而提出辭職。其中提到一系列批判題目。一、對形勢估計悲觀，所以展開一系列批判。1、人道主義；2、無為而治；3、現代派；4、趙丹遺言；5、黃山筆會，鼓浪嶼會議……」^{註30}

　　上面提到的要批評的這些問題，巴金在《隨想錄》裏幾乎都涉及過，有的還不僅寫了一篇文章，而且他的態度都是非常鮮明：支援探索，支持創新，解放思想，大膽進取。為此，周揚、夏衍、巴金曾被認為是三個搞「自由化」頭子，還有地位更高的老革命公開在中央黨校罵巴金：「那個姓巴的最壞！」這些話在當時足以讓人惶惶不安啊。巴金並非不清楚這個「形勢」，周揚去世他的唁電就頗有意味：「驚悉周揚同志病逝，不勝哀悼。想到八五年和他的最後一面，我無話可說，他活在我的心裏。一九八九年八月一日　巴金」他之所以被點名，既不是爭權，也不是奪利，更不是什麼文壇幫派之爭，完全是因為他寫了《隨想錄》，他的朋友們也為他擔心，勸他不要寫了。也有高官勸他「安度晚年」，黃裳先生〈關於巴金的事情〉一文中寫到這樣的事情：「有一天正在他的病房裏坐著時，有一位『大人物』推門而入了。他是來探病的，交換了幾句普通的問答以後，大人物說，『我看你還是好好地休息，以後不要再寫了。』說完就告辭出去，彷彿特來看病，就是為了說出這兩句『忠告』似的。」^{註31}

　　「領導點名」的流言已經傳了一陣子，巴金的朋友也為他擔心：「我昨天見到蕭乾夫人給朋友的信，她替我擔心，頗希望我從

此躺下休息，省得再找麻煩。好意可感。我才又想起你的信，可能你也替我擔心。其實大半年來我身體已經垮了。活著的日子已經不多了。目前所作所為以及五年計劃都是在料理後事，除了寫作，還想促成現代文學館的創辦。我一不怕苦，二不怕死，只是熱愛社會主義祖國和人民。長官點名，我不會害怕。倘使一經點名，我就垮掉，那算什麼作家？點名之說早已傳到耳裏，我無所謂，據說是在外事工作會上講的。但後來他又派秘書來找小林談話，勸我不要相信別人的挑撥。我仍然不在乎。但我更感覺到我必須退休了。不能再混下去。必須把該譯的書譯出，該寫的寫出然後死去，那有多好！作家不是為了受長官的表揚而寫作的。」註32「點名問題幾個月前就傳過，說法不一，最近又流傳起來。有人替我擔心，其實我毫不在乎。這應當是最後一次的考驗了。這一年多來我身體不好，很少參加活動，寫字吃力，但還是寫完了兩本小書。我哪裏有精力和時間去支援什麼人？然而我的『隨想』可能得罪了誰，才有人一再編造謠言。我不怕什麼，也不圖什麼，反正沒有幾年可以工作了。」註33這次巴金決不如1958年「拔白旗」時那麼緊張了，他堅定地表示：「流言相當多，但我無精力管這些事。我覺得您安心在家養病，這是上策。目前的確需要冷靜地思考，想想過去，也想想將來。批評和創作的關係，也需要認真研究、討論。我寫文章，他出主意，永遠寫不好。魯迅先生即使寫『遵命文學』，也是寫他自己的話。」註34

給巴金以精神鼓勵的是趙丹的「遺囑」，趙丹在「文革」中遭受殘酷迫害，在新時期也長期沒有排戲的

在寓所院中散步

隨著年歲的增長，巴金的身體和精力都大不如前，但是他的信心、意志卻從未動搖過，仍然以驚人的毅力完成四十多萬字的《隨想錄》的寫作，圖為他在書房工作。

機會，大好年華被浪費，最後徒然在病榻長歎，所以對文藝的管理體制提出很多看法，1980年9月在病床上寫下了〈管得太具體，文藝沒希望〉，這是一篇在當時非常震動的文章，他說出很多人的心裏話，當然也引起很大的爭議，有人甚至說「趙丹臨死還放了個屁」。巴金在《隨想錄》中連寫三篇文章：〈趙丹同志〉、〈「沒有什麼可怕的了」〉、〈究竟屬於誰〉，後來又在人代會上發言以〈多鼓勵，少干涉〉等呼籲來回應趙丹。在以前談到文學的作用和「長官意志」的時候，巴金實際上已經談到過趙丹所表達的意思，這一次與其是在借趙丹的觀點來重申一些主張，還不如說是巴金在表明自己的決心，趙丹成為他寫作《隨想錄》面對各種壓力時的一個榜樣和力量源泉：「我提倡講真話，倒是他在病榻上樹立了一個榜樣。」「那麼讓我坦率地承認我同意趙丹同志的遺言：『管得太具體，文藝沒希望。』」[註35]趙丹的「遺言」之所以能夠引起包括巴金在內的那麼多文藝界人士的共鳴，首先他們都是趙丹所批評的那種「左」的文藝政策和文藝管理方式的受害者，身受其害才感觸尤深。其次，就巴金而言，從1957年他表示的要把文藝還給人民的發言中，就可以看出他對於領導粗暴地干涉文藝創作，不尊重作家、肆意扼殺作品的現象不滿，到新時期，他更為明確地提出，要給作家創作自由，他還向文藝界的領導人提出要「無為而治」。可惜，

他善良的建議在思想還不夠解放的年代裏不能為人所接受。曹禺1981年12月21日日記中寫道：「上午到人大浙江廳，喬木同志接見作協理事會部分人員。巴金談『無為而治』，『愛護作家』等。喬木同志大談『有為與無為，治與不治』，實即反駁。」註36這大概也是他獨立思考所收穫的另一種「必然結果」吧？

在《探索集》和《真話集》中，巴金的文字鋒芒逼人，黃裳當時給朋友的信上說：「巴公最近又寫了幾篇〈探索〉，還是非常解放，甚可佩服。」註37可見即便《隨想錄》的寫作內容不論，就是這個寫作過程也反映了捍衛個人表達權利的抗爭，也是一種寶貴的精神資源，甚至我們今天仍在享受著這些前輩們為我們支撐的空間。有了這樣的決心，在一些重要的關頭，巴金牢牢地握住了自己的筆，清醒地表達了自己的思考。以後無論是關於現代派藝術的討論，還是清理精神污染等，巴金都能從實際出發堅持己見，並且再也不會隨意放棄自己的見解了。「一紙勒令就使我擱筆十年的事決不會再發生了。」註38從「五四」時代的前輩們呼籲做一個獨立的個人，到一個甲子後真正體會到「獨立」的價值和捍衛它的艱難，巴金的人生歷程和個人體會都留給我們很多的思考。

>>> **注釋** --

註1：巴金 1976年10月17日致李小林信，《全集》第23卷第177-178頁。

註2：巴金1976年10月19日致王樹基信，《巴金書簡》第89頁。

註3：巴金1976年10月19日致王樹基信，《巴金書簡》第89-90頁。

註4：巴金1976年12月23日致徐成時信，《全集》第24卷第308頁。

註5：巴金1977年5月14日致李健吾信，《全集》第23卷第227頁。

註6：立羽：〈春回人間——訪巴金〉，《文匯報》1978年1月15日。

註7：巴金1977年5月27日日記，《全集》第26卷第123頁。

註8：巴金1977年7月9日致盧劍波信，《全集》第26卷第257、258頁。

註9：巴金1977年7月28日致李健吾信，《全集》第23卷第231頁。

註10：巴金1978年1月16日致楊苡信，《全集》第22卷第528頁。

註11：巴金：《隨想錄·總序》，《全集》第16卷第 I 頁。

註12：巴金1978年12月18日致潘際坰信，《全集》第24卷第482頁。《隨想錄》（一）指〈隨想錄·總序〉。

註13：巴金：〈合訂本新記〉，《全集》第16卷第 V 頁。

註14：周揚：〈三次偉大的思想解放運動〉，《人民日報》1977年5月7日。

註15：巴金：〈五四運動六十周年〉，《全集》第16卷第66頁。

註16：巴金：〈合訂本新記〉，《全集》第16卷第 VII 頁。

註17：《隨想錄》同很多回憶錄不同的地方是，雖然《隨想錄》中大部分文字都談到了作者自己，但在談論往事的時候，作者並沒有糾纏在個人的恩怨上，甚至根本不提什麼個人恩怨，作者更多是反省自己反思那個特殊的年代。這在寫作的時候，作者就注意到這個問題，從他給蕭乾的信上也可以找到佐證。在1980年5月30日致蕭乾的信中說：「我不贊成你糾纏在貓案上，要大量些，想得開些，那是很小的事。」（《全集》第24卷第392頁）1980年9月19日致蕭乾的信中說：「我仍主張你不要再談葉君健的事。我也不會向朋友談家醜的事情，眼界寬一點，想得開一點，為什麼不好？不要糾纏在這種事情上！」（《全集》第24卷第393頁）

註18：王若望：〈春天裏的一股冷風〉，1979年7月20日《光明日報》。

註19：巴金：〈懷念胡風〉，《全集》第16卷第746頁。

註20：巴金：〈小騙子〉，《全集》第16卷第148-149頁。

註21：巴金：〈再說小騙子〉，《全集》第16卷第247頁。

註22：黎活仁等《我們對巴金〈隨想錄〉的意見》，原刊香港《開卷》1980年第9期，收陳思和、周立民編《解讀巴金》，瀋陽：春風文藝出版社2002年1月版。

註23：巴金：〈《探索集》後記〉，《全集》第16卷第274頁。

註24：巴金：〈《隨想錄》日譯本序〉，《全集》第16卷第325頁。

註25：巴金：〈「從心所欲」〉，《全集》第16卷第631頁。。

註26：潘際坰：〈《隨想錄》發表的前前後後〉，《解讀巴金》第127頁。

註27：巴金1981年11月7日致潘際坰信，《全集》第24卷496頁。

註28：巴金：〈合訂本新記〉，《全集》第16卷第 IX 頁。

註29：顧驤：〈晚年周揚〉第12-13頁，文匯出版社2003年6月版。

註30：張光年1985年2月6日在中國作協黨組會上的講話，轉引自陳為人《唐達成文壇風雨五十年》，溪流出版社2005年版。

註31：黃裳：〈關於巴金的事情〉，《黃裳文集・珠遺卷》第459頁，上海書店出版社
　　　1998年4月版。

註32：巴金1981年1月19日致王仰晨信，《巴金書簡》第152頁。

註33：巴金1981年2月16日致蕭乾信，《全集》第24卷第394-395頁。

註34：巴金1981年8月20日致羅蓀信，《全集》第24卷第130頁。

註35：巴金：〈「沒有什麼可怕的了」〉，《全集》第16卷第254頁。

註36：曹禺1981年12月21日日記，《沒有說完的話》第41頁，山東友誼出版社1998年
　　　12月版。

註37：黃裳1980年3月26日致楊苡信，《來燕榭書札》第66頁，大象出版社2004年1
　　　月版。

註38：巴金：〈《序跋集》再序〉，《全集》第16卷第321頁。

二、不讓歷史的悲劇重演

經歷過「文革」之後，巴金一直思考歷史悲劇產生的原因，在新時期出訪法國、日本等國，他參觀了很多博物館、紀念館，外國朋友對待歷史的態度也啟發了他，直接促動他提出創建中國現代文學館的主張，也間接地引發了他建立「文革」博物館的倡議。他的出發點並不複雜：不要忘記歷史的悲劇，不要忘記中國知識份子所走過的艱難道路和做出的歷史貢獻。

在日本的廣島和長崎，當巴金看到原子彈留下的傷痕時，他不由自主地聯繫到十年浩劫，他明確地表明「文革」是整個人類的浩劫：「我認為那十年浩劫在人類歷史上是一件大事。不僅和我們有關，我看和全體人類都有關。要是它當時不在中國發生，它以後也會在別處發生。……要是我不把這十年的苦難生活作一個總結，從徹底解剖自

在杭州岳廟的文徵明詞碑前。巴金一直在追問：「秦檜怎麼有那樣大的權力？」「我這次在杭州看到介紹西湖風景的電視片，解說人介紹岳廟提到風波獄的罪人時，在秦檜的前面加了宋高宗的名字。這就是正確的回答。」巴金這不僅是談論歷史，也在思考現實。

己開始，弄清楚當時發生的事情，那麼有一天說不定情況一變，我又會中了催眠術無緣無故地變成另外一個人，這太可怕了！」[註1]在日本看到作家們對待自己的歷史和中國新文學作品時，讓他想到了曾經被打作「毒草」的中國作家作品的命運：

　　在國外我才發現人們關心中國，多數讀者想通過中國現代文學認識我們國家，瞭解中國人的心靈。好些國家中都有人在搜集我國現代文學作品和有關資料；或者成立研究會、召開國際會議討論有關問題。我們的「文革」期間被視為糞土的東西，在國外卻有人當作珍貴文物收藏。

　　在世界聞名的幾個都市里我參觀了博物館、紀念碑，接觸了文化和歷史資料，看至了人民的今天，也瞭解他們的過去。任何民族，任何人民都有自己光輝的歷史。毀棄過去的資料，不認自己的祖宗，這是愚蠢而徒勞的。你不要，別人要；你扔掉，別人收藏。我們的友邦日本除了個別作家的資料館外，還有一所相當完備的他們自己的「近代文學館」。日本朋友也重視我們現代文學的資料。[註2]

　　這令他萌發了建立中國現代文學館的想法：「我設想中的『文學館』是一個資料中心，它搜集、收藏和供應一切我國現代文學的資料，『五四』以來所有作家的作品，以及和他們有關的書刊、圖片、手稿、信函、報導……等等，等等。這只是我的初步設想，將來『文學館』成立，需要做的工作可能更多。」[註3]從巴金最初想法中不難看出，除了學術研究的層面考慮之外，很大程度上他還有展示中國現代作家的歷史功績、總結歷史經驗、清除「文革」中潑在這些作家作品身上的污水的考慮，就這個出發點而言，巴金晚年的兩個重要的倡議：創辦中國現代文學館，建立「文革」博物館，不

是分割的兩個想法，而是一體兩翼的共同考慮，雖然兩者所表達的內容有所差異，但承擔的功能都是基於治療長期教條思維帶給人們精神中的傷痕、總結歷史經驗的目的。

1980年12月27日，在寫作關於《寒夜》的創作回憶錄的結尾，巴金正式提出了創辦中國現代文學館的想法，並聯絡友人正式動議，「文學資料館的事還需要大力鼓吹，我給羅蓀寫信也提到了。我建議中國作協負起責任來，錢和資料大家捐獻吧。」註4「我已去信給羅蓀、曹禺談文學資料館的事。」註5《人民日報》於1981年3月12日發表了巴金的〈創作回憶錄‧後記〉，並附有〈編者附記〉倡議建立現代文學館，這個主張立即得到了熱烈的回應，特別是冰心、曹禺、蕭乾等一批老作家無私地支持了巴金的建議。1981年4月20日，中國作協舉行主席團擴大會議，會上巴金被推選為代理主席，並討論了中國現代文學館的建設問題。會議的決議經中央批准

圖上：巴金在閱讀，在晚年不能持卷時，他還請人念書，聽完很多最新的作品。買書、讀書、出書是巴金一輩子的事情。
圖下：在圖書、文稿的包圍中。

圖左：病床前，女婿祝鴻生在為巴金讀報，攝於1983年。
圖右：1983年2月，大年除夕與友人曹禺攝於華東醫院病房。

後，決定與北京的有關部門協調將萬壽寺作為臨時館址，開始籌建
文學館，並決定由巴金、羅蓀擔任榮譽館長。為此，巴金積極行動
起來，1981年7月13日他親自去銀行將自己的稿費十五萬元劃撥給
文學館，作為建館資金，並決定今後重印的舊作的稿費都將捐獻給
文學館，他還油印了一封信給出版社，信中說：「凡有付給我的稿
費，請徑寄『北京810信箱　中國現代文學館　巴金　收』備註項請
注明『稿費』，以便查收。」據統計，他先後捐給現代文學館的款
項達二十多萬元，他自己清理出與現代文學有關的書刊八千多冊分
十二次捐給文學館，其中有大量作家簽名本，還有巴金個人的版本
書和手稿。1985年3月26日，中國現代文學館開館了，巴金在兒女
的陪伴下來到北京萬壽寺出席開館儀式，並做了即席講話：

　　　　今天我能來我心裏很高興，因為今天是中國現代文學館
　　正式開館的日子，這的確是一件大好事。我們這樣一個十億
　　人口的大國，應當有一個這樣的文學館，至少應當有一個。
　　現在成立了，這是很好的事情，雖然規模很小，但是從今以
　　後就會從小到大。今天雖然開個頭，以後會大大地發展，我
　　覺得前途是無限光明。……

　　……我又病又老，可以工作的日子也不多了，但是只要我一息尚存，我願意為文學館的發展出力。我想，這個文學館是整個集體的事業，所以是人人都有份的，也希望大家出力，把這個文學館辦得更好。……註6

　　巴金為文學館的奔走沒有就此為止，經過一段時間的發展，文學館的臨時館址已經不能適應發展需要了，亟需一個永久性的館址，1993年已是九十高齡的巴金提筆給江澤民寫信，與此同時，冰心也特意用毛筆而且第一次鄭重地用「榮寶齋」的信箋給國務院副總理鄒家華寫信，請求國家支援文學館的建設工作。經過他們的努力，現代文學館終於在北京芍藥居附近有了永久性館址。1999年9月28日，中國現代文學館舉行竣工儀式並於次年正式開館，巴金的心願總算有了著落。1996年，他給上海圖書館題詞：「散佈知識，散佈生命」，晚年巴金正是在踐行著早年就確立下來的奉獻信念，把自己多年搜集到的珍貴書刊分批捐贈給圖書館、學校。

　　相對於現代文學館從倡議到實現，「文革」博物館顯然是巴金經過了長時間精神探索深思熟慮的結果。從《隨想錄》的第一篇，

圖左：1983年2月，農曆正月初一巴金在醫院裏鍛煉。
圖右：巴金出院後在太陽間寫作。「這裏原先是走廊，我摔傷後住院期間給裝上玻璃門窗，成了太陽間。坐坐，走走，會見探病的親友，看看報紙，這就是我的日程。……太陽間裏光線好，靠窗放有一架縫紉機，我常常想，不要桌子，在這裏寫字也行……本來我試圖一筆一畫地一天寫百把字來克服手指的顫抖，作為一種鍛煉，自己心安理得，不想有一位老友看了我的字跡很難過，認為比我那小外孫女寫的字還差。」

1980年夏天與女兒小林、外孫女端端在一起

巴金就開始了對於「文革」的反思，直到《隨想錄》寫作即將結束，他才正式喊出建立「文革」博物館的倡議，這其中自然有他的精神反思、探索直至這個想法達到成熟的過程，也有著與各種社會思潮相互角力的因素。巴金曾經說過：《隨想錄》就是「用真話建立起來的揭露『文革』的『博物館』」註7。由此可見《隨想錄》的寫作與建立「文革」博物館的倡議是互為一體的事情，就寫作行為本身而言也是「文革」博物館的「建設」過程，他期望通過《隨想錄》的寫作弄清楚這樣一些問題：為什麼「文革」把人變成了獸，為什麼造反派都變成了「狼」，為什麼我們自己變成了「牛」還不以為恥？在這樣的追問和回答中，他以慘痛的經歷為後代留下了一份珍貴的歷史檔案。

恢復了獨立思考的巴金，認為「文革」中自己最大的問題就是信「神」而丟失了自我，因此「把從前的我找回來」，這是巴金在身心折磨下通過《隨想錄》的寫作實踐要達到的目標。為了還清心靈上的欠債，還「我」內心的一個清白，巴金希望通過「講真話」來還原多少年來被扭曲的自我、恢復自己的本來面目。〈「豪言壯語」〉中他反思自己有一段時間甚至將大話和空話當作鼓舞自己的力量，再後來是大講那些不需要思考的套話，因為所有人都在講，而且必須這樣講，這樣個人完全沒有不負責任的恥辱感和倫理承擔。在這種情況下，等於是個人將自己的權利、責任和義務出讓給

他人甚至假話的製造者，成為人云亦云的假話義務傳播者，以致釀成謊言漫天飛、説謊者得勢、人人自危不敢説真話、心裏話的民族悲劇。從某種意義上講，「文革」正是建立在這種由假話、大話、空話和套話組成的語言烏托邦上，巴金一旦發現了這個秘密，就對自己在「文革」中的歷史責任不能原諒，因為他自己曾經參與了假話的製造和傳播，這也是他大談講真話且逼自己還「債」的根由。抓到了那個時代的「語言特徵」，巴金對「文革」的反思沒有局限在「文革」上，而是長期以來中國的社會病和中國人的心理病上。由此展開思路，巴金寫下了一系列關於「探索」和「真話」的文章。講真話就是安徒生筆下《皇帝的新裝》中小孩子脱口而出那樣簡單，但為什麼長期人們不敢講真話、不肯講真話呢？巴金首先是從自己的社會角色出發來反思這個問題，也就是説作家為什麼在文章中不能表達自己真實的思想呢？巴金發現首先是作家喪失了

巴金與孫女晅晅攝於1986年。

老朋友曹禺來電話，接起來非常開心，攝於
1992年。

獨立意志，成為一個聽憑指令的「機器人」和「答錄機」，這樣根本就判斷不出真話、假話，只能播放別人的唱片而已，對此，巴金有過痛苦的教訓。每個人都會有自己的意志和思考，它怎麼會就喪失得一乾二淨呢？巴金的觀察和思考，一是強大的外力壓迫下明哲保身；二是信「神」的結果，巴金談的不是表面上一個個人崇拜的問題，而是個體心理層面的問題，不是自上而下的個人崇拜是怎麼形成的，而是自下而上的個人崇拜怎樣產生了效用，所以他用「信神」，他更多地是在分析善男信女們的心理，這一點對於揭示出群體的集體無意識有著非常重要的意義。「拜神」又讓人思想變得簡單、統一、有依賴性，這樣迷魂湯的作用才會得到發揮，所以提倡獨立思考、提倡講真話，首先就要解除頭腦上的枷鎖。巴金一直是反對思維簡單，或者是讓別人代替思想的，而堅持發表個人的聲音，個人的聲音才是説真話的前提，否則只能隨大流地説套話。在這樣的前提下，談到「講真話」，巴金首先反省和感到痛切的恰恰是自己講過假話。而呼籲講真話，巴金一是在呼籲個體的獨立和人的覺醒，這是五四精神的復歸，所以，他在呼籲要營造人人講真話的大環境時，更加強調每個人自己也要捍衛講真話的權利。同時，巴金很清楚，講真話並不是要大家講放之四海而皆準的真理，而不過是講心裏話，講經過自己思考過的話：「我所謂真話不是指真理，也不是指正確的話。自己想什麼就講什麼；自己

怎麼想就怎麼說——這就是說真話。」[註8]還有一點是巴金一再強調的，既然講真話就要正視自己的缺點，不要諱疾忌醫，否則以語言的烏托邦是建立不起美好的世界的。[註9]正是在這樣的前提下，巴金在《隨想錄》中鄭重的呼籲：

> 　　經過半年的思考和分析，我完全明白：要產生第二次「文革」，並不是沒有土壤，沒有氣候，正相反，彷彿一切都已準備妥善，上面講的「不到一個月」的時間要是拖長一點，譬如說再翻一番，或者再翻兩番，那麼局面就難收拾了，因為靠「文革」獲利的大有人在……
> 　　……
> 　　建立「文革」博物館，這不是某一個人的事情，我們誰都有責任讓子子孫孫，世世代代牢記十年慘痛的教訓。「不讓歷史重演」，不應當只是一句空話。要使大家看得明明白白，記得清清楚楚，最好是建立一座「文革」博物館，用具體的、實在的東西，用驚心動魄的真實情景，說明二十年前在中國這塊土地上，究竟發生了什麼事情？！讓大家看看它的全部過程，想想個人在十年間的所作所為，脫下面具，掏出良心，弄清自己的本來面目，償還過去的大小欠債。沒有私心才不怕受騙上當，敢說真話就不會輕信謊言。只有牢牢記住「文革」的人，才能制止歷史的重演，阻止「文革」的再來。[註10]

　　這種直面歷史的勇氣，自我批判的精神，為民族前途而憂患的胸懷，再一次展示了巴金作為一個啟蒙者的風采。儘管「文革」博物館的倡議在巴金生前沒有得以實現，但是它作為巴金的精神遺產卻不斷地提醒著具有清醒歷史意識的人們。《隨想錄》的完成，

圖左：與女兒、兒子1984年攝於香港中文大學賓館。
圖右：1984年10月在香港中文大學的授予博士學位的儀式上。

這些主張的鮮明提出，讓巴金終於在自己的晚年重塑了中國知識份子的形象，他也因此贏得了社會的尊重。有學者認為在《隨想錄》中看出了「一個作家最可寶貴的良知」，這種「與民族共懺悔」，「包含著深廣的歷史內容的社會批判和文明批判。可以說，《隨想錄》是政治性反思、文化性反思與自審性反思三者有機融合的典範。」[註11]蕭乾後來也說：「《隨想錄》問世已十載有餘，可至今它仍是唯一的一本。這說明自我否定要比把文章寫得紅寶石那麼漂亮要難得多了。也正因此，我認為說真話的《隨想錄》比《家》、《春》、《秋》的時代意義更為偉大，因為一個國家，一個民族，一旦真話暢通，假話失靈，那就會把基礎建在磐石之上。那樣，國家就能大治，社會才能真正安寧，百業才能俱興，民族才能立於不敗之地。」[註12]海外的讀者也充分肯定了他的價值，在日本，《隨想錄》創作時就開始翻譯它並出版了五卷日譯本，德國的學者是這樣評價它：

> 自從著名的小說家、中國作家協會主席茅盾三年前去世，巴金或許是兩次世界大戰期間的第一共和國時代贏得了第一流聲譽的作家中，唯一的倖存者。他以自己不苟同於當前社會的言論，而得到了廣泛的尊重。與此相反，文學界另

外一些為數不多的成名的老作家，卻更喜歡在官方的招待會上被引薦、介紹，或者滿足於他們被禁止了十年的作品再版。

巴金的《隨想錄》清楚地闡述了「文化大革命」及其後果，指出它在知識份子心理上造成的損害。他們心中的哀怨雖未完全消除，但卻試圖最終忍受自己的屈辱，以便與極左文化政治上的強制命令保持一致。

現在巴金認為，要對他從心理分析的角度解釋心理狀態，是很可笑的。中國最近的悲劇對他似乎是個謎，他被不自覺地深深地拋進去。由於這種誠懇的自我剖析和毫不妥協的態度，人民中國的青年一代熱愛他，年輕的作家崇敬他，而在他們身上，正肩負著思考過去的悲劇，評判有改革願望的今天的責任。註13

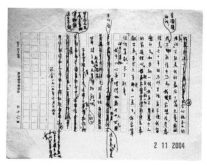

圖上：《隨想錄》合訂本新記手稿，「講出了真話，我可以心安理得地離開人世了。可以說，這五卷書就是用真話建立起來的揭露『文革』的『博物館』吧。」

圖下：巴金《十年一夢》增訂本序，「文革」是他心中永遠的痛。

當然以各種理由批評它的聲音也不絕於耳，但這些對於巴金早已不重要了，他至少已經盡到他這代人應盡的責任，所以，他如釋重負地談道：

> 我要履行自己的諾言，繼續把《隨想錄》寫下去，作為我這一代作家留給後人的「遺囑」。我要寫自己幾十年創作的道路上的一點收穫，一些甘苦。但是更重要的是：給「十年浩劫」作一個總結。我經歷了十年浩劫的全個過程，我有責任向後代講一點真實的感受。註14

>>> 註釋

註1：巴金：〈我和文學〉，《全集》第16卷第270-271頁。

註2：巴金：〈現代文學資料館〉，《全集》第16卷第294頁。

註3：巴金：〈現代文學資料館〉，《全集》第16卷第292-295頁。

註4：巴金1981年1月25日致姜德明信，《全集》第24卷第264頁。

註5：巴金1981年2月12日致姜德明信，《全集》第24卷第265頁。

註6：巴金：〈在中國現代文學館開館典禮上的講話〉，《全集》第19卷第386頁。

註7：巴金：〈《隨想錄》合訂本新記〉，《全集》第16卷第XI頁。

註8：巴金：〈說真話之四〉，《全集》第16卷第387頁。

註9：巴金：〈說真話〉，《全集》第16卷第229-231頁。

註10：巴金：〈「文革」博物館〉，《全集》第16卷第691-692頁。

註11：劉再復：〈作家的良知和文學的懺悔意識──讀巴金的《隨想錄》〉，〈特區文學〉1987年第1期。

註12：蕭乾：〈更重大的貢獻〉，《世紀的良心》第10-11頁。

註13：〔聯邦德國〕赫爾姆特‧馬丁：〈中國知識份子的良知：說不折不扣的實話──為獨持己見的作家巴金誕辰八十周年而作〉，《巴金研究在國外》第34頁，湖南文藝出版社1986年版。

註14：巴金：〈〈探索集〉後記〉，《全集》第16卷第274頁。

三、我仍在思考，
仍在探索，仍在追求

在晚年，巴金作為資深作家得到了無數人的愛戴，也得到了來自方方面面的崇高榮譽。不少人都在想像他是如何身居「高位」、安享晚年，但是，巴金的心卻從未平靜過，他一直在與各種「干擾」抗爭，一直在探索、追求。在給友人的信中，巴金這樣袒露自己的心境：

> 我們社會一天天老化的時候，多活就是一種成就。只要閉眼養神，就算是對得起自己，何必管閒事發牢騷，何必動腦筋講真話，而且提倡講真話，勸人講真話！？有些人討厭我，以為我愛說真話，其實我討厭自己，正是因為我那些年假話講得太多，我總得把債還清，我不想白吃乾飯。

「我多麼想再見到我童年時期的腳跡！我多麼想回到我出生的故鄉、摸一下我念念不忘的馬房的泥土。」多年的心願實現了，1987年10月4日在成都金牛賓館，爽朗的笑聲。

您對李輝說叫巴金不要那樣憂鬱，那樣痛苦（大意），難道您不知道正是因為我發見自己講了假話，想不到還債的辦法，而感到苦惱?!註1

圖上：1987年10月13日在李劼人故居菱窠，
　　　坐者左起：沙汀、張秀熟、巴金、馬
　　　識途。
圖下：1987年10月8日上午，在故居前看老
　　　桂樹。

病痛是困擾晚年巴金的最大煩惱之一。1981年，巴金發現動作開始有些遲鈍，1983年被診定為帕金森症。儘管靠藥物控制，治療比較得力，但說話無力，手顫抖，寫字困難，行動不便等病症還很明顯，這個病直接影響了巴金的寫作和日常生活，也給他帶來情緒的焦躁。幾次意外又增加了他的痛苦，1982年11月7日，在書房整理圖書時，巴金不慎摔倒造成骨折，住院到次年5月才出院。出院後他說：「我是十四日回家的，半個多月了。在醫院裏又拔了八顆牙齒，回來後仍吃半流質，所以精力差。現在寫這短信，只是告訴你我的近況，也說明我並未忘記你們。我的痛苦在於：行動不便，寫字吃力，已經成了殘疾人

了。」註21985年9月説：「近三個月我身體一直不好，出汗多，不能多活動，手抖得厲害，耳鳴，整天感到疲勞，記憶力衰退。」註3到1986年3月：「今年身體又比去年差一些，手無力，拿著筆不是手抖，而是筆不肯動。雜事還是不少，精力總是不夠，因此文章寫得很少。我原來計劃今年上半年寫完第五冊隨想，不知道能不能完成。」註41986年8月：「我的痛苦在於：一點力氣也沒有，寫字十分困難，行動非常不便，稍微動一下便感到萬分疲勞。」註51986年在寓所再次摔倒，造成腰肌扭傷，住院八個月。1994年11月21日，因整理譯作勞累過度引發胸脊椎骨壓縮性骨折，臥床治療三個月後，穿著特製的塑膠馬甲出院……巴金就是這樣，拖著艱難的步履，靠著生命的意志，最困難的時候每天僅寫幾百字，而最終完成了一百五十篇四十餘萬字的巨著《隨想錄》，以及後來的《再思錄》兩個全集的編輯等常人難以想像的工作。

　　還有一層煩惱是「名人」之擾：「這些年我常有這樣一種感覺：我像是一個舊社會裏的吹鼓手，有什麼紅白喜事，都要拉我去吹吹打打。我不能按照自己的計劃寫作，我不能安安靜靜地看書，我得為各種人的各種計劃服務，我得會見各種人，回答各種問題。我不能做自己想做的事，卻不得不做自己不願意做的事。我說不要當『社會名流』，我只想做一個普通作家。可是別人總不肯放過我：逼我題字，雖然我不擅長書法；要我發表意見，即使我對某事毫無研究，一竅不通。……」註6所以他不斷呼籲：「『還是讓我老老實實再寫兩篇文章吧。』倘使只是為了名字而活下去，那真沒有意思，我實在不想這樣地過

巴金在書房

圖上左：捐給上海圖書館的《神曲》。
圖上右：清理要捐贈的圖書。捐書成為巴金
　　　　晚年的一項重要活動，一生愛書的巴
　　　　金將他辛苦搜羅的圖書分批捐贈給圖
　　　　書館以供更多的讀者利用。
圖下：由巴金倡議創建的中國現代文學館終
　　　於開館了，1985年春，巴金到京出席
　　　開館儀式，這也是他最後一次到北京。

日子。」註7 1986年新年剛過，在接受採訪的時候，他甚至不得不公開宣佈「三不」主義：不再兼任一切榮譽和名譽職務，不再為別人題詞寫字，不會客訪友，要閉門寫作。巴金晚年一直堅持要活出真實的自我，與老托爾斯泰心有戚戚焉：「我說我要走老托爾斯泰的路。其實，什麼『大師』，什麼『泰斗』，我跟托爾斯泰差得很遠，我還得加倍努力！只是我太累了。」註8 這段話表明了他去「名」的決心，《隨想錄》也記錄了他尋求自我、恢復本來面目的艱難過程，這個過程體現了巴金不肯被命名的努力。在病中，他反覆地追問自己：「難道你變了？」「把從前的我找回來，」「但是連我也明白從前的我是再也找不回來的了。我的精力已經耗盡了。十年『文革』絕不是一場噩夢，我的身上還留著它的惡果。今天它還在蠶蝕我的血肉。我無時無刻不在跟它戰鬥，為了自己的生存，而且為了下一代的生存。」註9

　　年老體衰、長期遭受病痛折磨，巴金不能不考慮自己的「後事」，《隨想錄》寫完，隨之而來的是其他更具體的事情，他曾這樣說過：「感到痛苦的是不能工作，譬如清理圖書和照片。我要把書分送圖書館，把照片分送文學館、檔案局⋯⋯我很想早把這類事做完，然後安靜地寫文章或者翻譯一本半本書，我還有可以奉獻的東西應當交出去。」註10「我已擱筆，現在心境倒還平靜，估計還可以活兩三年。這段時間當用來處理後事。所謂後事，除了把捐贈北京圖書館、現代文學館、上海圖書館、黎明學園的圖書資料全部交出外，還有《全集》和《譯文集》二種，《全集》由王仰晨負責，《譯文集》我自己在整理，有十本稿子已經交給董秀玉了。」註11這位年過八旬的老人拖著病體將這些事情一件件安排妥帖。在他和其他作家的呼籲下，由他倡議創建的中國現代文學館經歷二十個春秋，終於有了永久性館址；他的無數珍本藏書也如願捐贈給國內各大圖書館；不拿國家工資的他連年來捐給希望工程、慈善事業、災區的稿費數額超過六十萬元⋯⋯特別值得一提的是1997年5月6日下午，巴金從醫院直接出發參觀了上海圖書館的新館，5月8日上午，

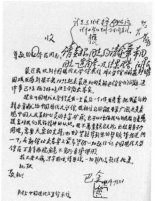

圖左：巴金的話鑴刻在中國現代文學館新館的大門巨石前。
圖右：為了中國現代文學館的永久性館址的建設，巴金上書黨和國家領導人請求支持。

巴金校閱的全集第18卷其中一頁校樣，編輯和校閱自己的兩個全集，總結自己的一生是巴金在晚年的重要工作之一。

又在李小林的陪同下從醫院回到了久別的寓所，察看了即將捐贈給上海圖書館的外文藏書、畫冊，又將整理出來的手稿託人捐給中國現代文學館。這是巴金最後一次回到他的武康路寓所，竟然也是為了捐贈……

拖著病軀，經巴金和王仰晨兩個人從1985年到1996年十一年時間的努力，終於編輯完成了總卷數達三十六卷的《巴金全集》和《巴金譯文全集》，「編印《全集》，不過是給我五六十年的創作實踐做一個總結，算一算我究竟欠下多少債，我自己心中有數，才可以安心地放下這枝已經變得有千斤般重的筆。」他決心：「我將用《全集》來檢查自己，解剖自己。讀者也可以用《全集》對照我的言行來判斷我究竟是什麼樣的人。」註12老人以頑強的毅力實現了這個願望，他認真地為很多卷寫下了珍貴的「代跋」。在《全集》的最後，還有他充滿深情的《最後的話》：「最後一段話是對敬愛的讀者講的，對他們我只要說：『我愛你們。』是的，我永遠忘不了他們。」註131996年7月23日，《巴金譯文全集》編竣後他又寫下了〈告別讀者〉：

> 《譯文全集》編好，十篇〈代跋〉交卷，我真的應該告別了，何況我疾病纏身，工作能力已經喪失。我常說自己不是一個文學家，我寫作、我翻譯外國文學作品，並非我有才華，也不是我精通外文，只是我有感情，對我的國家和人民，我有無限的愛，為了表達這種感情，我才拿起筆。

　　最近，我常常半夜醒來，想起幾十年來給我厚愛的讀
者，就無法再睡下去。我欠讀者的債太多了！我的作品還不
清我的欠債。病奪走了我的筆，我還有一顆心，它還在燃
燒，它要永遠燃燒。我把它奉獻給讀者。註14

　　兩個全集的編選是巴金在《隨想錄》之後最重要的工作，它
使得巴金有機會回顧過去走過的道路，並對自己有了更為清醒的認
識；他秉承《隨想錄》中的自省精神，更為真實地袒露了內心，實
際上逐漸地回到了他的思想起點上，回到了五四精神上來。這一期
間，他除了寫下兩個全集的代跋之外，還寫了其他的文章，其思路
都是一貫的，他們在1995年結集《再思錄》出版，2004年4月該書
又出版了增訂版。《再思錄》與《隨想錄》最大的不同在於巴金逐
漸從社會退回到個人、自我和內心之中，是他在相對「封閉」條件
下的內心獨語，這種轉變與巴金的身體狀況相關，年老多病使他不
可能迅速地對外在的社會資訊進行及時的反應；其次與他這一階段
的主要工作有關，整理舊作，編輯全集，帶動著他回到往昔的時光
中，沉浸在青年時代的人和事的回憶裏，使他一度被扭曲的自我，
得以有機會與生機勃勃的青春時代重新連通，使得他終於可以以自
己的本來面目面對世人。在那些懷人的篇什中，我們可以看到巴金
思想自由流動的痕跡，他終於可以不必太多顧忌外在的各種看法，
而進入了內心的自我表達中，他思考的許多問題已經由具體的人和
事而歸於抽象：如生命的意義、愛與恨等等，雖然這些文字是那麼
簡短，可是躍動在文字背後的那顆火熱的心和不屈的靈魂卻再次伸
張出來。所以，將《再思錄》與《隨想錄》放在一起，不僅能夠看
出巴金晚年思想的連續性，而且它們之間許多互補之處恰讓我們見
識到了一個更豐富和完整的巴金。

冰心的外孫陳鋼為巴金所拍的照片，背面為冰心和巴金的題詞。

　　如果説在《隨想錄》中，巴金是通過對大量的社會問題發言樹立起一個憂國憂民、痛苦坦誠的知識份子形象的話，那麼在《再思錄》中，巴金是直接地面對自我、面對所走過的道路，在帶著深情的回憶中，對自己早年的思想信仰和人格發展做了清醒的認定。巴金已經排除了那些顧忌，開始運行在自己的話語系統中了，這裏表現得最明顯的就是對自己信仰問題的再認識。在《隨想錄》中，談到這些問題，他總以一種社會公眾語言來表達自己的內心思想，現在老人越來越回到了自己的話語表達系統。《隨想錄》最後幾篇，有些問題剛剛開了個頭，比如在〈懷念非英兄〉中，他已經談到了早年那些信仰無政府主義的朋友們，在《全集》的編撰過程中，重讀自己的舊作，他對自己的朋友們和早年的思想又有了更深一層的認識。他説：「我不曾創造任何精神財富。這些『失敗之作』產生過影響，因為他們也是一部分青年掙扎著前進的聲音，雖然幼稚，但它們又是多麼真誠。」註15他終於不用再去檢討自己的作品中的虛無主義傾向了，不用再為沒有為讀者指明革命道路而爭辯什麼了，他肯定了「真誠」，那麼就是要保留一份真誠下來。

在關於《愛情的三部曲》的全集第六卷代跋中，他用「理想主義者」這樣的稱呼來概括他的朋友們，並旗幟鮮明地說：「我所寫的只是有理想的人，不是革命者。他們並不空談理想，不用理想打扮自己。他們出於理想，不停地追求理想，真誠地、不聲不響地生活下去，追求下去，他們身上始終保留著那個發光的東西，它就是──不為自己。」[註16]在談到《斷頭臺上》、《俄羅斯十女傑》等作品時，巴金則更為直接地清理了自己早年的思想：「今天最後一次回顧過去，我在六十年前的『殘灰』中又看到自己的面目。愛國主義、人道主義、無政府主義一直在燃燒，留下一堆一堆的灰，一篇作品不過是一個灰堆，但是它們真誠，而且或多或少的灰堆中有火星。」[註17]他終於有勇氣清醒地面對自己，並把自己想說的話說出來了。在一次談話中，他說：「我的作品是愛國主義、人道主義、無政府主義的匯合。所以，我的作品不完全是無政府主義，無政府主義在中國就是劉師復在宣傳，寫了文章，出了書，我是受了劉師復的影響，那個時候無政府主義也不寫如何實現，劉師復講道德，他辦的雜誌叫《民生》，後來他生了肺結核。臨終前，友人勸他把印刷機賣掉來治病，他不肯。我記得劉師復給友人的信中寫道：『倘《民生》嗚呼，余又成為不治之癆病，劉師復與無政府主義的同葬支那之黃土而已……』我一直矛盾，有時也痛苦，所以我才寫作，不然我不會寫作，有這些痛苦就敢寫了，所以就寫，我不怕挨罵，希望多罵，只要有道理的，幫助我認識自己的作品，是有好處的……」[註18]

他還感謝衛惠林、吳克剛，兩位早年有著共同信仰的老朋友，並直言：「倘使當時我的生活裏沒有他們，那麼我今天必然一無所有。」[註19]這同時也是自我肯定，也是對自己早年信仰在生命中的價值的肯定。後來，他又專門寫了兩篇短文懷念這兩位老友，在〈關於克剛〉中，他說：「我在巴黎短短的幾個月裏受到他們的影響，

我才有今天！」[註20]當往昔時光在友情的溫馨中復現時，巴金終於又走了回去，與青年時代的思想形成了呼應，當然，他已經不是站在原來的位置上，而是又汲取了新的營養，為了一個完整的自我需要付出一生的時間，這也是心靈探索的必然結果。在〈懷念親友〉中，巴金提到在成都時的老朋友吳先憂，「他把我引到言行一致的道路」，「為了向托爾斯泰學習，他到一家成衣店」拜裁縫為師。而巴金晚年最強烈的籲求不正是「向老托爾斯泰學習」要做到言行一致嗎？這個九十多歲的老人生命中最本質和最一貫的東西都是與青年時代的思想底色緊密相連的。更為可貴的是，哪怕病魔纏身，巴金的文字中仍舊洋溢著生命的激情，而且年過九旬，仍然壯心不已。1995年4月10日，當編者帶著《再思錄》的樣書到病房的時候，巴金很激動，他表示：如果身體好些，還要繼續寫下去，再出一本名叫《三思錄》的書。病魔奪不走他的筆，老人真有點烈士暮年、壯心不已的勁頭，他在艱難地用行動來證明了自己說過的話：「我仍在思考，仍在探索，仍在追求。」[註21]

　　對於中國文學而言，巴金以自己的創作、翻譯為它貢獻財富而外，還以它的巨大的精神存在施惠於這片沃土。巴金與《收穫》雜誌的關係可以形象地說明這一切。繼《文學季刊》、《文季月刊》、《文叢》之後，巴金、靳以再度聯手，於1957年創辦了大型文學雜誌《收穫》，這份雜誌延續了以前雜誌的風格，並將五四新

在客廳，後立者為侄女李國煣，與巴金交談者為弟弟李濟生，獨自看書者為兒子李小棠。

圖左：與女兒小林、兒子小棠在西湖邊
　　　上。巴金晚年曾多次在杭州休息、
　　　寫作，並寫下「西湖永在我心中」
　　　的題詞。
圖右：與外孫女端端在一起。

文學的精神品質一直發揚到二十一世紀。《收穫》在「文革」前一段時間即有著不俗的表現，但真正的崛起卻是在二十世紀的八九十年代。在這個年代中，《收穫》體現出一種文學理想和文學精神，也為文學贏得了尊嚴。在中國，文學的市場化傾向越來越嚴重，文人下海，休閒文學、影視對純文學的衝擊等等大背景下，在困難中《收穫》沒有輕言「變革」，主編巴金非常堅定地表示：不希望《收穫》做商業化的改變。他鼓勵編輯部：《收穫》是大有希望的，文學是大有希望的。於是《收穫》仍然是《收穫》，它一如既往地堅持自己的精神追求。危難時刻方顯英雄本色，《收穫》真正輝煌可能不僅是發表了莫言、余華、蘇童等人的哪些名篇，更重要的是在這樣時刻對於新文學精神堅持的象徵意義，從這個角度講，有了這樣的歷練之後，《收穫》已經不單是《收穫》，而成為一個符號，它承載著作家、讀者對於文學精神性追求的信心。在這一點上，《收穫》一下子就在讀者的心中擁有了不同的位置。

　　談到與這份雜誌的關係，巴金不斷重複的話是：我只是《收穫》的掛名主編，當初答應做主編也不過替老朋友靳以助陣而已[註22]。雖然他不曾參與到雜誌的具體編輯工作中，但這位「掛名」主編，卻是這份雜誌的靈魂，是將五四新文學精神帶到這份雜誌中的一

面旗幟。對於巴金對這份雜誌所發揮的重要精神影響和實際作用，早就有研究者指出過：「巴老的這些行為實際上正是繼續發揚『五四』的文化傳統，繼承現代知識份子堅守信念的實際體現。他是『五四』精神的受益者，是吃魯迅的奶汁長大的民主人士，他帶著那個年代知識份子的文化傳統進入新中國，把『五四』精神傳遞給更年輕的一代代主持人手中。」「他的歷史貢獻、文化尊嚴成為衛護《收穫》進行一定程度的探索的重要的保護傘。……他雖老邁但強大有力，這是延續了魯迅的民主、自由的旗幟的象徵。」「巴金告訴人們要說真話，要以自己的思考來判斷事物的正誤，使得《收穫》保持獨立的姿態，不跟潮，不搖擺，不看風向，不屈從權貴，而是保持文學的探索，堅持刊物的品格風貌，昭示著巴金的影響。」[註23]

這樣的影響是虛的，也是實實在在的。巴金也會如同當年拍板鼓勵靳以消除顧慮推出曹禺的《雷雨》一樣，在一些重要時刻和關鍵作品上給予編輯部以明確的支持。著名作家從維熙就曾滿懷深情地回憶起上世紀八十年代，他的中篇小說被一家雜誌的主編以「細節過於嚴酷，吃不準上邊精神」為由要求修改，後來，他把稿子另外交給了巴金和李小林，「據小林事後告訴我，巴老不顧長途飛行的疲勞，連夜審讀了我的小說，並對小林說下如是的話：『小說展示了歷史的嚴酷，在嚴酷的主題中，展示了生活最底層的人性之美，不管別的刊物什麼態度，我們需要這樣的作品，回去我們發表它。』因而，這部遭到封殺的中篇小說，不久就在《收穫》上發表了——事實證明了巴老預言的準確，在1984年全國第二屆小說評獎中，一度成為死胎的《遠去的白帆》，以接近全票的票數，獲得了該屆優秀中篇小說文學獎。」他也談到《大牆下的紅玉蘭》在《收穫》上發表後遭到一些思想保守的人的批評，而此時巴老鼓勵編輯部要「百無禁忌更進一步」，「因而使當年的《收穫》，成了歷

1990年10月6日在杭州創作之家散步

史新時期解放思想的一面文學旗幟。」他還舉了張一弓的《犯人李銅鐘的故事》的例子，「也是在《收穫》死而後生的，這又是巴老在文學新時期勇往直前、義無反顧的一個佐證。」[註24]這樣的事情還有很多，例如賈平凹的長篇小說《浮躁》在《收穫》發表後，上海當時一位主要領導在一次幹部萬人大會上，點名批評了這部作品，編輯部的同志感到壓力很大，巴金得知此事後，立即閱讀全文，他說：我覺得這部作品沒有什麼問題。時間也證明了這一點，《浮躁》還在國外獲了大獎，也被文學界公認為是反映城鄉時代變遷的最具代表性的作品之一。有了叢維熙、賈平凹這樣的經歷，我們才能夠體會到青年作家李洱這段話的分量：「對於上世紀八十年代以後的中國文學甚至中國文化，在相當長的時間內，如果沒有巴金，其情形都很難想像。這不僅是指巴金給後來的中國文學提供了道德基石，也是指巴金以自己的偉大存在給中國文學提供了必不可少的發展空間。經歷了這個時期的文學史家當然會注意到這一點，但未來的文學史家卻未必會留意。」[註25]

晚年的巴金以他那顆赤子之心來實踐著他的諾言：「我要用行為來補寫我用筆沒有寫出來的一切。」[註26]那麼，在那些躺在病房的日日夜夜中，這位世紀老人是怎樣回顧自己的一生呢？下面的話，或許可以表達他的心聲：

我不是文學家，但幾十年來身陷文壇我也並不後悔。當初發表文章，我不曾想過自己身上有什麼可以出賣的東西，要用它們來換取青雲之路。回顧幾十年的創作生活，可以說我並沒有拿作品做過生意，也不曾靠寫作發財。現在走到了生命的盡頭，我可以挺起胸膛把心掏給讀者。我的心從來不是可以討價還價的商品。我奉獻的是感情。對我的國家和人民我有無限的愛，我的筆表達了這種感情。我的感情是有生命的，它要長期存在。我引以為驕傲的正是我未寫出一件商品，因此也未出賣過自己。註27

對於即將到來的新世紀，他有什麼看法呢？1998年，《瞭望》雜誌請他就此題詞，巴金寫下的是這樣四個字：

和平發展

>>> 注釋

註1：巴金1991年12月5日致冰心信，《再思錄》（增補本）第128-129頁。

註2：巴金1983年5月31日致羅蓀，《全集》第24卷第135頁。

註3：巴金1985年9月28日致高莽信，《全集》第24卷第325頁。

註4：巴金1986年3月4日致朱梅信，《全集》第22卷第326頁。

註5：巴金1986年8月4日致冰心信，《全集》第22卷第398頁。

註6：巴金：〈「干擾」〉，《全集》第16卷第435-436頁。

註7：巴金：〈「從心所欲」〉，《全集》第16卷第627頁。

註8：巴金：〈寫給端端（代跋）〉，《再思錄》（增補本）第292頁，桂林：廣西師範大學出版社2004年4月版。

註9：巴金：〈病中（一）〉，《全集》第16卷第463頁。

註10：巴金1988年1月6日致李致，《全集》第23卷第129頁。

註11：巴金1987年3月30日致李致，《全集》第23卷第122頁。

註12：巴金：〈《全集》自序〉，《全集》第1卷第I頁。

註13：巴金：〈《全集》後記〉，《全集》第26卷第651頁。

註14：巴金：〈告別讀者〉，《再思錄》（增補本）第180頁。

註15：巴金：《全集》第4卷代跋，《再思錄》（增補本）第60頁。

註16：巴金：《全集》第6卷代跋，《再思錄》（增補本）第65頁。

註17：巴金：《全集》第21卷代跋，《再思錄》（增補本）第103頁。

註18：轉引自陸正偉〈為理想追求了一生──聽巴金談人生〉，《文匯讀書週報》2000年11月4日。

註19：巴金：《全集》第21卷代跋，《再思錄》（增補本）第103頁。

註20：巴金：〈關於克剛〉，《再思錄》（增補本）第52頁。

註21：巴金：〈讓我再活一次〉，《再思錄》（增補本）第210頁。

註22：巴金1984年9月21日致丁玲信，《全集》第22卷第3頁。

註23：蔡興水、郭懋東：〈求真向善 革故鼎新──《收穫》三代主編論〉，《當代作家評論》2001年第4期。

註24：從維熙〈「巴金星」的光輝〉，上海巴金文學研究會編《巴金紀念集》第116、117頁，上海文藝出版社2006年10月版。

註25：李洱：〈巴金的提醒〉，上海巴金文學研究會編《巴金紀念集》第309頁。

註26：巴金：〈我要寫行動來補寫〉，《再思錄》增補本第47頁。

註27：巴金1993年7月25日致王仰晨信，《巴金書簡──致王仰晨》第387-388頁。

尾聲

激流湧入大海

1999年2月5日，巴金患感冒；2月8日早晨，開始發燒，呼吸道感染。第二天上午十點，他被轉入重症監護室搶救，自此病情時有反覆，但只能臥病在床，難以工作了。在巴金生病的前兩天，他還在修改〈懷念振鐸〉，這篇沒有寫完的文章，成為他一生中最後一篇文章。

2005年10月3日，巴金胃部發現出血，10月13日腹腔大量出血，被確診為惡性間皮細胞瘤，10月17日19時6分，這顆跳動了百年的堅強的心臟停止了跳動。在上海華東醫院辭世。一家報紙是以這樣的題目報導巴金的去世：「巨星隕落，光還亮著。」學者王元化書寫的輓聯是：「百年影徂，千載心在。」一位「懷念您的小朋友寫道」：「願滿天的繁星永遠伴隨您！」巴金所敬佩的克魯泡特

萬千讀者告別心愛的作家，攝於2005年10月24日上海龍華的巴金告別儀式上，當日各地讀者均匯聚於此，向他們尊敬的作家道別。

圖上：在那個清秋，巴金先生曾經工作過
的上海市作家協會以這樣的方式在
接受著讀者的追思。

圖下：王元化先生的輓聯。

金曾經說過這樣的話：「世人無不熱心希望生存於死後，然而他們往往忽略了一個事實：一個真正的好人的記憶總是活著的。這記憶將鐫刻在下一代人的心上，並將再傳給他們的兒女，這難道不是一種值得追求的不朽麼？」註1「一個真正的好人」，我想所有動聽的讚美都不如這句話更能概括這位老人漫長的一生。

歷史充滿著許多誤會，即如他總在說做一個作家並非自己的初衷一樣，或許巴金並不想承受時間所附加給他的這麼多東西，然而在漫長的人生旅途中偏偏又讓他遭遇到那麼多。從少年氣盛到老年的心平氣和，這似乎是自然規律，許多老人歷經風雨早已人情練達，但巴金做不到這些，他內心中依然有著狂濤巨浪。他晚年頻頻使用「煎熬」這個詞來表明自己的心境，我們可以想像得到他的靈魂所經受的磨難，也能夠感受到靈魂自我搏鬥的激烈程度。所以，在今天我們與其稱他為「大師」、「泰斗」，還不如說他是一個最孤獨最痛苦的老人。

　　從來也沒有一個老人像他這樣，在晚年內心還那麼不平靜，還這樣揪著往事拽著痛苦不放。或許正因為這樣，反而使得這位體弱多病的老人，在垂暮之年迸發出一種難以想像的力量，他要表白，他要傾訴，他也要高呼。《隨想錄》、《再思錄》，使得更多人在閱讀他的文字的同時，更深深地記住了這個人──這個比我們更孤獨更痛苦也更純潔的人。

　　現在，他解脫了，病魔再也無法糾纏他了，世事再也不能煩擾他了。他可以在另一個世界中與親近的朋友舒心地談話了，他可以甩開臂膀將自己沒有完成的心願完成了，比如翻譯赫爾岑的五大卷的回憶錄《往事與隨想》，比如寫他反映「文革」時期知識份子生活的長篇小說《一雙美麗的眼睛》，比如和他幾個好友清清閒閒地在西湖邊上喝茶……

　　六十四年前，巴金曾寫過一篇〈死去〉，文章描述了夢見自己死去後批評家們在墓前的「吱吱喳喳」，說來道去無非是「淺薄，落後，不通，錯誤」。

　　二十六年前，他說過：「我不需要悼詞，我都不願意聽別人對著我的骨灰盒講好話。」「請讓我安靜」。

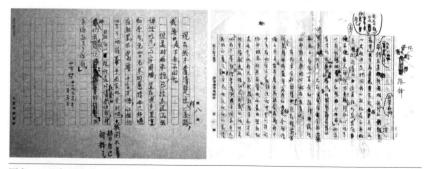

圖左：1993年所寫的〈最後的話〉手稿之一頁。
圖右：巴金最後一篇文章〈懷念振鐸〉的手稿，這是一篇追念友人的未完稿。

十四年前，他曾說：「我最後還是要用行動來證明我所寫的和我所說的到底是真是假，說明我自己究竟是一個怎樣的人。一句話，我要用行為來補寫我用筆沒有寫出來的一切。」

老人像一位預言家，目光如炬，彷彿可以洞穿一切；但他又似一個孩童，心無渣滓，赤誠天真。他渴望理解，一輩子都在尋求機會與讀者溝通，可是在逼仄、斤斤計較、患得患失的當代社會中，爭名逐利的我們能夠理解他們這一代人的理想與追求、寬宏與博大嗎？我們自作聰明自以為是地對他們說三道四反襯出的是我們的高明還是愚蠢呢？後輩人當然可以憑藉著時間的優越感來輕薄先行者和他所追求的一切，但你所不屑的內容可能是幾代人用生命換來血的教訓，感受不到這種生命的重量，你可能就不會有一顆感恩的心來貼近前輩。靠說幾句與眾不同的怪話來顯示自己的個性，靠弒父的心理衝動來顯示自己的高明和叛逆性，這樣的人可能有可愛的一面，但未免更像是行為藝術家，而真正的藝術家和思想者在面對前輩人的功過得失的時候，更需要的是謙恭。謙恭不是跪下來接受前輩賜予的一切，而是一顆理解歷史和前人的心，是在歷史的迷霧中不動聲色地追隨先行者閃光的足跡，是反躬自問在行為中自覺地汲取前人的教訓，而不是「無比正確」地詐詐唬唬指斥前人。

所以在巴金遠行的時刻，在人們討論一個時代結束的時候，我更多地在想巴金與二十世紀的中國文學的關係。如果不那麼忘恩負義的話，我們就應當有勇氣承認：我們今天享受到的陽光雨露其實並非理所當然地天賜，而正是巴金和無數的前輩們通過艱苦的努力所爭取來的，我們是在他們所撐起的一片天空下才有了發揮個性創造自我的機會。比如，我們今天所操用的文學表達方式就是五四的先輩們筆路藍縷的開創到巴金這一代人奮力廝殺才換來的結果。巴金自稱是「五四運動的兒子」，他是在二十世紀中國現代化的進程中接受現代思想意識成長起來的一代作家，作為中國新文學第二代

凝結著巴金一生創作和翻譯成果的《巴金全集》、《巴金譯文全集》。

作家，他上承魯迅等人所建立的五四精神傳統，下啟三十年代文學的燦爛圖景，以自己的創作實績、對文壇的建設功績和巨大的社會影響力，和沈從文、老舍、蕭紅、曹禺等同時代的作家一起提升了二十世紀中國文學的品格，從而也使新文學在短短的幾十年確立了自己的精神傳統、審美範式，進而使得有著數千年歷史的中國古典文學實現了現代化的轉變。

　　巴金是聽著巴黎聖母院的鐘聲，在近代自由和民主的發源地之一的法國開始了自己的文學生涯，1929年以小說《滅亡》登上文壇，從此其創作如同激流奔騰不息。在短短的二十年時間中，巴金以不可遏制的激情寫下了四百多萬字的小說、散文，為新文學貢獻了《家》、《憩園》、《寒夜》等不朽之作，成為中國新文學最傑出的作家之一。在1949年以後，雖然巴金大量的時間被花費在各種社會活動中，但他仍然沒有放下那支表達思想和情感的筆，儘管他也寫下了許多人云亦云的空話、假話，並為之付出了慘重代價，但他思想的火花沒有熄滅。1962年，他在上海第二次文代會上發言，強調「作家的勇氣和責任心」，這在當時不能不說是驚世駭俗之言。而新時期，當文學界迎來又一次思想解放的時候，年逾古稀的巴金沒有背叛「五四之子」的精神承諾，他開始了艱難的晚年自省

之路，一部呼籲「講真話」的《隨想錄》使他贏得了人們的尊重，當然這不是他的目的，他的目的是淨化自己的靈魂，還清自己的心靈之債，並且通過自己的社會經歷對歷史有個交代。到這個時期，巴金的創作已經突破了語言的界限，而通過對個人心靈的不斷叩問力圖達到言行一致，使文學、倫理、精神品格達到統一，我們不能說巴金完全做到了這一點，但想到在歷史的風雨中一位遍體鱗傷的老人在向這樣一個目標艱難地行進時，我們會感覺到這行進的過程本身就充滿著讓後輩赧顏的力量，這個時候再來體會巴金所說的寫作與生活一致、文學無技巧等樸實無華的語言時，我們會覺得巴金的文學世界決不能用世俗者所理解的語言、文字等雕蟲小技可以衡量，而是要感受到他的文學世界中特有的道德激情、生命能量和語言氣勢，這裏有文學的「大道」。巴金作為一個巨大的精神存在，我們只有從這裏出發，才有可能理解他的作品，才有可能走進他的文學世界。

　　巴金的文學世界有的為世人所熟知，如《家》等反對封建專制的作品。但這只是冰山露出水面的一角，更多的藏在水下的世界卻被眾多的研究者所忽略，而巴金的創作視野和作品中所反映出來的問題卻如長江大河般的寬廣。比如說他是中國新文學少有的幾位具有人類意識的作家之一，他的創作所表達的情感並沒有局限在民族、種族和國界之內，而是認為整個人類的情感是相通的，從而也應當更加相親相愛緊密團結。他早期的眾多短篇小説，其主人公並不是中國人，而是法國人、波蘭人、俄國人，故事的背景也多發生在異域，其中所表達的對人類整體幸福的追求，對不公正社會和制度的譴責，對阻礙人性發展因素的控訴，超越了人為的界限，直接面對眾多受壓迫的靈魂和全世界的弱小者。又比如，他創作於三十年代前期的中篇小説《砂丁》、《雪》，對於礦井工人悲慘生活的描述，至今讀來仍然令人髮指，而產業工人惡劣的工作環境、不自

由的命運和礦井中所存在的種種問題在今天仍然有著強烈的警示意義。再比如說，在他的《滅亡》、《愛情的三部曲》等多部作品中，直接描寫恐怖主義者的慷慨赴死的行為和複雜的心理狀態，在今天全世界都在談論恐怖主義這個話題的時候，這些作品從人性的、社會的等深層次中為我們提供了另外一個參照，這個參照提醒我們不能以簡單化的思維來看待恐怖主義和它的實施者。在巴金的作品中充滿著這些未被重視和未被解讀的內容，因此武斷地認為巴金的文學世界一目了然的簡單，或者已經被充分認識，這不僅是對巴金的極大不公正，而且是對五四新文學極為豐富的文學傳統的簡化。

　　除了文學創作之外，巴金還通過編輯活動等對二十世紀中國文學產生實質性影響，他曾經和朋友編輯過《文學季刊》《文季月刊》《文叢》等多種文學期刊，推出了包括《雷雨》在內的一批文學傑作；他並長期擔任主編的《收穫》雜誌被譽為「當代文學的簡寫本」，至今還是國內最重要的文學雜誌。巴金還將人生精力最為旺盛的十四五年時光用在了主持文化生活出版社上，他以這個出版社為載體，為中國三十年代中期和四十年代文學事業做出了卓越的貢獻，這個出版社延續了五四的血脈，也開闢了中國文學的未來，李健吾、曹禺、何其芳、沙汀、蕭紅、蕭乾、穆旦、汪曾祺、陳敬容等作家的處女作或者重要作品都是通過巴金之手介紹到文壇上的，打開文化生活出版社的書目，你會發現如果沒有這些作品和作家的存在，中國新文學在這個時代將會缺掉半壁江山。從來做事不喜聲張，為人忠厚重友情卻從未以領袖自居的巴金，實際上處在這個時期文壇的中心位置。而在「文革」之後的新時期文學中，德高望重的巴金高舉思想解放的大旗，積極支持青年作家的探索，再次站在文壇的中心位置，使中國文學在浩劫之後有機會得以重生。

圖上：巴金在小憩，攝於1991年10月。
圖下：晚年巴金，他的憂思已經成為全社會
反思的重要思想源泉之一。

如今，這位飽經風霜的百歲老人，終於離我們而去，毫不誇張地說，中國文學的一個時代徹底終結了，而五四新文學的精神傳統也在新世紀的初葉隨著巴金的遠去成為絕響。試想有幾位作家經歷過五四以後二十世紀中國文學的幾乎所有的重要階段，並且幾乎一直處在文壇的中心位置上？巴金就是這樣一位貫穿二十世紀的作家，就是這樣一位具有標誌性和象徵意義的人物。中國文學在這樣一雙赤誠、睿智的目光關注下走到了新世紀，今後又將走向何方呢？巴金的遠行在很長一段時間內都會讓我們無法消解這種茫然感。

2005年11月25日，巴金又一個生日到來的時候，他的骨灰和蕭珊的摻和在一起撒向大海。巴金是以這種方式最終擺脫了世俗之累。他本是一道波濤洶湧的激流，理應湧入波瀾壯闊的大海，再也沒有羈絆和煩惱，從此以後隨浪翻轉隨風舞動，以晶瑩的水珠昭示著他的透明的心，以翻滾的浪花表達著他的激情，以

巴金去世後，他留下的作品和思想遺產仍舊是人們關注的焦點，此為巴金研究會組織的兩次專題學術研討會。圖右為2006年12月9日，在杭州召開的巴金精神遺產探討暨《隨想錄》出版二十周座談會，圖左為2008年10月15日，在上海市作家協會召開的紀念《家》出版七十五周年學術研討會。

浩淼的水面呈現著他的博大，還有比這種無拘無束的自由更好的歸宿嗎？至於名聲、地位、權力等等世俗上所看重的一切，本來就與他無關，如今，在海的波濤和猛嘯之中更是灰飛煙滅。

　　八十二年前，這個四川的青年懷著夢想穿過峻急的蜀水正是通過吳淞口來到了上海，七十三年前，他望著這片海面曾寫下《海的夢》，如今他要回歸大海，不由得讓我們想起他的話：

　　　　我常將生比之於水流。這股水流從生命的源頭流下來，永遠在動盪，在創造它的道路，通過亂山碎石中間，以達到那唯一的生命之海。沒有東西可以阻止它。在它的途中它還射出種種水花，這就是我們生活裏的愛和恨、歡樂和痛苦，這些都跟著那水流不停地向大海流去。我們每個人從小到老、到死，都朝著一個方向走，這是生之目標，不管我們會不會走到，或者我們會在中途走入了迷徑，看錯了方向。生之目標就是豐富的、滿溢的生命。（〈生〉）

　　還有一段話是他的友人陳範予寫下的，他也非常喜歡：

我激蕩在這綿綿不息、滂沱四方的生命洪流中，我就應該追逐這洪流，而且追過它，自己去造更廣、更深的洪流。

我如果是一盞燈，這燈的用處便是照徹那多量的黑暗。我如果是海潮，便要鼓起波濤去洗滌海邊一切陳腐的積物。

2007年2月2日下午改

2008年8月16日再改

2008年9月底至10月5日三改

>>> **注釋**

註1：〔俄〕克魯泡特金：《我的自傳》，巴金譯，《巴金譯文全集》第1卷第12頁。

主要參考書目

巴金著作

《巴金全集》（1-26卷），人民文學出版社1986-1994出版。

《巴金譯文全集》（1-10卷），人民文學出版社1997年出版。

《家書》，浙江文藝出版社1994年出版。

《巴金書簡──致王仰晨》，文滙出版社1998年出版。

《佚簡新編》，大象出版社，2003年11月。

《再思錄》（增補本），廣西師範大學出版社，2004年4月版。

研究著作

《巴金年譜》，唐金海、張曉雲編，四川文藝出版社1989年出版。

《巴金研究資料》（三卷），李存光編，海峽文藝出版社1985年出版。

《世紀良知──巴金》，李存光編，人民文學出版社2000年出版。

《解讀巴金》，陳思和、周立民編，春風文藝出版社2002年出版

（其餘文中注釋標注者，此不列舉）

附錄：關於周立民

孫郁

人生有些機緣是命定的。我和周立民都是遼南人，先後在同一所學校讀過書。有一年召開《中國現代文學研究叢刊》編輯會，劉慧英推薦了一篇周立民談巴金的稿件，給我很深的印象。於是記住了他的名字。那時候研究巴金的青年人很多，可是在論文裏給人留下痕跡的不多。周立民在材料、視角、觀點上，都不步人後塵，多了一種厚實、真切的東西。沒有學院派裏為了論文而論文的那種匠氣，內心和對象世界是契合的，且不斷有新奇的體味。在七十年代出生的學者裏，他的真與樸素，得到了許多人的稱讚。

後來在大連見到他，那時候我們都在新聞界混，好像都有種荒誕中的遊戲感。他是大連日報編輯，偶然寫一些批評文章。我們一見如故，好像久違了的朋友。記得當時共同參加一個研討會，他對遼寧作家的評論頗為到位，文采與眼光都是逆俗的。他的文字在儒雅裏還藏著銳氣，並不圓滑中庸。他總是微笑的樣子，這和他文字裏的憂鬱及憤世，形成很大的反差。我想起了巴金的率真與清澈，周立民傳染了期間的氛圍也是可能的。

周立民閱讀的範圍很廣，海德格爾、巴赫金、卡爾維諾、博爾赫斯等都吸引過他。中國現代作家裏，對魯迅與巴金尤為推崇。他不斷地追蹤當代文學，對莫言、余華、張煒、尤鳳偉、孫惠芬、劉

亮程都有很深的研究。他的學術眼光是有歷史意識在的，總能在現當代文學的對比裏發現問題。而且也借著洋人的理論討論審美的難題。我讀他的文章，覺得是春天裏的風，熱裏透涼，他的散文化的運算式，使他和學院派有了點距離，保持了作家的感覺。我一直不喜歡八股的學術論文，以為和藝術畢竟是遠的。中國文論的生命在於有批評家精神體驗的過程。自劉勰到王國維，好的文論都是詩意與悟性的盤旋，頓悟的過程也是創造的過程。可是現在許多人不太注意它了。

周立民與我這一代有相近的地方，也有很大的差異。我們都是從鄉下到都市，經歷著從禁忌到開放的過程。都曾是小心翼翼地存活，內心卻藏著蠕動的期待。當啟蒙之神降臨的時候，又忽然存有精神尋路中的依傍。想從這個世界找到寄託。而當那寄託十分遙遠，未得歸宿的時候，才發現並不存在一個先驗的期許。他從誠懇到憂慮，從憂慮到自信，有著一個古典式的精神漫遊的過程。我在年青的時候有過這樣的經歷。可是後來似乎停止不前了。而周立民一直在走著，不希望精神的空缺。這很像巴金當年的一篇童話小說，一個幼孩不停地尋找。巴金甚至在〈海底夢〉裏也流露出相近的情緒。有意識地接近自己研究對象的世界，並堅守其間的道德，這樣的研究是為人生的，而非為學術而學術的。

批評其實是照鏡子。我一直以來做不到這一點，身上不免有點世故，比如很少和人爭鳴，遠離是非。周立民不是這樣。他的挑戰是溫和式的。但內心的決然是一看即明的。他對巴金的維護，對五四傳統的尊敬，儼然帶有一點迂氣。似乎害怕傷害到自己的前輩，敢於去阻擋各類的飛箭。我有時想，他的內心有一個精神的家園，在那裏，一切都是神聖的。然而在步出這個家園之外的時候，不得不用冷峻的目光待世，直陳世道的明暗。這在他是一種精神迴

旋。因為他知道，思想是不能單純在象牙塔裡。在藝術女神之外的天地，必須直面的恰是各種荊棘。

當代文學的五花八門，描繪起來大難。他的文章有寬容的一面，也有傷時的一面。但更多的是對他人的理解。每一個作家都是特別的存在，確切地描繪他們並不容易。有一篇對莫言的評論，給我的印象很深，他從作品裏發現了幾個聲部並存的現象。且把巴赫金的理論運用自如，沒有生硬的感覺。再比如對余華的理解，他考慮到了作家的成長史以及小説的多樣可能性，於是在解析裏散出詩學的美麗。描繪孫惠芬的那篇，簡直是一篇美文，對鄉土社會的會心的陳述，有著發現新大陸的快慰。孫惠芬是他的老鄉，在對人生的理解上，兩人呈現出遼南人不同路向。前者寫出了遼南鄉土的隱喻，在平常的日子裏折射的生命哲學，那是一次跨越，先前沒有人這樣體現自己。後者則從文本的讀解裏尋找對象世界的本質，除了理性的力量之外，不乏對故土的神思。他的文字充滿了對各類文本的好奇心。每一次閱讀的闡釋，都有不同的視角，他在與單調作對，思想借著對象世界飛動而快樂。

有一次遇到王安憶，談到籌備中的巴金紀念館，我們第一個想到的是周立民。因為無論在史料的把握還是學術見解上，周立民都是最佳的工作人選。從復旦畢業後，他專心整理著巴金的遺物，出版了許多關於巴金的書籍。這些資料性的東西是學術的基礎，別人不能做和不愛做的，他卻完成了，且很是出色。我們偶然在京滬之間見面，都很快活，他變得越來越成熟了。談論間知道他做了很多事，他對圖書的編輯有一套理念，很會策劃學術之書。所編輯的書都很有趣，不那麼扳著面孔。這些書籍在裝幀與插圖上，都有民國間的趣味。魯迅、巴金的某些情調傳染了他。他的研究與寫作，不是表層的演繹，有種時間的縱深感。五四情結給他的暗示，在文字中總能找到。

一代代人在老去，文壇不斷增加新的面孔。周立民是新面孔裏似曾相似的熟悉的人。他那裏，歷史在延續著，而韻律是新的。這樣的人不多，所以顯得可愛。本色與拓新不易，況且還呼應著歷史的餘音。魯迅、巴金的傳統所以還不斷繼續，因為有著這些年輕的一代默默地承傳。我們走不出歷史，而向善的心總該不變的。

　　　　　　　（孫郁，北京魯迅博物館館長、中國人民大學教授）

後記

這本書完全是計劃外的產物，它的寫作最初是由於北京的一位朋友邀請。他想出一本《巴金畫傳》，有十萬字就夠了。我想請他等幾年，那樣可能會寫得更成熟些，可他還是勸我先寫一個簡單一點的，我考慮了一下總算勉強同意了。那是在2005年7月，上海最炎熱的時候。能夠答應下來不是我有了寫好它的信心，而是想用一件具體的事情將許多我不喜歡的雜事擋在門外。於是，我搬了張桌子放在空調的下面，真要一副大幹的樣子。但一動筆，我發現約定的字數根本沒法實現我的設想，便提出增加一倍字數，他同意了，只是催我快點寫。那一年，我一直在大連和上海兩地間奔波，但巴金傳的寫作卻一直沒有停筆。我萬萬沒有料到，在它寫到一半的時候，巴老病情惡化，大約是10月4日或者5日吧，我在大連得到巴老的病情很不穩定的消息。但內心中在祈禱老人能夠度過難關，事實上，這幾年，他是一次次度過難關的。長假過後，似乎是11日那天，我們趕到醫院才得知這一次與以前可能有點不大一樣。直到17日，老人駕鶴西去。當時一片亂糟糟的，新聞媒體像被攪動的蜂群，出版者希望這本書立即推出，但我也立即否定了這個想法。也正是巴老的去世讓我下定了決心，我要好好寫一本傳記，把我理解的巴金寫出來，也讓更多的人瞭解他。因為我發現，人們都覺得很瞭解這個老人了，都能對他評論幾句，其實我們都不瞭解

追尋巴金先生的足跡，本文作者2009年4月12日在杭州創作之家巴金先生手跡石碑旁，後面是巴金先生曾經住過的房間。

他，許多事實也沒有弄清楚，至於要把握他的所思那就更困難了，問題是沒有誰肯承認他不瞭解巴金，可是聽他們說出來的話就知道，他瞭解的只是可憐的皮毛，再加上一些誤解、曲解，離這個老人的真實思想、面目就越來越遠了。我覺得首先我們得放下這種高傲或無知造成的短視，認真地去瞭解這個老人。我也不瞭解他，但我要努力去認識和瞭解，所以，我解除了原來的所有約定，決定獨自的、沒有任何外在約束的情況下，把我想寫的一切都寫出來。就這樣到2007年年初寫完初稿最後一個字時，它已經有七十一萬字了，但這僅僅是個初稿，要把它修改好，對於我來說沒有幾年時間根本不可能，好在，我也並不著急。

就在我為這個龐大的工程即將告一段落而感到輕鬆的時候，一個出版社來電話，約寫一本八萬字的畫傳。這個字數確實很難描述巴金的百年人生，躊躇之際，我想從寫好的初稿中抽出一部分，從一個側面勾畫出巴金人生和思想的一個輪廓而不是全貌，就有目前這個稿子的雛形。但交了稿一直不見書印出來，今年夏天有幾天空閒，我又將它徹底修改了一遍，增加了近一倍的字數，並把它呈請李小林、小棠老師審閱，他們在百忙中提出了不少寶貴的修改意見，提供了很多資料的線索，讓我獲益匪淺。這樣，在十一長假期間，我閉門不出，又徹底地修改了一遍，主要是增加了很多細節。儘管這樣，我知道它還只是一個初稿，關於巴金，我還有許多專題研究沒有完成，只有在專題研究完成的基礎上，以後才可能有一本

完整的、全面的《巴金傳》寫出來。我為此在默默的努力著，也感謝許許多多在學習和研究巴金的道路中給我指導和幫助的師長、朋友，在此我雖然不想一一列出名字，但我的心中卻常念著大家對我的恩情。不過，有一個人的名字我不能不提到，那就是李輝老師，當年一個素不相識的高中生給他寫信，向他求教有關巴金的問題、求購巴金的書，是他耐心、熱情、無私地將我一步步引導到研究巴金的路途上，也是他介紹我認識了我的導師陳思和，正是讀著他們寫的、編的、介紹的書，我走過了成長中最為重要的九〇年代。給他們寫信、收到他們寄來的書的種種記憶至今仍歷歷在目，大約是兩年前的一天，我聽說李輝老師「剛過五十大壽」，我心中一驚，在我的印象中他總是那麼朝氣蓬勃、活力無窮，這麼快就五十啦？前兩天，陳思和老師又以一頭銀髮出現在我的面前，我又是一震，彷彿老師與我突然有了遙遠的距離。想一想可不是嗎？給他們寫信差不多是二十年前的事情了，時間似乎在逼著我不能再做那個在長輩護翼下的孩子了，可我有能力有勇氣走自己的路嗎？面對著這樣的問題，我信心不足。

周立民

2008年10月19日於上海

附記： 感謝陳子善教授的推薦，感謝蔡登山先生接受了它，使得拙作有機會同臺灣讀者見面。趁此機會，我又做了一次補充和修改，主要是為了讀者能夠充分瞭解巴金身處的時代和他的感受，補充了一些相關的背景資料和歷史細節。但不論怎樣補充，我認為傳主和他那一代人身上值得思考和關注的問題實在太多，無法在這有限地篇幅中充分地展開，甚至我尚不能很好把握這些內容，那麼還是留待以後來解決吧。

2009年5月16日

世紀映像叢書

世紀映像叢書

世紀映像叢書

世紀映像叢書

世紀映像叢書

49. 關於廢名
   眉睫・著

50. 蠹魚篇
   謝其章・著

51. 絕代風流－西南聯大生活實錄
   劉宜慶・著

52. 先生之風－西南聯大教授群像
   劉宜慶・著

53. 談影小集－中國現代影壇的塵封一隅
   張偉・著

54. 五四之子的世紀之旅－巴金評傳
   周立民・著

55. 都門讀書記往
   謝其章・著

56. 浪花淘盡－文人劫難記
   李偉・著

世紀映像叢書

史地傳記類　PC0152　世紀映像叢書54

五四之子的世紀之旅
——巴金評傳

作　　者 / 周立民
主　　編 / 蔡登山
責任編輯 / 黃姣潔
圖文排版 / 蘇書蓉、蔡瑋中
封面設計 / 蕭玉蘋

發　行　人 / 宋政坤
法律顧問 / 毛國樑　律師
印製出版 / 秀威資訊科技股份有限公司
　　　　　114台北市內湖區瑞光路76巷65號1樓
　　　　　電話：+886-2-2796-3638　傳真：+886-2-2796-1377
　　　　　http://www.showwe.com.tw
劃撥帳號 / 19563868　戶名：秀威資訊科技股份有限公司
　　　　　讀者服務信箱：service@showwe.com.tw
展售門市 / 國家書店（松江門市）
　　　　　104台北市中山區松江路209號1樓
　　　　　電話：+886-2-2518-0207　傳真：+886-2-2518-0778
網路訂購 / 秀威網路書店：http://www.bodbooks.com.tw
　　　　　國家網路書店：http://www.govbooks.com.tw
圖書經銷 / 紅螞蟻圖書有限公司
　　　　　114台北市內湖區舊宗路二段121巷28、32號4樓
　　　　　電話：+886-2-2795-3656　傳真：+886-2-2795-4100

2011年5月BOD一版
定價：420元

國家圖書館出版品預行編目

五四之子的世紀之旅：巴金評傳 / 周立民作. -- 一版. --
臺北市：秀威資訊科技, 2011. 05
　　面；　公分. --（史地傳記類；PC0152）
BOD版
ISBN 978-986-221-745-0（平裝）

1. 巴金 2. 傳記

782.887　　　　　　　　　　　　　　　100006766

讀者回函卡

感謝您購買本書，為提升服務品質，請填妥以下資料，將讀者回函卡直接寄回或傳真本公司，收到您的寶貴意見後，我們會收藏記錄及檢討，謝謝！如您需要了解本公司最新出版書目、購書優惠或企劃活動，歡迎您上網查詢或下載相關資料：http:// www.showwe.com.tw

您購買的書名：_____

出生日期：_____年_____月_____日

學歷：□高中 (含) 以下　　□大專　　□研究所 (含) 以上

職業：□製造業　□金融業　□資訊業　□軍警　□傳播業　□自由業
　　　□服務業　□公務員　□教職　　□學生　□家管　□其它_____

購書地點：□網路書店　□實體書店　□書展　□郵購　□贈閱　□其他

您從何得知本書的消息？

　□網路書店　□實體書店　□網路搜尋　□電子報　□書訊　□雜誌
　□傳播媒體　□親友推薦　□網站推薦　□部落格　□其他_____

您對本書的評價：(請填代號　1.非常滿意　2.滿意　3.尚可　4.再改進)

　封面設計____　版面編排____　內容____　文／譯筆____　價格____

讀完書後您覺得：

　□很有收穫　□有收穫　□收穫不多　□沒收穫

對我們的建議：_____

_____

_____

_____

11466
台北市內湖區瑞光路 76 巷 65 號 1 樓

秀威資訊科技股份有限公司　　　收

BOD 數位出版事業部

....

（請沿線對折寄回，謝謝！）

姓　　名：＿＿＿＿＿＿＿＿＿　年齡：＿＿＿＿　性別：□女　□男

郵遞區號：□□□□□

地　　址：＿＿＿＿＿＿＿＿＿＿＿＿＿＿＿＿＿＿＿＿＿

聯絡電話：(日) ＿＿＿＿＿＿＿＿＿　(夜) ＿＿＿＿＿＿＿＿＿

E-mail：＿＿＿＿＿＿＿＿＿＿＿＿＿＿＿＿＿＿＿＿＿